KB001476

신학과 철학 I

- 고대에서 근대(17C)까지 -

Korean translation rights arranged with Vandenhoeck ε Ruprecht(GmbH ε Co. KG)
through EntersKorea Co., Ltd., Seoul, Korea.
Korean language edition ⓒ 2019 by Jongmunhwasa

이 책의 한국어판 저작권은 ㈜엔터스코리아를 통한 저작권자와의 독점 계약으로 종문화사가 소유합니다.
저작권법에 의하여 한국 내에서 보호를 받는 저작물이므로 무단전재와 무단복제를 금합니다.

옮긴이 주는 *로 표기하였음

신학과 철학 I

- 고대에서 근대(17c)까지 -

볼프하르트 판넨베르크 지음

오성현 옮김

종문화사

들어가는 글

이 책은 내가 뮌헨대학교에서 1993/94년 겨울학기 강의를 마지막으로 은퇴할 때까지 수십 년간 정기적으로 강의하면서 매번 수정 · 보완했던 것을 약간 손질하여 출판한 것이다. 내가 이 책을 출판하기로 결심한 것은 신학자들을 위한 철학 입문이라는 중요한 과제에 적합한 문헌이 거의 없기 때문이다.[1] 신학 연구에서 이 과제가 지니는 의미에 대해서는 이 책의 서론 초반부에 밝혔다. 하지만 더 나아가 철학과 신학의 관계성은 또한 일반적인 관심사가 될 것이라고 생각한다.

철학과 신학의 관계성에 대한 물음, 특히 상호 간의 역사에서 신학에 대한 철학의 관련성에 대한 물음은 이 책의 중심 질문이다. 그런데 왜 이 물음이 순수한 체계에 따르지 않고 철학적 체계의 역사적 순서에 따라서, 그리고 철학 체계들이 기독교 신학에 수용되는 역사적 순서에 따라서 다뤄지는지도 역시 이 책의 서론에서 해명될 것이다. 한편 그런 방식의 서술에서 철학사에 출현했던 체계의 형성들은 단지 개괄적으로 다뤄질 수밖에 없다. 이와 관련해서 제공될 문헌들의 정보도 최소한으로 제한되었다. 여기서 이런

---

1) 빌프리드 헤를레의 『체계철학: 신학생들을 위한 입문』(Wilfried Härle, *Systematische Philosophie. Eine Einführung für Theologiestudenten*, 1982)이 논리학, 인식론, 형이상학의 기초를 다루고 있다. 하지만 원전과 문헌을 거의 인용하고 있지 않으며 신학과 철학의 역사적 관계를 다루고 있지 않다. 하이모 호프마이스터의 『철학적 사유』(Heimo Hofmeister, *Philosophisch denken*, 1991)는 철학 입문을 제공하면서 철학사의 흐름 속에서 철학적 주제들의 전개를 상술하고 있다. 하지만 여기서도 기독교 신학과의 관련성은 다뤄지고 있지 않다.

저런 주제들을 더욱 깊이 탐구하기를 원하는 사람은 큰 어려움 없이 지침을 찾을 수 있을 것이다.

다양한 철학적 체계들이 신학에 미친 영향사(影響史)에 관해서도 부득이 간략하게 언급되었다. 물론 이것이 이 책의 주요 관심사다. 이 책은 먼저 기독교 사상에 대한 고대 철학의 영향사를 다룬다.(1권 2장~4장) 이어서 기독교 자체가 철학의 주제들과 과제들에 기여한 점들을 다룬다.(1권 5장) 그리고 다음 장들에서는 근대적 사유와 기독교의 관계에 주목할 것이다. 먼저 약간의 일반적인 주제들이 다뤄지며,(1권 6장) 이어서 근대 초기에 결정적인 영향을 미친 철학의 새로운 착안들이 고찰될 것이다.(1권 7장) 이때 특히 임마누엘 칸트에 주목할 것이며, 또한 그의 사상이 신학에 미친 광범위한 영향사에 주목할 것이다.(2권 1장)

이어서 관념론적 체계의 형성들에 대해서 논의할 것이고,(2권 2장, 3장) 이후에 후기 관념론 철학이 인간론으로의 전환이라는 관점에서 다뤄질 것이다.(2권 4장) 이때 실존주의 이후의 철학사조들 중에서 오직 과정철학만 베르그송에서 시작해서 화이트헤드와 그 학파에 이르기까지 특별히 서술될 것이다. 왜냐하면 과정철학은 20세기 대부분의 다른 철학적 방향들과 달리 철학 전통의 형이상학적 물음을 새롭게 하려는 시도로 이해될 수 있으며, 바로 그런 점에서 새로운 신학의 사조에 주목할 만한 영향을 끼쳤기 때문이다. 반면에 현대 철학 중에서 지식학과 언어분석 철학은 이 책에서 특별히 다루지 않는다. 왜냐하면 그 철학들이 신학의 근본적인 토론에 적잖은 의미를 가지고 있음에도 불구하고, 신학과 철학의 연관성의 중심부에 놓여 있는 하나님, 인간 그리고 세계의 관계라는 주제에 새롭게 기여한 것이 거의 없기 때문이다. 한층 더 체계적인 접근이 이루어진 마지막 장(2권 5장)은 철학과 종교의 관계에 대한 물음을 철학의 형이상학적 전통에 대한 회고 속에서 다룰 것이다. 이때 이 작업은 현대적 경험들의 관점, 특히 철학이 기존의 종교적 의식의 형성에 의존해 있음을 드러낸 현대의 역사적 사유의 관점에서 수행될 것이다. 이 결론의 장은 1994년 2월 22일 뮌헨에서 내가 했던 마지막 정규 강의 내용과 같다.

인용의 검증에 도움을 준 마르크바르트 헤어초크(Markwart Herzog) 박사에게 감사를 표하며, 원고의 완성을 위해서 수고한 나의 오랜 비서 가비 베르거(Gaby Berger) 여사에게 감사를 드리며, 참고문헌 작업에 큰 도움을 준 프리데리케 뉘셀(Friederike Nüssel) 박사에게 감사를 드린다.

1996년 1월, 뮌헨
볼프하르트 판넨베르크

차 례

철학과 신학 II - 근대(18c)에서 현대까지

들어가는 글

서문

1장 칸트와 신학에 끼친 그의 영향

2장 초기 관념론

서문

1. 신학 연구에서 철학의 기능

철학에 대한 철저한 이해 없이 기독교 교리를 이해할 수 없다. 기독교 교리가 어떻게 역사적으로 형성되었는지도 이해할 수 없으며, 현재 기독교 교리가 주장하는 진리에 관해 고유하고 정당한 판단도 가질 수 없다. 역사비평적 성서주석으로부터 조직신학으로 이행하는 것은 철학적으로 형성된 의식 없이 올바르게 – 자립적 판단형성을 향한 이행이라는 의미에서 – 수행될 수 없다. 이때 중요한 것은 이런 철학 혹은 저런 철학의 견해를 수용하는 것이 아니라, 신학적 개념형성과 철학적 개념형성의 역사에 대한 탐구를 통해서 생기는 문제의식을 공유하는 것이다.

조직신학은 기독교 역사에서 교부시대 이래 항상 철학과의 대결에서 형성되었는데, 이것은 신학의 대상 자체에 그럴만한 근거들이 있기 때문이다. 그 근거들 중에서 가장 중요한 것은 곧 거론될 것이다. 또한 기독교 교리의 이런 저런 형태에 대한 비판적 판단에서도 그 근거들이 항상 고려되어야 한다. 이때 그 비판적 판단은 당시의 철학적 사유형식의 제한들에도 관여할 것이며, 따라서 철학적 문제의식의 더욱 광범위한 역사에 대한 인식 안에서 수행되어야 할 것이다.

많은 신학생들이 성서주석으로부터 교리사나 조직신학으로 넘어가는 것에 대해서 어려움을 느끼는 이유 중의 하나는 철학사에 나타난 철학의 문제들을 철저히 다뤄야 한다는 요구에 대해서 부담을 가지고 움츠리기 때문이다. 하지만 조직신학에 관여하지 않는다면, 그래서 신학적 판단이 어떤 방식으로 정당화되었는지를 이해하지 못한다면 우리는 기독교 교리의 주제들에 대해 스스로 판단할 수 있는 정신적 자립에 도달할 수 없다. 우리가 성서주석으로부터 조직적·신학적 반성을 거치지 않고 직접적으로 설교의 단계로 나아갈 수 있다고 생각하는 것은 자기기만이다. 그렇게 생각한다면 해석학적 문제들은 오로지 자신의 기호에 맞는 판단들에 의해 통제될 것이며, 이때 설교자는 변화하는 시대정신의 양식들에 실제로 의존하게 될 것이다. 혹은 설교자가 자신의 판단형성의 어려움으로부터 빠져나오는 가상의 탈출구로 근본주의를 선택하게 될지도 모른다. 우리 시대의 평균적인 기독교 설교의 안타까운 상황은 특히 조직신학의 과제들과 씨름하는 것을 꺼리는 태도에 기인한다고 생각한다. 그런데 이런 조직신학의 과제들과 의미 있게 씨름하려면 바로 철학적 문제 지평에 대한 충분한 숙지가 또한 필요하다. 조직적·신학적 판단형성이 이 철학적 문제 지평 안에서 실행되기 때문이다. 성서주석, 철학, 교리사 그리고 신학사의 지식들이 결합되고 난 후에 우리는 비로소 기독교 교리의 문제들에서 논증하고 판단하는 능력을 갖추게 될 것이다.

2. 신에 관한 논의가 신학과 철학의 관계에서 가지는 중요한 의미

기독교 신학은 처음부터 철학과 관계해 왔으며 철학 이론들과의 논쟁에 관계해 왔다. 이에 대한 가장 중요한 이유는 사도들의 선교 메시지에 나타나는 하나님에 대한 선포(살전 1:9)에서 발견된다. 여기서 하나님에 대해서 말한다는 것은 만물 현실의 창조적 근원에 대해서 말한다는 것을 의미한다. 하지만 유대인의 하나님이 만물의 창조적 근원과 동일하며 따라서 모든 인간의 하나님이라는 사실은 자명하게 이해되지 않았으며, 더구나 비(非)유대인들에게 이해되지 않았다. 따라서 초기 기독교 신학은 창조자 하나님에 대한 기독교적 논의를 철학의 신개념, 참된 형태의 신적 현실성에 대한 철학의 질문과 결부시켰다.[1] 베르너 예거(Werner Jaeger)가 지적했듯이 신에 관한 물음은 서양철학의 근본물음이었다.[2]

철학의 기원은 종교와 밀접하게 연관되어 있다. 철학은 종교로부터 독립적으로 발생하지 않았다. 오히려 철학은 종교적 전승에 의해 주장되는 것에 대한 비판적 반성에서 발생했다. 이것이 철학과 신학의 관계에 대한 물음에서 근본적인 사실이다. 이런 사실의 의미가 철학자들에게 언제나 완전하게 인식된 것은 아니다. 오히려 고대 철학은 크세노파네스 이후로 이런 사실을 역전시켰다. 말하자면 철학적 진리들이 종교적 전승에 의해 감각적으로 표현된 것이라고 이해했다. 역사적으로 선행했던 종교에 대한 철학의 의존성은 근대의 역사적 의식이 출현하면서 비로소 그 근본적인 의미 속에서 평가 받게 되었다. 특별히 헤겔이 주장한 논제, 즉 철학은 자신보다 역사적으로 선행하는 종교를 개념으로 포착한다는 주장으로 인해 그 진가가 인정되었다. 이

---

1) 이에 대해서는 다음을 보라. W. Pannenberg, "Die Aufnahme des philosophischen Gottes-begriffs als dogmatisches Problem der frühchristlichen Theologie", in: *Grudfragen systematischer Theologie* 1, 1967, 296-346.

2) W. Jaeger, *Die Theologie der frühen griechischen Denker*, 1953.

로써 헤겔은 신학과 유사한 기능을 철학에 부여했다. 그럼에도 불구하고 철학이 종교적 전승의 내용들에 대한 신학적 반성과 어떤 점에서 구별되는지에 대해서는 나중에 다시 논의할 것이다.

서양철학이 처음 시작할 때 종교적 전승에 대한 철학적 사유의 관계는 본질적으로 비판적이었다. 하나씩 다 해명하기는 어렵지만 여러 이유에서 사람들은 신들의 다수성에 대한 종교적 전승의 주장을 신뢰하지 않았다.[3] 이때 가장 중요한 요인은 항해와 무역을 통해 다른 문화들과 그 신들을 알게 되었고, 다른 문화의 신들도 그리스의 신들과 광범위하게 유사한 기능들을 하고 있는 것을 알게 된 것이었다. 아마도 또한 다른 종류의 충격들, 주전 6세기 그리스가 점유하고 있었던 소아시아 지역이 페르시아에게 탈취당한 것도 자신들의 신비주의적 전통에 대한 신뢰를 의심하게 만드는 계기가 되었을 것이다.[4] 아무튼 초기 이오니아 철학자들은 이전에 신들의 것이라고 여겨졌던 기능들, 특히 인간 경험의 세계에서 나타나는 현상들의 근원(아르케 arche)이 되는 기능에 몰두했다. 그리고 그들은 신들의 속성이라고 여겼던 여타의 신적 속성들을 만물의 근원으로서의 이 기능과 비교했다. 그러자 신들에 대한 종교적 표상들이 신들의 이 중심적인 기능에 대해서 더 이상 적합성

---

3) 이런 관점은 크세노파네스 단편 11-16에서 분명하게 드러난다. 참조, F. J. Weber, *Fragmente der Vorsokratiker*, 1988, 68-70).

4) 콘포드(F.M. Cornford)는 그의 유명한 저서 『종교에서 철학으로』(*From Religion to Philosophy. A Study in the Origins of Western Speculation*(1912), Harper Torchbook 20, 1957)에서 주전 6세기 상업도시 밀레토스에서 철학이 발생한 것은 해양민족의 고유한 정신, 곧 탐구와 모험의 정신에 기인한다고 주장했다(143). 하지만 소아시아가 페르시아에 의해 점령당하는 정치적 대변혁의 - 이 대변혁의 과정에 탈레스도 분명히 개인적으로 적극 가담했는데(Herdot Historien 1,170) - 시대적 경험이 밀레토스에서의 철학의 발생에 전혀 역할을 감당하지 않았다고 말할 수 있을까?

을 띠지 않는다는 결론에 도달했다. 더구나 신들에 대한 종교적 표상들은 예를 들어 인간동형(人間同型)이었다. 신들의 다수성도 우주의 통일성과 모순되었다. 우주의 참된 근원은 단 하나일 수밖에 없다. 오로지 단 하나의 신이 우주의 통일성을 산출했을 수 있다. 따라서 철학자들은 종교적 전승과 대립각을 세우면서 세계의 신적 근원으로 간주되어야 마땅한 "참된 형태"에 대해서 물었다.[5] 이때 소크라테스 이전 철학자들의 상이한 주장들은 하나의 공통된 주제에 대한 변주들로 이해될 수 있다. 항상 다뤄지는 물음은 만물의 근원은 참으로 무엇인가, 따라서 참으로 신적인 기능을 충족시킬 수 있는 것은 무엇인가 하는 것이었으며, 이에 대한 대답으로 물, 무규정자, 공기, 이성이 제시되었다.[6]

따라서 철학은 종교적 전통에 대한 비판적 관계에서 신에 관한 논의의 정당성을 아르케(arche 만물의 근원) 기능의 입증가능성과 결부시켰다. 따라서 철학은 종교적 전승이 자신의 주제에 낯설고 적합하지 않다고 거절할 수도 있는 척도를 민족 신앙의 신들에게 적용하지 않았다. 사람들은 신들이 세계 현실성의 근원이라고 혹은 어떻든 간에 세계현실성의 특정한 측면의 근원이라고 주장했다. 따라서 신들에 대한 표상들은 그 표상이 실제로 만물의 근원으로 생각될 수 있는지의 여부에 따라서 평가되어야 했다.

헬레니즘 세계에서 이미 유대교의 유일신론은 다신론적 민족 신앙에 대한

---

5) 이런 고찰 방식의 이해에 대해서는 앞의 각주 2에서 언급한 예거(Jaeger)의 책이 길라잡이가 된다.

6) 이에 대해서는 다음을 보라. U. Hölscher, "Anaximander und die Anfänge der Philosophie" (1953) in: H.G. Gadamer (Hg), *Um die Begriffswelt der Vorsokratiker* (1968) 95-176. 휠셔는 특히 탈레스가 이집트에 의존해있다는 점을 강조한다(126).

철학적 비판이 한 분 하나님에 대한 유대교의 신앙을 입증해주는 것으로 파악할 수 있었으며,[7] 더욱 정확히 말한다면 제2이사야(사 41:27, 참고, 41:4; 43:10)에 의해 이미 확립된 주장, 곧 세계의 창조자인 이스라엘의 하나님이 유일한 하나님이며, 따라서 그의 권한은 당연히 이방인들에게도 미친다는 주장을 입증해주는 것으로 파악할 수 있었다. 헬레니즘 시대의 유대교가 이미 그렇게 한 것처럼 헬레니즘 세계에서 기독교도 역시 모든 사람이 회개하고 돌아와야 할(살전 1:9) 온 인류의 한 분 하나님, 예수 그리스도 안에서 모든 사람들을 위해서 자신을 계시했던 한 분 하나님에 대한 기독교의 메시지를 위한 증인으로 철학자들을 끌어들일 수 있었다. 그러면 당연히 또한 하나님에 대한 기독교적 논의가 신적 근원과 관련하여 철학이 제시한 비판적 척도들을 충족시키며, 철학자들의 신론들에 필적하거나 혹은 오히려 그것들보다 우월하다는 것이 보여질 수 있어야 했다. 한편으로 다양한 철학 학파들이 신적 현실성에 대해서 제시하는 입장들이 모두 기독교적·성서적 하나님 이해에 동등하게 근접해 있는 것은 아니었다. 말하자면 모두가 플라톤 학파의 철학자들만큼 근접해 있는 것은 아니었다. 다른 한편으로 철학자들이 하나님에 대해 말하는 것이 모든 점에서 하나님에 대한 성서의 메시지와 일치하는 것은 아니라는 의식이 기독교 신학자들에게 여전히 남아 있었다. 이렇게 해서 철학자들의 이론들과 벌이는 논쟁의 과제가 설정되었다.[8]

---

7) 알렉산드리아의 필로(Philo)에 대해서는 볼프슨의 서술을 보라. H.A. Wolfson, *Philo*, 2 Bde. 1947.
8) 이 내용은 본 저자가 1959년에 위의 각주 1에 인용한 논문에서 주장했던 것이다.

3. 하나님에 대한 사상에 상응하는 세계 개념 그리고 철학과 개별학문들 간의 긴장

기독교 신학이 철학에 관여하는 가장 중요한 이유는 애초에도 그러했고 오늘날까지 그러하듯이 나사렛 예수의 하나님이 모든 인간의 유일하고 참된 하나님이라고 하는 기독교적 가르침 때문이다. 여기서 "하나님"이라는 단어가 단지 어떤 특수한 주제만을 표시하는 것이 아니라는 점에 대해서 분명해져야 한다. 고대 그리스 종교의 다신론적 민족신앙에 대한 철학적 비판은 분명히 하나님에 대한 이해와 세계에 대한 이해의 상호연관성에 초점을 맞추었다. 하나님에 대해 말한다는 것은 모든 현실의 창조적 근원에 대해 말한다는 것을 의미한다. 따라서 어떤 사람이 모든 현실을, 즉 인간과 우주를 이 하나님으로부터 유래한 것으로 생각하지 않았다면, 그는 아직 "하나님"을 현실적으로 생각하지 않았다는 것이다. 만약 하나님과 현실의 총체성이 이런 상관성이나 상호지시적 관계에서 생각되지 않는다면 하나님에 대한 논의는 공허한 말이 된다. 따라서 그런 하나님에 대한 논의는 예를 들어 신인동형(神人同形)의 산물, 다시 말해 종교적 투사의 산물이라고 하는 비판 앞에 무너지고 마는, 실제적인 근거를 결여한 표상에 불과하다. 사람들이 "하나님"에 대해서 말할 때 무엇을 말하는지를 아는 사람은 세계와 인간의 현실성에 대해 생각할 때 하나님을 그 근원으로 생각하지 않을 수 없다. 역으로 말한다면, 사람들이 하나님에 대해 생각할 때 모든 현실의 총체성이 하나님으로부터 나온 것이라는 생각을 동시에 하지 않을 수 없다. 따라서 소크라테스 이전의 철학자들 시대부터 현실을 전체에서 생각하는 것, 다시 말해 현실을 우주의 통일성 안에서 생각하는 것이 철학의 과제로 여겨졌다. 그것은 철학적으로 수행하는 신에 관한 물음이었다. 바로 얼마 전까지 - 말하자면 니체 이전까지 - 하나님에 대한 생각과 세계 개념 사이의 이런 상관성 안에서 철학의 포괄적인 주제가 규정되었다.

현대철학은 거의 대부분 이런 포괄적인 과제를 다루지 않는다. 인간이 포함되어 있는 현실에 대한 포괄적인 파악에 대한 과제로부터 사람들은 거리를 두고 있다. 사람들은 하나님과 세계라는 주제를 통해서 규정되는 철학적 사유의 형태를 "형이상학"이라고 부르면서,[9] 그 형이상학의 종말에 대해서 말하고 있다. 하지만 형이상학의 종말이 도대체 언제부터인지에 대해서는 전혀 확실하지가 않다. 마르틴 하이데거에 따르면 니체부터, 이에 반해서 어거스트 콩트에 따르면 이미 실증학문들이 출현한 때부터, 빌헬름 딜타이에 따르면 역사적 사유 방식이 출현한 때부터 형이상학이 종말에 이르렀다고 주장한다.

현실을 전체로서 사유하는 철학의 전통적 과제로부터 이탈해가는 경향은 단지 개별학문들의 자립화의 결과라고만 볼 수 없다. 오히려 철학적 신론의 해체가 이제는 세계 개념의 통일성마저도 더 이상 철학적 사유의 주제가 되지 못하게 만든 결정적인 요인이라고 볼 수 있다. 철학적 신학의 전통과 결별한 이후에 세계에 대한 인식은 경험적 개별학문들의 다양한 접근방식에 완전히 양도될 수 있었다.

세계의 인식만이 아니라 인간 본성의 인식도 경험적 개별학문들의 소관

---

9) 이에 대해서는 하이데거가 형이상학을 존재신론적으로(ontotheologisch) 서술한 것을 보라. M. Heidegger, *Identität und Differenz* (1957), 7.Aufl. 1982, 31-67.

사항이라는 확신이 퍼져가면서 오늘날 신학에서마저도 철학과의 대화보다 이런 학문들에 대한 연구가 우선되어야 하는 것은 아닌가 하는 물음이 생겨나고 있다. 따라서 인간의 현실성에 대한 이해가 보편타당성을 주장할 수 있게 되려면 - 인간에 대한 신학적 진술들도 보편타당성을 염두에 두어야 하는데 - 철학보다는 심리학과 사회학이 적합하고 표준적인 것처럼 보인다. 그러나 주목해야 할 점은 인간 현존재의 현실성이라는 포괄적인 주제가 개별 인간학적 분과학문에 의해서는 한 눈에 포착될 수 없다는 것이다. 왜냐하면 개별학문들의 방법론으로부터 철학적인 반성으로 이행해가는 진전이 이루어지지 않았기 때문이다. 물론 이때 각 사실적 영역들과 그 문제들을 철학적으로 주제화시키는 것이 그 완전한 복합성 속에서 항상 고려되는 것은 아니다. 사람들은 각 개별 분과학문이 서있는 확고한 토대를 신뢰하고 있기 때문이다. 이에 대한 한 사례를 든다면, 위르겐 하버마스가 그의 『인식과 관심』 (*Erkenntnis und Interesse*, 1968)에서 인식론적 문제에 사회학적 관찰방식을 적용한 것을 들 수 있다. 여기서 인식론의 문제들이 그때 그때 주도적인 인식 관심의 관점에서, 예를 들어 마르크스주의적 사회학자의 이데올로기 비판적 태도와 같은 인식 관심의 관점에서 고찰되었다. 하지만 이때 주장된 명제들 안에 있는 판단들의 진리 조건들에 대해서는 물어지지 않았다. 당연히 한 주장의 진리가 그 주장을 인식하게 만든다. 하버마스는 후기 저작들에서 진리 개념을 상세하게 다루었는데, 이 개념을 역시 한 사회학적 관점, 다시 말해 판단하는 사람들의 합의라는 관점에서 다루었다. 인식론적 문제들을 사회학적 관점에서 해석하는 것과 마찬가지로 생물학의 진화론을 인식론적 물음에 적용하는 것도 잘못이다. 철학적 인식론은 개별학문의 모든 구체적인 인식이 인식 일반의 "가능성의 조건들"을 이미 항상 전제하고 있으며, 또한 거기에 의존하고 있다는 사실을 고수할 것이다.

어쨌든 개별학문의 학자들은 자신의 특정 연구 영역의 보편적인 유의미성에 대한 물음과 관련하여 의견을 표명할 때에 자신의 특정 분야의 권위에 입각해서가 아니라 항상 이미 철학자로서 그렇게 한다. 그것은 세계 현실의 이해에 대한 근대 물리학의 중요성을 묘사하는 자연과학자들의 경우도 마찬가지다. 그들의 입장표명은 종종 오늘날 학문의 세계에서 기초 자연과학으로서의 물리학에 바쳐지는 존경심 속에서 수용된다. 하지만 세계이해에 대한 물리학의 역할과 한계에 대한 반성은 항상 철학적 성격을 가지는 것이기에, 물리학자가 전공학자로서 누리고 있는 그런 권위에 의해서 결코 해소되는 것이 아니다. 영국의 물리학자 스티븐 호킹(Stephen Hawking)이 1988년에 시간에 관한 유명한 저서 『시간의 역사』(A Brief History of Time)를 출판했다. 하지만 이미 제목에서 암시되고 있는 것처럼 시간의 발생에 대한 생각(혹은 시간의 역사에 대한 생각)은 역설적인 성격을 지닌다. 그런 표현 자체가 이미 시간을 전제하고 있기 때문이다. 역사는 시간 안에서만 실행될 수 있다. 따라서 시간의 발생 역사에 관한 논의는 철학적으로 문젯거리다. 그것이 논리적 순환 구조를 가지고 있기 때문이다.

인간과 세계에 대한 총체적 이해를 위해서 개별학문들이 가지는 의미와 중요성은 오직 개별학문의 방법과 결과에 대한 철학적 반성 위에서 적절하게 다뤄질 수 있다. 20세기에는 (앙리 베르그송과 특히 알프레드 노스 화이트헤드와 같이) 오로지 소수의 철학자들이 세계의 현실에 대한 철학적 설명을 제시하고자 감행했지만 상황은 별로 달라진 것이 없다. 경험적 현실 전체에 관해 근본적이고 종합적인 방향을 제시해주는 철학은 오늘날 드물다. 이미 강조했던 것처럼 이런 상황은 철학적 신학의 전통이 경시된 결과이다. 하나님에 관해 논의하려면 세계의 개념을 주제로 다루지 않을 수 없기 때문이다. 여기 현대철학이 방기한 틈새로 다양한 개별학문들이 필히 들어오기 마련이다. 이때 그 개별학문의 대리자들이 스스로 철학하기 시작한다. 하지만 유감스럽게도 그것은 종종 일면적이고, 철학적으로 충분히 반성된 방식의 철학이 아니다.

신학으로서는 이런 상황이 특별히 불만족스럽다. 왜냐하면 신학은 단지 하나님에 대해서 말을 해야 하는 것이 아니라, 하나님이 창조한 세계에 대해서도 말을 해야 하기 때문이다. 더구나 하나님에 관한 논의와 가지는 상관성의 관점에서 세계에 대해서 말해야 하기 때문이다. 이전 세기들에는 신학이 철학적 세계관이라는 상대에 대해서 긍정적으로 혹은 비판적으로 관계를 맺을 수 있었다. 오늘날에는 이런 상대가 거의 없어졌다. 하지만 신학의 과제는 여전히 남아있다. 여기서 언급된 철학적 방향설정의 공백에 대한 의식은 철학의 역사를 연구해야 할 필요성을 불러일으킨다. 철학의 역사에 대한 연구를 통해서 우리는 현실에 대한 포괄적인 방향설정과 관련하여 오늘날 풀리지 않는 과제들이 이전 시대의 철학들에서는 어떻게 파악됐는지를 살펴볼 수 있을 것이다. 그리고 이런 식으로 해결되었던 문제들 중에서 오늘날 그런 모델을 단순히 수용할 수 없게 만드는 문제들은 어떤 것인지를 살펴볼 수 있을 것이다. 물론 세계와 인간의 현실에 대한 총체적인 방향설정과 관련해서 해결되지 않은 과제는 오늘날에도 오로지 철학적으로 해결될 수 있을 것이지만 말이다.

철학과 신학의 관계설정의 유형들

1장

신학과 철학의 관계에 대한 변화무쌍한 역사를 체계적으로 조망하려고 한다면, 양자 사이의 관계가 도대체 어떤 형태들을 취할 수 있는지, 그리고 양자 관계의 역사에서 신학과 철학의 전형적인 관계 규정이 어떤 식으로 실제로 출현했는지에 대해서 임시적인 고찰들을 시도해보는 것이 유용할 것이다. 사람들은 철학과 신학의 관계를 (1) 대립으로 생각하기도 했고, 다른 한편에서는 양자를 (2) 동일한 것으로 보려고 시도했다. 사람들은 더 나아가서 (3) 신학을 철학보다 상위에 두거나, 혹은 정반대로 (4) 철학을 신학보다 상위에 두었다. 이렇게 도식화된 네 개의 관계 규정의 가능성이 주어져 있으며, 곧 보겠지만 철학과 신학의 관계 역사에서 특정한 입장들이 이 네 개의 도식들에 분류될 수 있다. 물론 더욱 자세히 고찰하게 되면, 그런 전형적인 관계설정들은 기껏해야 초보적이고 임시적인 숙고의 의미를 가지며, 철학과 신학의 관계가 역사에서 실제로 형성되었던 방식들의 복잡성 앞에서 한계를 발견할 것이라는 점이 드러날 것이다. 그럼에도 불구하고 이런 실제적인 상황을 주어진 도식적 관계 설정에 따라서 고찰해보는 것은 유용하다. 신학과 철학의 관계 설정에서 이상적인 가능성의 한계를 보여주는 그 유형들은 철학과 신학이 역사의 흐름 속에서 맺어온 상호 간의 관계를 고찰함에 있어서 가치를 지닌다. 신학과 철학의 관계들을 일차적으로 유형에 따라서 고찰하는 방식의 문제점들에 대한 논의는 이 책의 주제에 대한 임시적인 개관을 제공할 것이며, 또한 이 책의 구성이 따르게 될 방법의 근거가 될 것이다.

1. 철학과 대립적 관계에 있는 신학

기독교의 가르침은 철학과 무관하며, 철학적 사고와 결합되면 계시신학으로서 가지는 자신의 진정성을 희생시키고 말 것이라는 견해의 원조는 항상 터툴리아누스이라고 간주되어 왔다.[1] 실제로 터툴리아누스가 이렇게 썼다. "아테네가 예루살렘과 무슨 상관이 있는가? 아카데미아가 교회와 무슨 상관이 있는가?"[2] 그리스도에게서 나타난 하나님의 계시와 관련해서 중요한 것은 오직 믿음이며, 또한 믿음을 넘어설 수도 없다. "나는 불합리하기에 믿는다"(credo quia absurdum). 이 유명한 문구를 터툴리아누스가 말한 것으로 후대의 사람들은 여기고 있지만, 그가 이 문구를 만들어 내었던 것은 아니다. 하지만 그는 십자가에 죽었던 자의 부활과 관련해서 이렇게 말할 수 있었다. '이성이 그런 사건을 불가능한 것이라고 판단하고 있다는 바로 그 이유 때문에 부활은 확실하다.'[3]

신학과 철학을 대립적 관계로 놓았던 또 다른 사례는 페트루스 다미아니(Petrus Damiani 1007~1072)에게서 찾아볼 수 있다. 그

---

1) 철학에 대한 터툴리아누스의 생각에 관해서 다음을 참조하라. E. Gilson und Ph. Böhner, *Christliche Philosophie von ihren Anfängen bis Nikolaus von Cues*, 3. Aufl. 1954, 153f.

2) Tertullian, De praescr. Haeret. 7, 9 (*CCL* 1,193).

3) Tertullian, De carne Christi 5: *Certum est quia impossibile est*. (*CSEL* 70, 200, 27)

는 교황 그레고리우스 7세의 조언자였으며, 당시 신학의 변증가
들에 대한 날카로운 반대자였다. 하나님의 전능에 관한 글에서
다미아니는 히에로니무스의 해석법을 따라서 신명기 21:10-13
을 알레고리적으로 해석한다. 신명기의 해당 본문은 고대 이스라
엘의 전쟁법의 내용을 담고 있는데, 이스라엘 백성이 포로로 잡
은 여성을 자신의 종으로 삼으려고 할 때, 어떻게 해야 하는지를
규정하고 있다. 다미아니는 알레고리적 해석을 통해서 신학자가
철학을 사용하려고 할 경우에, 어떻게 해야 하는지를 말한다. 우
선 신학자는 철학의 머리카락, 다시 말해서 무익한 이론들을 잘
라내야 한다. 그 다음에는 손톱(미신의 작품들)을 베어내고 옛 옷(이
방의 우화와 신화)을 벗겨야 한다. 그렇게 한 후에 철학자는 신학을
자신의 아내로 삼아야 한다. 하지만 철학은 신학의 종으로 남아
있어야 하며, 자신의 주인인 신앙보다 앞서려 하지 말고 항상 뒤
따라 가야 한다.[4] 이런 입장의 해석이 중세에 철학을 "신학의 시
녀"(ancilla theologiae)로 취급하는 태도의 시발점이 된다. 그리고 이
런 해석과의 연관성 속에서 임마누엘 칸트는 그의 유명한 비유를
통해서 양자 관계를 역전시키고 있다. 철학은 주인의 시녀로서
주인의 긴 옷자락을 뒤에서 들고 가지 않고, 오히려 앞에서 횃불
을 들고 간다는 것이다.[5]

---

4) Petrus Damiani, De divina omnipotentia 5, MPL 145, 603 D. 다음을 참조하라. Hierony-
   mus CSEL 64, 56 n. 8 (658), 21 n. 13 (122ff.), 70 n. 2 (102).
5) I. Kant, Der Streit der Fakultäten, 1798, 26. 하지만 칸트는 이런 관계의 설정을 아직은 열

신학을 철학과 대립적 관계로 설정하는 입장의 권위자들 중에서 종종 마르틴 루터가 거론된다. 루터는 신앙의 문제에서 이성은 몽매하다고 판단했다.[6] 특히 신앙을 창녀라고 불렀던 그의 유명한 판단은 그 정점에 해당한다.[7] 그때 철학에 대한 그의 판단은 특별히 신학적 용도와 관련해서 그러했다.[8]

하지만 이 모든 신학자들이 철학에 대해서 날카로운 말들을 했음에도 불구하고 신학에서의 철학의 사용을 결코 거부하거나 회피하지 않았다. 마찬가지로 터툴리아누스도 여러 견지에서 당시에 지배적인 철학 학파인 스토아 학파의 견해, 특히 스토아의 정신에 대한 가르침과 정신의 물체성에 대한 의견을 따랐다. 따라서 그도 정신의 물체성을 주장할 수 있었다.[9] 페트루스 다미아니의 경우에도 그가 변증법 일반을 거부한 것이 아니라, 단지 신학에 대해서 무제한적으로 자립성을 가지려는 법증법의 입장을 거부한 것이라는 점은 분명하다. 루터도 초기에는 오컴주의자

린 질문의 형태로 제시했다.

6) M. Luther *WA* 1,3617 ff. 다음을 참조하라. Lohse, *Ratio und Fides. Eine Untersuchung über die ratio in der Theologie Luthers*, 1958, 32 f., 특히 63 ff., 98 ff. 1518년 보름스에서 이성의 명확한 근거들에 대한 루터의 호소에 대해서는 110 ff.를 보라.

7) M. Luther *WA* 18,164,25 f. 이에 대해서 B. Lohse, 같은 책 72를 보라.

8) 철학은 하나님에 대해서 모른다.(*WA* 40/1,20,34 ff.) 다음을 참조하라. *WA* 8,36 ff., *WA* 39/I, 174 ff. 이에 대해서 B. Lohse 같은 책 74 f., 그리고 철학에 대한 루터의 초기 생각들에 대해서는 25 f.를 보라.

9) Tertullian adv. Praxean 7 (*CSEL* 47,237). 영혼과 하나님에 관한 터툴리아누스의 견해에서 그의 유물론에 대해서는 다음을 보라. Ph. Böhner und E. Gilson, 위의 책, 155 f.

로 알려졌다.[10] 철학에 대한 루터의 비판적인 판단 그리고 신학에서 철학의 사용에 대한 그의 비판은 무엇보다도 아리스토텔레스를 겨냥한 것이다.[11] 이에 반해서 루터는 하나님의 전능성과 섭리에 대한 묘사를 위해서, 모든 것은 필연에 따라서 발생한다는 라우렌티우스 발라(Laurentius Valla)와 존 위클리프(John Wiclif)의 스토아주의적 주장을 수용하고 변호했다.[12] 이로써 그는 스토아주의적 운명론자라는 비난을 받게 되었다. 그러나 무엇보다도 루터에게는 이성에 대한 쟁론적(爭論的) 진술들이 존재하는 만큼이나 이성에 대해 매우 긍정적인 판단들도 양립하고 있다. 긍정적인 판단은 자연적 이성이 세상의 영역에서 가지는 관할권의 관점에서만 아니라 신앙에 의해 조명된 이성이 신학에 관여한다는 점에서도 드러난다.[13]

따라서 신학과 철학의 근본적인 대립의 대표로 소개된 입장들을 자세히 살펴보면 다음과 같은 점이 드러난다. 계시 신앙과 철학의 관계, 신앙과 이성의 관계는 긴장 속에 있다는 것이다. 하지만 양자 사이에 결코 긍정적인 관계가 없었던 것은 아니라는 것이다. 그러므로 신학과 철학을 순전히 대립적 관계로 보는 입장

---

10) 이에 대해서는 B. Lohse, 위의 책 26 f.

11) M. Luther *WA* 5, 107,5 ff. 등. 다음을 참조하라. B. Lohse, 위의 책 74 f.

12) *WA* 18,699 (De servo arbitrio 1525). 루터와 발라의 관계에 대해서는 다음을 참조하라. G. Ebeling, *Lutherstudien II*, *Diputatio de homine*, 2.Teil, 1982, 90-92, 474f. 이미 후기의 멜랑히톤은 모든 사건의 일관된 필연성을 위해서 의지의 자유를 거부하는 입장을 스토아주의 논쟁(Stoicas diputationes)이라고 불렀다.

13) 이에 대해서는 다음을 보라. B. Lohse 위의 책 77ff.

은 과도한 것이라고 판단되어야 할 것이다. 신학은 항상 이성의 사용에 의존하고 있으며, 그리고 바로 그런 점에서 철학과의 논쟁으로부터 완전히 자유로울 수 없다.

2. 참된 철학으로서의 기독교

기독교가 참된 철학이라고 말하는 것은 얼핏 보았을 때 신학과 철학의 관계를 강한 대립의 관계로 묘사하는 것에 대한 극단적 대안으로 보인다. 하지만 좀 더 정확하게 살펴보면, 고대교회의 신학에서 지배적이었던 이 표현은 철학이 신학 곁에서 자립적인 진리성을 주장하려는 권리를 신학이 인정하지 않겠다는 것을 표현하고 있다. 그 결과 현실에서 발견되는 철학에 대한 반대가 기독교를 참된 철학으로 묘사하는 입장으로 전이되었다.

이런 표현은 이미 2세기 변증가들에게서 발견된다. 순교자 유스티누스는 기독교를 "유일하게 확실하고 유익한 철학"이라고 부르면서, 이 철학이야말로 만물의 시작과 목표를 보존해줄 뿐만 아니라 모든 만물 각자가 완전하게 행복해질 수 있도록 해준다고 말한다.[14] 이로써 당시로서는 완전히 새로운 형식의 철학

---

14) Justin Dial. C. Tryph. 8, 1 (E.J. Goodspeed, *Die ältesten Apologeten*, 1914, Neuaufl. 1984, 99).

과 신학의 관계가 주장되었다.[15] 고대 그리스 철학에서는 신화적인 묘사가 철학적 진리들의 설명으로 간주되었고, 플루타르크에 의해 - 특히 이시스(Isis) 제의에 관한 그의 글에서 - 종교적 개념들에 대한 이런 설명이 다른 종교적 전통들로도 전수되었다. 그리하여 이제는 이집트 지혜의 신 토트(Thot)가 그리스 신 헤르메스(Hermes 신들의 전령)와 동일시될 수 있었으며, 철학적 로고스 개념을 위한 표상 형식으로 파악될 수 있었다. 이렇게 해서 알렉산드리아의 필로(Philo)는 특정한 종교적 설명 양식, 다시 말해서 유대 종교의 설명 양식이 철학적 진리들에 대해서 유일하게 적절한 설명 양식이라고 주장했다. 반면에 교부들은 기독교 신앙을 철학적 진리의 설명적 예시로 이해하는 것에 더 이상 만족하지 않았다. 그들은 신앙 자체가 철학의 자리를 대신하게 만든다. 즉, 교부들은 신앙을 진리의 유일한 형태라고 해석하면서, 철학은 철학 개념의 의미에 입각해서 단지 진리의 유일한 형태를 추구할 뿐이라고 주장한다.

　기독교적 사고 자체를 철학으로 지칭하는 것은 신학이라는 단어가 시대의 지배적인 언어 용법에 따라서 여전히 신들에 대한 신화적인 가르침을 뜻한다는 사실에 부합한다.(예를 들어서 플라톤, 『국가』379 a) 물론 아리스토텔레스 이후에 그리고 스토아 철학자들에게서도 신학 개념의 다른 용법이 있었다. 그러나 2세기에

---

15) 이하의 내용에 대해서 다음을 보라. E.R. Goodenough, *By Light, Light, The Mystic Gospel of Hellenistic Judaism*, 1935.

여전히 지배적이었던 것은 신학을 신화와 동일시하는 언어 용법

이었다. 그것이 바로 신학 개념이 기독교적 사고 속에 받아들여

질 때 망설여졌던 이유이기도 하다.[16] 반면에 철학 개념은 오해

의 소지 없이 사용될 수 있었다. 하지만 신학 개념이 적어도 기

독교 신론을 위해 사용되게 되었을 때, 그것은 이 개념이 한편으

로는 아리스토텔레스에게서 다른 한편으로는 스토아철학자들에

게서 철학적으로 사용되던 것에 접목되었다. 스토아주의자들은

파나이티오스(Panaitios)와 그의 제자 포세이도니오스(Poseidonios,

BC 135-50) 이후로 철학적 신론을 시인들의 신화적 신학이나 국

가 제의(祭儀)의 정치적 신학과 구분하여 "자연적" 신학, 다시 말

해서 신적인 것들의 자연적 본성(Natur) 자체에 일치하는 형태의

신론이라고 불렀다.[17] 마르쿠스 테렌티우스 바로(Marcus Terentius

Varro)에 의해서 자연적 신학이라는 개념이 라틴 언어권으로 도입

되었다. 이 개념은 이미 터툴리아누스에게서 출현하며, 그 후에

는 특히 아우구스티누스에 의해서 기독교적 가르침에서 사용되

었다.[18] 본질적으로 따져본다면 자연적 신학이라는 개념은 다름

---

16) 기독교적 사고에서 신학 개념 사용의 시초에 대해서는 다음을 참조하라. Pannenberg, *Wissenschaftstheorie und Theologie*, 1973, 11 ff.; *Systematische Theologie I*, 1988, 11 f.

17) 세 가지 형식의 신학에 관한 스토아주의 이론에 대해서는 다음 책의 첫 장을 보라. W. Jaeger, *Theologie der frühen griechischen Denker*, 1953. 신화적 신학이나 정치적 신학에 대해서 자연적 신학을 대립시키는 입장의 토대에는 자연과 인공을 대립시키는 입장이 놓여있는데, 이런 입장은 소피스트들에게 받아들여지고 있었다. 이에 대해서는 다음을 보라. F. Heinimann, *Nomos und Physis. Herkunft und Bedeutung einer Antithese im griechischen Denken des 5. Jahrhunderts*, 1945.

18) Tertullian Ad Nationes II,2,14 (*CCL* 1,43); Augustin, De civ. Dei VI,5 ff., VIII,2 ff. 이에 대해서는 다음을 보라. Pannenberg, *Systematische Theologie I*, 1988, 91 f.

아니라 기독교를 참된 철학으로 파악한다는 것을 의미한다. 그리고 이런 파악은 초기의 교부들에 의해서 발전되어 왔다.

특히 알렉산드리아의 클레멘스의 대표작의 원래 제목은 "참된 철학에 따른 학문적 설명들의 토대들"(VI,1,1)이라고 불릴 만한데, 그 작품은 기독교 가르침을 참된 철학으로 바라보는 견해를 관철시키고 있다.[19] 이를 위해서 다음과 같이 주장하고 있다. 그리스인들의 철학은 "하나님의 섭리에 따른 작품",(I,18,4) "그리스인들에게 수여된 하나님의 선물",(I,20,1) "유대인들에게 율법이 가졌던 기능처럼 기독교 계시에 대한 예비"(I,28,1 ff.)이다. 클레멘스의 "토대들"은 그리스 철학의 가르침들을 신앙에 대한 준비로 해석하려고 했다. 이때 신앙 자체는 철학적 가르침들을 판단하는 잣대가 된다.(Teppiche I,8,2) 철학에 대한 이런 해석을 위해서 클레멘스는 철학 개념 자체에 주목할 것을 주장한다. 철학은 지혜에 대한 추구, 지혜에 대한 사랑이라고 할 때,[20] 그리스도에게서 계시되었던 지혜는 이런 철학적 추구 위에 있는 "주인"이다. 철학적 추구는 지혜를 향해서 정향되어있기 때문이라는 것이다.

---

19) 다음을 참조하라. Gilson-Böhner, 위의 책 33 ff.

20) 지혜에 대한 사랑이라는 철학의 개념에 대해서는 특히 『파이도스』(278d)에서 플라톤에 의해 그려지는 소크라테스가 설명한 것들을 보라. "파이도스여, 어떤 사람을 현인이라고 부르는 것은 내가 생각하기에 더욱 위대한 어떤 것이어야 한다고 보네. 그리고 오직 신에게만 이 이름이 적절할 것으로 보이네. 그러나 현인의 친구가 되는 것이나 이와 유사한 것이 (뛰어난 사람에게는) 더욱 적절하고 온당할 것이라고 생각하네." 또한 『향연』 203 c- 204 b를 참조하라. 여기서는 지혜를 사랑하는 에로스가 바보와 현인의 중간 정도가 된다.

3. 자연 계시와 구분되는 "자연 이성"의 기능으로서의 철학

교부신학은 기독교의 가르침 자체를 참된 철학으로 파악했다. 반면에 라틴 중세는 철학에서 발전되어 왔던 인식, 곧 인간의 이성에 적합한 인식, 인간의 이성에 "자연스러운" 인식과 신학적 인식을 구별했다. 신학의 대상은 초자연적 계시에 의거하는 가르침이다.[21] 초자연적인 것이라는 개념은 긴 역사를 가지고 있다. 그리스 교부학에서는 그 표현이 무엇보다도 기적적인 사건을 지칭한다. 즉, 자연 발생의 일반적인 과정에서 기대할 수 있는 것을 넘어서는 사건을 말한다. 위(僞) 디오니시오스 아레오파기타 (Dionysios Areopagita)에 의해서 그 단어가 라틴 스콜라의 신학적 전문용어로 도입되었다. 하지만 토마스 아퀴나스에게 와서 비로소 그 개념은 신학적 체계의 전문용어가 되었다.[22] 토마스 아퀴나스에게 그 개념은 인간 지성의 자연적 본성을 넘어서는 하나님의 초월성을 뜻한다. 인간 지성은 인간의 육체와 혼의 자연적 본

---

21) 토마스 아퀴나스는 이런 내용을 이미 『신학대전』 I,1,1에서 서술하고 있다. 물론 여기서 아직 초자연성이라는 개념이 나오지는 않는다. 하지만 I,12,4에서 하나님에 대한 인식을 설명하면서 이렇게 말한다. 하나님에 대한 인식은 창조된 지성에 대해서는 '초자연적'(supra naturam)이다. 우리의 지성이 '자신의 자연적 것을 초월하여'(ultra suam naturam) 고양될 때에 비로소 하나님에 대한 인식에 도달할 수 있다.(같은 곳 ad 3) 그 결과 『신학대전』 II/II,2,3 ad 1에서 신앙의 인식은 '초자연적인 것'(quaedam supranaturalis)으로 지칭된다.

22) 이에 대해서는 다음을 보라. O.H. Pesch im *LThK* 10, 2, Aufl. 1965, 437 ff; H. De Lubac, *Surnaturel. Études historiques*, Paris 1946.

성에 따라서 감각적인 것에 의해 구체화된 존재들에 관여하기 때문에 인과율의 개념으로 제1원인에 대한 생각을 가질 수는 있으나, 제1원인의 본질을 긍정적으로 인식할 수는 없다. 그것을 인식하려면 하나님에게서 출발하여 나오는 은혜의 고양(高揚)이 필요하다. 자연적 이성의 최고의 활동인 철학은 여기서 그 한계에 봉착한다. 그러나 인간은 자신의 자연적 본성에 따라서 하나님에게 연관되어 있으며, 하나님을 보는 것에 관련되어 있다. 왜냐하면 그것이 인간이 지복(至福)을 추구하는 것의 목표와 연결되기 때문이다.[23] 그 목표는 인간과 모든 피조물의 자연성을 넘어서 있다.[24] 따라서 인간 지성의 자연적 본성에 결부되어 있는 제한들을 넘어서는 고양이 필요하다. 그런 고양은 인간에게 신앙의 빛을 통해 주어진다. 따라서 인간은 자신의 자연적 본성에 따라서 그 한계들을 넘어서는 인식을 목표로 지목하고 있다. 따라서 토마스에 따르면 자연과 초자연, 철학과 신학 사이에 대립과 모순은 없으며, 초자연적 은혜가 인간의 자연적 본성을 완성한다. 그리고 그것은 자연적 이성이 신앙을 섬기고 지향하도록 되어있다는 것을 의미한다.[25] 따라서 철학의 분과들도 신학에 의해 보충되고 고양되어야 한다고 토마스의 『신학대전』 시작 부분에서 설명하고 있다.

---

23) Thomas von Aquin, *S. theol.* II/I,4,8.
24) *S. theol.* I,23,1.
25) *S. theol.* I,1,8 ad 2.

역사적으로 중요한 영향을 미친 이런 철학과 신학의 관계규정의 출현은 중세 전성기의 신학자들이 아리스토텔레스 철학을 수용했던 것과 밀접한 연관이 있다. 이제 아리스토텔레스는 자연적 이성의 영역에 대한 자신의 고유한 권위를 부여받았다. 그러나 만약 자연적 이성이 아리스토텔레스의 것이라고 한다면, 신학의 신앙적 인식은 초자연적인 것으로 간주되어야 한다는 결론에 도달한다. 이처럼 토마스 아퀴나스가 아리스토텔레스의 인식론을 수용함으로 인해서, 인간 이성이 인간 자신의 자연적 본성을 통해서 제한을 받는다는 생각의 기초가 마련되었다. 이성의 기능을 감각적 대상에 대한 작업으로 제한시키는 인식론의 토대 위에서만,[26] 하나님에 대한 인식은 이성의 자연적 본성과 함께 주어진 제한들을 근본적으로 넘어선다는 것이 분명해진다. 하지만 토마스 아퀴나스가 철학의 자연적 인식과 신학의 신앙론 사이에 정립한 관계는, 인간이 자신의 자연적 본성의 한계를 넘어서 나아가며, 그것도 원래 자연적으로 그런 자기 초월성을 갖추고 있다는 것을 전제하고 있다. 그렇다면 그런 초월적 매진은 – 감각적 대상에 이성이 제한된다고 주장하던 것과는 달리 – 바로 또한 인간 이성의 특성이라고 말해야 하지 않은가? 따라서 이런 측면에서 자연과 초자연의 구분은 문제가 있다. 하지만 그 구분은 다른 측면에서도 의구심을 자아낸다. 그것은 사물의 본질 파악에

---

26) 참고, *S. theol*. I,12,12.

대한 이성의 인식에 관한 것이다. 만약 자연적 이성이 실제로 사물의 본질을 파악하고 있다면, 초자연적인 가르침을 통한 보완의 여지가 더 이상 남지 않는다. 그렇다면 초자연적 가르침은 기껏해야 "비본질적인 것"에 관여하게 될 것이다. 토마스는 단지 이성을 감각적 대상의 본질에 제한함으로 이런 귀결을 저지하고 있다. 하지만 왜 이성이 어떤 것에 대한 각각의 생각들을 자신의 반성과 판단의 대상으로 삼을 수 없는 처지에 있어야 하는가? 이성의 자연적 본성을 초자연의 개념을 통해서 고양시키는 것 – 하지만 그 초자연의 개념 자체는 이성을 통해서 생각되는 것이면서도 그 개념의 내용은 이성으로부터 소외되기에 – 그것은 모순으로 보인다.

신앙의 인식에 의존하지 않는 "자연적" 사유의 자립성이 승인될 때에 – 이것은 고대교회가 철학의 자연적 사고를 신학 안으로 고양시키고 폐기시킨 것과는 다른 상황인데 – 이미 애초에 자연과 초자연의 인위적인 종합이 붕괴될 발판이 마련된 셈이었다. 이제 자연적 이성은 외부에서 자신에게 설정한 제한들을 인정할 수 없게 되었다. 오히려 자연적 이성은 자신의 본질 인식의 자율성과 능력을 주장하면서 이성적 수행 가능성을 넘어서는 계시론의 권리 주장들을 거부한다. 이런 일이 역사적으로 바로 계몽주의가 종교적 전통의 권위와 벌인 싸움으로 일어났다.

권위 개념은 고대 수사학에서 생겼다.[27] 그 개념은 원래 연역
에 의한 합리적인 증명과 구분되는 설득(그리스어 peitho)을 통한
신빙성의 원리를 지칭하고 있다. 아우구스티누스에 따르면 모든
배움은 교사의 권위에서 시작한다. 물론 교사의 권위가 나중에
는 자신의 통찰로 대체된다. 당연히 어떤 지식들은 항상 권위에
의존한다. 특별히 모든 역사적인 지식들이 그렇고, 따라서 한 역
사적 인간에게서 일어난 하나님의 계시에 대한 기독교의 메시지
도 그렇다.[28] 이성의 인식은 말하자면 보편적인 것에 관여한다.
따라서 역사적으로 개별적인 것은 고대 철학적 의미에서 엄밀한
합리적 인식으로 포착될 수 없다. 따라서 근대의 역사비평적 학
문이 출현하기까지는 그런 사안들에 대해서는 믿을 만한 전승의
권위를 신뢰하는 것이 이성적인 것으로 간주될 수 있었다. 반면
에 중세의 기독교적 아리스토텔레스주의에서는 권위에 대한 의
존이라는 입지에 변화가 생겼다. 하나님의 존재에 대한 인식은

27) 권위 개념의 역사에 대해서 다음을 보라. K.-H. Lütcke, *"Auctoritas" bei Augustin. Mit
einer Einleitung zur römischen Vorgeschichte des Begriffs*, 1968. 특히 아우구스티누
스의 auctoritas 개념에 대한 도입적 연구 부분을 보라. 뤼트케는 여기서 로마 고유의 특
별한 개념이 중요하다는 점을 밝힌다. 로마 고유의 개념에 가장 가까운 것이 그리스의
페이토(* peitho, 그리스 설득의 여신)이다. 정치적으로 권위(auctoritas)는 원로원으
로 제도화되었다. 반면에 고위관직들(집정관, 호민관)이 행정적인 권력을 가지고 있었
다. 하지만 아우구스투스의 초기 제정(帝政)의 전개 과정은 권위(auctoritas)에서 권력
(potestas)으로 이행하는 경향을 보인다. 권위와 권력의 대립은 교황 젤라시우스 1세가
494년에 황제 아나스타시우스에게 보낸 유명한 편지에서 교회의 영적인 권력과 황제
의 세상적인 통치 사이의 관계로 적용되었다.

28) Augustin, De div. quaest. 48: Alia sunt quae semper creduntur, et numquam intelligu-
ntur, sicut est omnis historia, temporalia et humana gesta percurrens (*CCL* 44 A, 75,
1-3). 더 자세한 내용에 대해서는 다음을 보라. Pannenberg, *Systematische Theologie*
3, 1993, 166 f.

우리 이성의 자연적 한계를 넘어선다는 것이 이제 결정적인 것으로 간주되었다. 반면에 아우구스티누스는 신적인 존재가 전적으로 이성적 인식으로 접근할 수 있는 것으로 간주했었다. 중세의 아리스토텔레스주의에서는 신에 대한 인식 자체는 권위에 의한 중개를 필요로 하며, 또한 그것은 오직 믿음에 의해서만 접근이 가능한 것으로 간주되었다. 하지만 한편으로 이성도 하나님에 대한 생각을 파악할 수 있다는 사실도 승인되어야 한다. 따라서 종교적 전승에 입각한 "초자연적인" 하나님에 대한 인식은 이성의 외부에 있는 믿을 만한 권위, 다시 말해서 더 이상 이성적이지는 않은 신빙성을 갖춘 권위의 산물로 판단될 수 있었다. 따라서 그런 권위에 대한 무비판적인 수락은 비이성적으로 쉽게 믿어버리는 성향의 표출로 보일 수 있었다. 그것은 특히 서로 다투고 있는 종교적 권위의 주장들에 사람들이 직면하고 있다고 여길 때 - 종교개혁 이후의 시대가 바로 그런 경우였는데 - 심각하게 드러났다.

권위에 의한 믿음에 반대하면서 계몽주의에서는 이성의 자율성의 원리가 주장되었다.[29] 이와 더불어 자연적 이성과 계시, 철학과 신학의 관계가 역전되었다. 이제 이성은 종교적인 계시의 주장들이 가지는 권위에 대한 판단의 척도가 되었다. 단지 외적인 권위로 간주되었던 전통이 이제 이성을 통한 시험대 앞에 세워진

---

29) 이에 대해서는 다음을 보라. G.R. Cragg, *Reason and Authority in the eighteenth Century*, 1964.

다. 그리고 외적 권위에 입각한 전통의 주장들이 가지고 있었던 진리주장들이 의심을 받게 되었다. 이제 그 내용 중 이성적이라고 인정될 수 있는 내용만 호응을 얻는다. 이로써 결과적으로 철학자들의 자연적 신인식(神認識)이 신학보다 우위에 서게 된다. 계시와 이성의 중세적 질서가 역전되었다. 역사적으로 이런 역전은 영국의 이신론(理神論)에서 그리고 계몽주의 말기에 칸트의 『이성의 한계 안에서의 종교』(1793)에서 드러났다.

이로써 앞에서 언급한 전형적인 신학과 철학의 관계 설정 가능성이 모두 설명되었다. 상호 대립의 관점이 역사적 입장에서 결코 자립적인 역할을 수행했던 적은 없었다. 그 관점은 항상 복합적인 입장들의 계기로서만 출현했다. 하지만 철학이 신학으로 흡수되고 고양되었다는 의미에서의 신학과 철학의 동일화는 기독교 교부학 시대의 전형이 되었다. 그리고 철학을 신학 아래로 위치하게 했던 것은 중세 기독교 아리스토텔레스주의의 표식이 되었다. 그 관계의 역전, 다시 말해서 철학을 신학 위에 두는 관계 설정은 계몽주의 사고의 특징이었다. 그렇게 되면서 계몽주의로부터 다른 두 가지 관계 설정이 출발하게 되었다. 하나는 이성의 권위 아래에서의 복속으로부터 신앙을 해방시키려는 신학의 시도이며, 다른 하나는 종교적 생각들을 철학적 개념으로 지양하여 신앙의 내용을 자신의 것으로 차지하려는 철학의 시도이다. 두 경향성 모두 철학적 이성의 자율성을 전제하며, 그런 한에서 계몽주의의 근본 입장을 전제한다. 이로써 신학이 신앙의 학문으로서 자립하는 것은 다시 한 번 철학적 논증과 정당화에 의존한다. 하지만 이때 철학적 방향성과 확인의 영역 바깥의 자리를 신앙에 할당하려는 철학의 경향성은 이런 입장에 반대를 표명한다.

4. 이성적 보편성과 종교적 주관성

보편적 진리의 영역은 여기서 이성과 철학의 자율성으로 이관된다. 그러나 이런 보편적인 것 외에 개별자들의 권리, 주관적인 경험과 감정의 권리는 타당성을 가진 것으로 간주된다. 이때 주관성은 종교와 신앙의 피난처가 된다. 그것은 근대의 세속적 사회 발전에 영향을 미친 경향성, 즉 공적인 타당성을 탈취당한 종교를 개인의 사적인 사안으로 설명하려는 경향성과 맞아 떨어진다. 한편으로 종교를 주관성의 자리에 세우려는 철학적 정당화의 추구는 종교적 주제에 어떻게든 보편적인 승인을 보장하려는 추구로 이해될 수 있다.

철학적 입장에서는 데이비드 흄이 신앙 일반의 감정적 본성을 주장하며, 기독교의 기적 신앙의 경우에서 나타나는 이성과의 대립을 드러냈다.[30] 이에 반해 칸트는 이성적 지식의 한계 설정을

---

30) 전자는 신앙이라는 개념과 관련해서 나타난다.(D. Hume, *A Treatise of Human Nature*, 1739, ed. L.A. Selby-Bigge, 2.ed. 1978, 623 ff.) 후자는 기적 사건들에 대한 신앙과 관련되어 있지만(*An Inquiry concerning Human Understanding*, 1758, ed. Ch.W. Hendel 1955, 125, vgl. 61 f.), 신앙의 개념 아래에서 다뤄지고 있다(140 f.). 이에 대한 자세

통해서 신앙의 주관성에 여지를 만들어주려고 했다. 이때 물론 그는 실천적으로, 다시 말해서 도덕적으로 근거 지워진, 하나님 과 불멸성에 대한 신앙의 의미에서 그렇게 했던 것이다. 그런 점 에서 그것은 "보편적으로 확신을 주는 정보"[31]를 결코 줄 능력 이 없는 교회의 역사적 믿음과는 구분된다. 따라서 처음에 얼핏 보이는 것보다 실제로 칸트는 흄에 가깝게 있다. 이에 반해 슐라 이어마허는 종교가 형이상학이나 도덕 이외에 자립적인 제3의 영 역, 곧 "감정에 그 고유한 영역"을 가지고 있다고 주장함으로써 [32] 기독교 신앙 진술에 대한 신뢰와 경의의 근거를 확보하려고 노력했다. 이 노력의 추구는 슐라이어마허 초기에 종교 개념이 무한자에 대한 "직관과 감정"이라고 했을 때나 후에 절대 의존의 감정이라고 했을 때나 동일하게 유지되고 있었다.[33]

철학자들만이 아니라 신학자도 철학적 이성과 구분되는 신앙 의 자리를 바로 이 철학적 이성의 수단들과 동일시했다. 이런 상 황은 각성신학에 대해서도 마찬가지다. 각성신학은 최근의 개

한 내용은 다음을 참고하라. E. Herms, "David Hume", (1711~1776) in der *Zeitschrift für Kirchengeschichte* 94, 1983, 279-312, 특히 308 ff.

31) I. Kant, *Die Religion innerhalb der Grenzen der bloßen Vernunft*, (1793), 2. Aufl. 1794, 157, 특히 155. 이런 역사적 믿음은 칸트에 따르면 "파악할 수 없는 일들을 단순히 믿고 되풀이 해서 말하는 것"이라는 특징을 갖는다(같은 책 117). 반면에 실천적 종교신 앙, 혹은 순수한 종교신앙(같은 책 167 ff. 참고, *Kritik der praktischen Vernunft*, 1787, 227)에 대해서 칸트는 인식을 제한하여 "신앙의 자리를 만들어야"(Vorrede zur 2. Aufl. der Kritik der reinen Vernunft, 1787, B XXX) 한다고 말했다.

32) F.D. Schleiermacher, *Über die Religion*, 1799, 37.

33) F.D. Schleiermacher, 위의 책 50 ff; *Der Christliche Glaube*, 2.Ausg. 1830, 3 f.

신교 신학이 종교적 주관성으로 후퇴하는 것의 고전적인 모델이 된 입장이다. 여기서 칸트의 도덕철학은 그 기초로서 사용되었다. 도덕적 법칙의 요구에 대한 죄책의 경험은, 이제 복음의 위로를 통해서 얻게 되는 용서의 경험이 신앙적 확신의 근거가 되게 하는 출발점이 되었다. 만약 인간이 "자신의 내면적 갈등을 기묘한 방식으로 해소하는 계시를 발견한다면, 인간에게 그 계시는 참된 계시이다."[34] 칸트에서처럼 도덕적 경험 그 자체가 아니라 도덕적 경험에서의 실패 그리고 이 실패의 절망감으로부터 벗어나는 길을 열어주는 용서와 위로의 경험이 신앙의 확신을 위한 근거가 되었다. 이를 위해서는 물론 전제된 죄책 감정을 잘 관리하는 것이 필요했다. 그러나 신앙의 부흥에서 출발한 신학적 흐름들은, 용서 사건의 기독론적 전제들, 특히 그리스도의 용서 사역의 사실성을 보증함에 있어서 어느 정도까지 신앙의 경험적 확신을 신뢰해야 하는가에 따라서 서로 구분된다.

신앙각성운동에 전제되어 있던, 도덕법칙 및 그 실패에 대한 도덕적 경험이 사람들에게 명료하게 받아들여지지 않자, 마침내 경험 대신에 결단이라는 개념이 전면으로 부각되었다. 이런 변화는 이미 키에르케고르에게서 일어났다. 예수의 역사와 같은 역사적 사건을 영원한 복락과 결부시키는 것은 오직 신앙의 "도약"에

---

34) F.A.G. Tholuck, *Guido und Julius. Die Lehre von der Sünde und dem Versöhner oder: die wahre Weihe des Zweiflers* (1823), *Tholucks Werke I*, 1862, 296.

서 가능하며, 이런 도약에 해당하는 것이 "결단의 범주"이다.[35]
이런 생각은 제1차 세계대전 이후 몇 년 후에 신학에 완전히 영
향을 끼치게 되었다. 그리하여 칼 하임(Karl Heim)에 따르면 예수
그리스도 앞에서 신앙인가, 아니면 불쾌함인가 하는 "결단의 질
문"이 인간이 마주하는 "최종적인 선택"이다.[36] 루돌프 불트만
의 경우에도 완전히 상이하게 들리지는 않는다. 불트만은 "케리
그마는 결단의 호소이며, 신앙은 결단"이라고 말한다.[37] 다시 말
해서 철학은 자유라고 부르고 신학은 불신이라고 부르는 자신의
현존재를 스스로 좌지우지하는 "자연스러운" 자기 이해를 포기
하기로 결단하는 것이 신앙이다.[38] 불트만에 의하면 철학이 현
존재의 자유를 아는 한 철학도 신앙을 알고 있다. 다시 말해서
철학이 "현존재 자체가 떠안게 되는 자유로운 결단을 알고 있는
한에서, 저 결단을 거부할 다른 가능성에 대해 알고 있다."[39] 불

35) S. Kierkegaard, *Abschließende unwissenschaftliche Nachschrift zu den Philoso-phischen Brocken*, (1846), SV VII, 79 = 독일어판 E. Hirsch 1957, 91. 참고, 97 f. (SV VII, 85).

36) K. Heim, *Glaubensgewißheit. Eine Untersuchung über die Lebensfrage der Religion*, 2. Aufl. 1920, 200. 결단의 개념이 제 3판, 1923, 249ff.에서는 더욱 강조되어 중심점을 이룬다.

37) R. Bultmann, "Das Problem der 'natürlichen Theologie", in: *Glauben und Verstehen* 1, 1934, 294-312, 298. 다음을 참고하라. F. Gogarten, "Zwischen den Zeiten", in: *Die Christliche Welt* 34, 1920, 374-378, 377; *Die religiöse Entscheidung*, 1921. 칼 바르트 는(K. Barth, *Der Römerbrief*, 2.Ausg. 1922, 256 ff.) 인간에 대한 하나님의 영원한 결 단을 제일 우선시 한다. 그리고 하나님의 영원한 결단은 성령 안에서 인간에게 추체험 된다.(266 f.)

38) R. Bultmann, *Glauben und Verstehen I*, 310. 다음을 참고하라. 동저자, " Gnade und Freiheit", in: *Glauben und Verstehen II*, 1952, 149-161, 157f.

39) R. Bultmann, 동일한 곳. 현존재의 기투성(企投性)에 대한 하이데거의 설명을 참조하

트만이 신앙을 철학의 자유 이해에 대한 대립으로 간주하는 입장이 철학에서는 하이데거를 통해서 긍정되었다. 하이데거에 따르면, "신앙이 가장 내적인 핵심에서는 특별한 실존 가능성이며, 이것은 철학에 본질적으로 속하는 … 실존 형식과 원수지간으로 남아있다."[40] 이것은 앞에서 언급했던 신앙과 철학의 대립 모델에 해당한다. 하지만 하이데거나 불트만에게서 철학에게 부조리한 이런 실존의 가능성의 자리를 인간 현존재의 구조에서 규정하는 일은 철학의 전문 지식의 영역에 속한다.

5. 종교적 표상이 철학 개념으로 지양됨

계몽주의 철학은 철학적 이성을 종교적 전승과 종교적 계시의 권위에 대한 주장을 시험하고 해석하는 척도로 삼았다. 그렇게 해서 계몽주의 철학이 종교에서 모든 표면적인 역사성을 제거하자 이제는 도덕성 및 자연신학과 마주하게 되었다. 이로써 기독교의 가르침들은 기독교 없이도 이성을 통해서 접근가능한 내용으로 환원되는 일이 벌어졌다. 물론 그것은 역사적 종교로서의 기독교 자체를 철학적으로 습득하는 과정이 아니었다. 하지만

라. M. Heidegger, *Sein und Zeit*, 1927, 284 ff. 단호성과 결단에 대해서는 296 ff.를 참조하라.

40) M. Heidegger, *Phänomenologie und Theologie*, 1970, 32.

기독교에 대한 철학적 해석은 철학적 이성에 대한 기독교적 해석도 생기게 만들 수 있었다. 철학의 진리 인식이 그보다 역사적으로 앞서 있는 종교에 의존해 있다는 것이 더욱 의식될수록, 기독교에 대한 철학적 해석과 철학적 이성에 대한 기독교적 해석은 더욱 긴밀한 관계에 놓이게 되었다. 헤겔에 따르면 종교가 "참된 내용인데, 단지 표상의 형식으로 있다. 따라서 실체적인 진리가 애초에 철학에 의해서 부여된 것은 아니다."[41] 하지만 철학의 과제는 이 내용을 개념의 형식으로 고양시키는 것이다. 이것은 종교적 표상들이 상호 간에 그리고 종교적 주관에 맺는 연관성을 사유 속에서 파악하고 천착함으로써 가능하다.[42] 이런 상황을 헤겔은 종교적 표상이 개념으로 지양되는 것이라고 묘사했다.[43] 이때 중심점을 형성하는 것은 종교적 의식의 주관과 그 대상의 대립이 지양되는 것이다. 따라서 헤겔은 종교적 표상이 개념으로 지양되는 것은 이미 종교적 제의의 실행에서 시작된다고 말할 수 있었다.

종교적 내용에 대한 파악은 당연히 전적으로 이미 신학의 사안이다.[44] 하지만 신학은 이때 항상 하나님의 역사적 계시를 토

---

41) G.W.F. Hegel, *Begriff der Religion*, hg. von G. Lasson (PhB 59), 299 (MS).

42) G.W.F. Hegel, 위의 책 291 ff., 특히 294 ff.: "연관성의 방식이 내용의 필연성을 형성할 것이다." 다음을 참고하라. 동저자, *Encyclopädie der philosophischen Wissenschaften*, hg. J. Hoffmeister (PhB 33) § 573.

43) G.W.F. Hegel, *Phänomenologie des Geistes* (1807) PhB 114, 479; *Encyclopädie* § 565, 참고 § 555.

44) G.W.F. Hegel, *Begriff der Religion*, 위의 책 256 (Vorlesung von 1824).

대로 삼으며, 역사적으로 먼저 주어져 있는 계시의 내용을 해명하는 일에 의식적으로 머물러 있다. 헤겔의 철학은 (신적인) 주관의 절대성에 대한 사상을 통해서 기독교에 철학이 역사적인 출발점을 가지고 있다는 사실로부터 독립성을 찾아간다. 그리고 기독교라는 종교의 내용을 (신적인) 주관의 전개로 해석한다. 그런한에서 종교적 표상을 철학적 개념으로 지양하는 헤겔의 시도는 기독교 신앙 자체를 반드시 필요로 하지 않는 보편적인 철학적 진리로 기독교를 환원하던 계몽주의의 특성을 어느 정도 담고 있다.[45] 이런 점은 헤겔이 역사적 종교와 경쟁 관계에 있던 특정한 철학적 신론의 전통에 대해서 긍정적 관계를 가지고 있던 것과 밀접한 연관성이 있다. 이런 전통을 계승하는 것이 헤겔의 입장에서는 바로 자의식의 관념론 철학의 기반 위에서 가능했다. 하지만 그것은 헤겔의 사유에서 절대적 진리에 대한 철학적 파악이 역사적으로 주어져 있는 종교에 의존해 있다는 헤겔 자신의 통찰과 긴장관계를 형성하다. 역사적으로 주어져 있는 종교와의 관계에서, 철저한 역사성에 대한 숙고 및 철학적 파악의 유한성

---

45) 그 결과 뢰뷔트(K. Löwith)가 "지양"(Aufhebung) 사상에 담긴 모호성을 지적하기도 했다("Hegels zweideutige Aufhebung der christlichen Religion in die Philosophie", in K. Löwith, *Vorträge und Abhandlungen. Zur Kritik der christlichen Überlieferung*, 1966, 54-96). 이런 모호성은 다음과 같이 나타난다. 헤겔의 체계적인 주요저작들(정신현상학, 엔치클로패디, 논리학)에 나오는 것처럼 종교적 표상이 개념으로 지양된다는 논제는, 그의 종교철학 강의들에서 나오는 것처럼 기독교를 개념적 사유로 "정당화"하는 것과 구분되기 때문이다. (이렇게 그라프와 바그너는 그들이 편집한 책의 서론에서 지적하고 있다. F.W. Graf und F. Wagner, *Die Flucht in den Begriff. Materialien zu Hegels Religionsphilosophie*, 1982, 61.) 또한 다음을 참고하라. F. Wagner, "Die Aufhebung der religiösen Vorstellung in den philosophischen Begriff", in: *Neue Zeitschrift für systematische Theologie und Relionsphilosophie*, 18, 1976, 44-73.

에 대한 숙고가 절대적 진리와 관련해서도 시사될 수 있었다.[46)]
그 결과 철학적 신학이 계시신학 혹은 종교철학으로 지양된다.
계시신학 혹은 종교철학은 철학적 신학과 마찬가지로 대상의 역
사적 사실의 전제를 전적으로 분명하게 만든다.

　종교적 표상이 철학적 개념으로 지양된다는 헤겔의 논제가 곧
철학적 신론이 신학으로 지양된다는 입장으로 역전된다는 사상
은, 기독교 교부학이 전개했던 입장, 곧 기독교를 참된 철학으
로 해석했던 입장으로 가깝게 되돌아간다. 철학이 신학으로 지양
되는 것이 교부시대나 그 이후 시대에서 펼쳐질 때, 그리고 헤겔
의 경우처럼 종교적 표상이 철학적 개념으로 지양된다고 할 때에
도 역시 신학과 철학 둘 중의 어느 한 쪽이 다른 한 쪽으로 흡수
되어 사라지지 않았다. 오히려 역사의 진행 과정에서 신학과 철
학은 상호 간에 긴장감 넘치는 병존의 관계로 남아 있었다. 물론
단순히 인간 실존의 어떤 공통의 구조(무엇보다도 철학을 척도로 삼
아 해명하려는 구조)의 기반 위에서 이루어지는 실존적인 근본결정
의 모순이라는 의미에서가 아니라, 신학이 철학적 통찰을 신학에
변형적으로 끌어들여 오려고 항상 새롭게 노력하는 형식으로 상
호관계가 이루어졌다. 이런 과정은 신학과 철학의 자립적인 병존
관계를 통해 역사적으로 묘사될 수 있다. 물론 이런 과정은 신학

---

46) 이런 가능성은 헤겔 사상의 전개 과정에서 한때 잠시 나타났다. 그것은 동일성과 비동일
　성의 통일성을 직관으로 파악하고 그것을 개념으로 표현할 수 있는 가능성이 헤겔에게
　아직 출현하지 않았던 시기였다.(*Hegels theologische Jugendschriften*, hg. H. Nohl,
　1907, 348)

의 입장에서 볼 때에 기독교적 가르침과 연관이 있는 철학적 요소들이 계속해서 축적되고 통합되어가는 과정으로 전개되었다. 이런 상황은 기독교 교리 자체의 체계적 전개라는 틀에서만 적절하게 묘사될 수 있다. 이 책의 다음 장(章)들에서 이어지는 논의들은 다음과 같은 물음들을 다루는 것으로 한정될 것이다. 먼저 기독교 신학이 고대 철학의 다양한 방향성들을 어떻게 수용하고 자기의 것으로 만들었는지, 이로 인해 어떤 문제들이 신학에 발생했는지, 기독교 신학은 철학의 탐구 주제들의 구성에 어떤 자극을 주었는지, 근대의 철학적 형성은 기독교 신학과 어떤 관계에서 전개되었는지, 그리고 그것이 신학에 어떤 의미를 부여했는지 하는 것이다. 이런 물음에 대한 논의는 또한 중요한 사안에 한정해서 이루어질 것이지만, 또한 때로 주제를 심화해서 다루기도 할 것이다.

2장

플라톤주의의 기독교적 수용[1]

고대 철학 중에서 플라톤주의만큼 기독교 신학의 발생과 초기 발전 시기에 깊은 영향을 준 것은 없다. 이때 플라톤 사상이 기독교에 "영향"을 주었다고 말하는 것으로 충분하지 않다. 기독교에 미친 플라톤 사상의 특별한 "영향사"를 구성할 정도로 그것은 생산적인 수용[2]과 동화의 과정이라 할 수 있다. 그렇게 이해된 기독교적 플라톤주의는 정당하게 "고대교회, 적어도 그리스 교회의 역사와 대등한 것"으로 특징지어졌다.[3] 기독교적 플라톤주의에서 다뤄지는 것은 "그리스 세계 자체를 기독교화하는 것과 그들의 진리를 기독교적으로 이해하는 것"이다. 플라톤 사상은 그리스의 정신, 특히 그리스 철학을 기독교적으로 습득함에 있어서 매우 적합했다. 그러나 또한 역으로 2세기 이후로 발전했던 플라톤 르네상스는 아마도 "기독교 선교가 없이는 생

---

1) 플라톤 사상을 둘러싼 사상적 환경에 대한 입문으로 여전히 추천할 만한 책은 G. Krüger, *Einsicht und Leidenschaft. Das Wesen des platonischen Denkens*, 2. Aufl. 1948이다. 소크라테스부터 아리스토텔레스로 이어지는 발전의 연관성 속에서 플라톤 사상의 기초를 파악하기 좋은 입문으로는 (J. Stenzel) *Studien zur Entwicklung der platonischen Dialektik von Sokrates zu Aristoteles*, (1917), 3. Aufl. 1961이 있다. 거기서 인용된 새로운 문헌 중에서 특히 주목할 만한 것은 크래머(J. Krämer)와 가이저(Gaiser)의 논문들이다.

2) 수용이라는 개념은 영향사라는 가다머의 해석학적 핵심 개념(H.G. Gadamer, *Wahrheit und Methode*, 1960, 283 ff., 323)과 논쟁을 벌인 야우스의 문헌사에서 문헌사 연구의 중심부로 옮겨갔다.(H.R. Jauss, *Literaturgeschichte als Provokation der Literaturwissenschaft*, 1967, 45 ff.; 동저자, *Literaturgeschichte als Provokation*, 1970, 144-207, 특히 185 ff.) 여기서 중요한 것은 가다머도 역시 주목했지만(위의 책 280) 영향 및 영향연관성의 관점에 하부적으로 귀속되어 있는 이해 과정의 생산적 계기이다(Jauss 위의 책 49). 어떤 의미에서 그런 생산적인 계기가 확실히 모든 이해의 과정에 관여한다. 하지만 플라톤주의의 기독교적 수용의 경우에 다뤄지는 것은 그것을 넘어서서 예수 그리스도 안에서 이루어진 하나님의 계시에 대한 신앙의 빛 안에서 일어나는 의식적인 변형이다.

3) H. Langerbeck, *Aufsätze zur Gnosis*, 1967, 142. 초기 기독교 신학에서 플라톤과 플라톤주의에 대한 판단들에 대해서는 다음을 참조하라. A. Warkotsch, *Antike Philosophie im Urteil der Kirchenväter*, 1973.

각될 수 없는" 일이었다.[4]

그렇다면 플라톤주의와 기독교 사이에 내적인 친근성이 있었는가? 어떻든 간에 그것은 단지 한 단면에 불과했다. 하인리히 되리(Heinrich Dörrie)는 고대 후기의 플라톤주의를 기독교에 대한 대안으로, 다시 말해서 초월성으로 향하는 시대의 다른 형식으로 묘사했다.[5] 교부들은 플라톤의 가르침들을 진리에 대한 절대적 척도로서가 아니라, 진리로 이끌어주는 안내자로 간주했다는 되리의 지적은 옳았다. 이때 플라톤의 가르침들은 확실히 변증적인 동기와 선교적인 동기에 의해 영향을 받았다. 하지만 플라톤 사상도 역으로 성서 및 기독교 가르침의 해석에 영향을 끼쳤다. 따라서 하나의 고유한 형태의 플라톤주의가 형성되었다. 그것은 플로티노스(Plotin)나 포르피리오스(Porphyrios)와 같은 이방인의 플라톤주의와 구별되었으며, 플라톤의 저작들에 부여하는 권위에 대한 평가에서도 차이를 드러냈다. 물론 플라톤주의라는 것이 "어떤 단일 통일체나 폐쇄된 단일 체계가 아니라 … 하나의 정신적 흐름"이기에[6] 기독교 내외부적으로 매우 다양한 특징적 표현들을 담고 있다. 따라서 때로는 플라톤 사상의 이런 측면이, 또 때로는 저런 측면이 중

---

4) H. Langenbeck, 위의 책142. 되리(H. Dörrie, 다음 각주 참고)에 따르면 아마도 역으로 4세기에 기독교가 확고한 위치를 잡게 되자 플라톤 학파의 "광범위한 영향"이 몰락되는 결과가 초래되었다.(Dörrie, 31)

5) H. Dörrie, "Die Andere Theologie", in: *Theologie und Philosophie* 56, 1981, 1-46. 되리는 플라톤주의를 "고대 후기의 신앙심으로 채워져 있던 종교성의 그릇"으로 간주했다.

6) E.v. Ivanka, *Plato Christianinus. Übernahme und Umgestaltung des Platonismus durch die Väter*, 1964, 24.

심부를 이루었다. 그런 상황은 이미 플라톤의 사후에 그의 학파가 처음으로 "단절될" 때 나타났다.[7] 그것은 플라톤 학파가 스토아 학파의 체계적인 교육에 맞서 회의주의로 전향하면서, 소크라테스의 원초적인 질문이 가졌던 비판적 계기를 결정적인 것으로 유지하게 되는 면에서 드러났다.

플라톤 학파의 역사는 대개 세 개의 주요 국면으로 구분된다.[8] 첫 번째는 플라톤이 주전 385년경에 헤카데모스(Hekademos)의 정원에서 - 그 이름을 따서 명명하여 - 설립했던 본래적인 "아카데미" 시기이다. 이 시기는 아폴로와 뮤즈를 숭배했던 제의(祭儀) 연합의 형식을 띠었다. 설립자의 사망(주전 348년) 약 백 년 후, 주전 3세기에 플라톤 학파는 아르케실라오스(Arkesilaos)와 더불어 회의주의로 전향했다. 주전 86년 로마의 술라(Sulla)가 아테네를 점령하면서 플라톤 학파의 건물이 파괴된 후에 그 학파의 연속성은 단절되었다. 그러나 그 학파는 몇 년 후 아스칼론(Askalon)의 안티오코스(Antiochos)에 의해 "신(新)아카데미"로 복구되었다. 신아카데미는 플라톤 학파의 회의주의적 흐름을 반대하면서 플라톤의 초기로 되돌아가기를 원했다. 물론 그러면서 스토아주의와 아리스토텔레스에게 근원을 둔 논의들도 수용했다. 키케로가 주전 79년에 동쪽으로 여행을 하던 중에 아테네에서 안티오코스의

---

7) 이에 대해서는 다음을 보라. H. Dörie, *Von Plato zum Platonismus. Ein Bruch in der Überlieferung und seine Überwindung*, 1976.

8) 더 자세한 내용은 다음을 참조하라. H. Dörie, *Der Platonismus in der Antike* 1, 1987, 33-41.

가르침을 듣기도 했다.

아테네에 제한되어 있던 아카데미의 학파 전통과 구별하여 사람들이 두 번째로 "중기 플라톤주의"라고 지칭하는 것이 있다. 그것은 소위 플로티노스의 신(新)플라톤주의가 시작하기 전 초기 황제시대[9]에 플라톤을 근거로 삼으면서 형성된 학설 체계다. 이 중기 플라톤주의에는 플루타르크(Plutarch)가 속해 있다. 그러나 무엇보다도 주후 2세기에 스머나에서 가르친 알비노스(Albionos)가 여기에 속한다. 그는 플라톤과 아리스토텔레스 사이의 대립을 인정하지 않았다. 두 철학자 사이의 관계를 평가함에 있어서, 그는 아리스토텔레스를 다방면에서 자립성을 띤 플라톤의 제자로 파악했다. 이런 평가는 고대 후기에 광범위한 지지를 받았다.

마지막으로 고대 플라톤주의의 전개 과정에서 세 번째 국면에 해당하는 신(新)플라톤주의는 주후 3세기 알렉산드리아에서 암모니우스 사카스(Ammonius Sakkas)에 의해서, 특히 그의 제자 플로티노스(Plotin)에 의해 만들어졌다. 플로티노스는 로마에 자신의 학교를 세웠다. 플로티노스의 글들은 그의 후계자 포르피리오스(Porphyrios)에 의해서 발행되었다. 이데아들을 누스(* 신적 이성으로 이해할 수 있음)로 끌어들이고, 이 누스로부터 최고의 원리인 일자(一者)를 구분해내는 플로티노스의 가르침은 많은 영향을 끼쳤음에

---

9) 이에 대해는 다음을 보라. H. Dörrie, "Der Platonismus in der Kultur- und Geistesgeschichte der frühen Kaiserzeit", in: *Platonica Minora*, 1976, 166-210. "중기 플라톤주의"라는 표현을 되리(*Der Platonismus in der Antike* 1, 1987, 45)는 프래히터(K. Praechter, *Die Philosophie des Altertums*, 1909)로부터 수용하고 있다.

도 불구하고 410년 이후에야 비로소 아테네 아카데미의 학사 일정에 포함될 수 있었다. 5세기에 기독교에 대한 거부감과 적대감 속에서 플라톤의 가르침을 해석하는 입장이 중기 플라톤주의 안으로 유입되었다. 이런 입장의 최후의 대변자이자 주요 대변자는 프로클로스(Proklos, 410~485)였다. 529년에 이 학파는 유스티니아누스(Justinian) 황제에 의해 폐쇄되었다.

이하의 서술에서는 기독교적 수용이라는 관점에서 플라톤 철학을 다루려고 한다. 따라서 여기서의 물음은 플라톤의 사유와 그 전개의 원천에 대한 것이 아니다. 물론 여기 언급될 내용들은 서술 과정에서 고려될 것이다. 하지만 주도적인 관점은, 플라톤 철학의 어떤 주제들로 인해서 초기 기독교 신학자들이 플라톤 철학에 관심을 가지게 되었으며, 또한 친밀성을 느끼게 되었는지에 대한 물음이 될 것이다. 여기서 다루려는 주제는 세 가지다. 중요성에서 볼 때, 첫 번째로는 플라톤의 신론이 거론될 수 있다. 이때 물론 플라톤 자신의 관점만이 아니라 고대 플라톤주의에서 이 주제를 둘러싸고 전개된 매우 복잡한 역사도 포함된다. 두 번째로 중요한 것은 기독교 신학에서 특별히 중요성을 가지게 된 플라톤적 삶의 이상, 곧 신(神)에게로의 동화(同化)가 다뤄져야 한다. 이때 그 전제가 되는 플라톤 이론에서 영혼에 대한 가르침이 함께 다뤄져야 할 것이다. 세 번째 주제는 기독교 신학이 플라톤적 사상으로부터 결정적인 도움을 받았던 것으로, 인식론과 은혜론 사이의 관계성이 언급되어야 할 것이다.

세 가지 주제 모두에서 플라톤적 사상과 기독교적 사상 사이에 단지 접촉점들만이 아니라 항상 동시에 대립점들도 있었다는 것이 언급될 것이다. 무엇보다도 두 번째와 세 번째 주제의 인간론적 토대의 영역에서 그럴 것이다. 플라톤주의가 기독교적으로 수용될 때의 과정이 처음부터 얼마나 팽팽한 긴장 속에서 진행되었는지가 보일 것이다. 기독교에서 플라톤적 이론들을 변형시킨 결과가 2장 4에서 별도로 다뤄질 것이다. 그리고 이 장(章)은 마지막 2장 5에서 플라톤주의의 모티브들이 기독교 중세와 근대의 사고에 미친 광범위한 영향사(史)를 다루는 것으로 마칠 것이다.

1. 하나님에 대한 사상과 플라톤의 원리론

초기 기독교의 사상이 2세기 이후로 고대 철학의 다른 학파들보다 플라톤주의를 더 친근하게 느꼈던 이유는 무엇이었을까? 이 물음에 대한 대답은 의심의 여지없이 말할 수 있다. 기독교 신학에서 플라톤 철학이 매력적이었던 것은 이전에 이미 알렉산드리아의 필로(Philo)와 같은 헬라 유대인들에게 매력적이었던 것과 마찬가지로 일차적으로, 가시적인 세계와 구분되면서도 동시에 이 가시적 세계의 원인자가 되는 "정신적" 하나님에 대한 사상이었다. 2세기에 헬라-로마 지성세계에서 여전히 지배적인 철학적인 흐름인 스토아주의는 하나님을 물질적 세계 내부에 거주하면서 동시에 그 세계에 혼을 불어넣어 주는 로고스로 생각했다. 스토아 철학이 신적인 섭리에 대해서 가르쳤지만 그 생각은 운명 사상과 밀접하게 결합되어 있었다. 스토아주의자들은 세계를 초월하면서 세계에 대해 자유롭게 마주 대할 수 있는 신성과 같은 것에 대해서는 알지 못하고 있었으며, 신적인 존재를 통한 세계의 창조와 같은 것에 대해서 알지 못하고 있었기 때문이다. 반면에 에피쿠르스 학파는 섭리 사상이나 운명 사상을 배격하면서, 신들은 자신들의 행복의 향유에 전적으로 마음을 둘 뿐이기에 세계와 인간의 안위를 염려하지 않는다고 주장했다. 하지만 플라톤주의자들은 영원하고 정신적인 존재인 하나님을 물질적 세계로부터 구별했다. 그리고 그들은 정신적이며 세계를 넘어서 있는 하나님에 대한 생각에 스토아주의자에 의해 발전된 섭리사상을 결합시켰다. 이로써 성서의 창조주 하나님에 대한 생각에 여러 모로 가까운 신에 대한 이해라는 결과가 나왔다. 그리고 사람들은 플라톤 철학에서 창조사상을 재발견할 수 있었다. 플라톤의『티마이오스』대화편은 플라톤적 의미에서 "신비적인" 방식으로, 다시 말해서 시적인 방식으로 신적인 세계형성자인 데미우르고스가 형태가 없는 질료를 가지고, 즉 요소들(element)로 채워진 공간을 가지고 가시적인 코스모스를 형성해내는 이야기를 담고 있다. 이 이야기는 유대교 사상가들뿐만 아니라 기독교 사상가들에게 중세까지 항상 반복해서 성서의 창조기사를 놀랍도록 상기시켜 주었다. 그 결과 플라톤적 이해와 성서적 이해 사이의 차이와 대립들이 쉽게 간과될 수 있었다.[10]

플라톤적 신(神) 개념은 기독교 신학자들이 이 철학에 매혹될 수밖에 없었던 탁월한 이유가 되었다. 그 점을 아우구스티누스는 『하나님의 도성』 8권에서 표현했다. 거기서 플라톤주의자들에 대해 이렇게 말하고 있다. " … 그들은 하나님이 물체가 아니라는 것을 명확히 인식했다 … . 더 나아가 그들은 변화하는 모든 것은 지고의 하나님이 아니라는 것을 인식했다." 따라서 하나님은 불변하며, 따라서 또한 단순할 것임에 틀림없다.(VIII,6) 이런 일치

---

10) 이에 대해서는 91f.를 보라.

때문에 아우구스티누스는 더 나아가서 사도 바울의 말씀, 이방인들의 하나님 인식에 대한 로마서 1장 19절은 특별히 플라톤주의자들에 관한 것이라고 생각했다. "하나님은 그들에게 하나님에 대해 알 만한 것을 계시하셨다. 그들은 만들어진 것을 통해서 그의 보이지 아니 하는 것들과 그의 영원한 능력과 신성을 인식하고 보았다."(같은 곳) 그런 방식으로 그의 판단이 입증되었다고 보았다. "다른 어떤 철학자들도 플라톤주의자들만큼 우리에게 가까이 있는 존재는 없다."(VIII,5) 아우구스티누스가 『하나님의 도성』 뒷부분에서 설명하는 바에 따르면, 플라톤주의자들은 삼위일체에 대해서도 어렴풋이 알고 있었다. 물론 그 표현들에 이론의 여지가 없는 것은 아니다. 그리고 은혜에 대한 사상도 그들에게 낯설지 않다. 하나님이 사람으로 되는 것에 대해서만 플라톤주의자들이 알지 못하고 있다.(X,29)

플라톤주의자들이 삼위일체를 추측하고 있다고 했을 때, 아우구스티누스는 신플라톤주의의 원리론을 생각했다. 신플라톤주의의 원리론에는 일자, 누스(신적 이성), 물리적 세계를 움직이는 세계의 혼이라는 3단계의 위계 질서가 있었던 것을 생각했다. 기독교 신론에서 아버지, 아들(로고스), 성령의 계층적 단일성과 유사성을 가지는 것은 실제로 우연이 아니다. 고대교회에서 삼위일체론은 기독교에서 자연스럽게 일차적으로 아버지에 대한, 아들의 관계에 대한 해석으로 이해되었는데,[11] 사람들은 이런 삼위일체론의 발전을 플라톤주의 원리론의 역사에서 펼쳐진 하나의 곁가지로 이해할 수도 있다.[12] 플라톤 자신에게서는 물론 신플라톤주의의 원리론으로 이어질 발전을 위한 착안점들만 발견된다. 사람들이 플라톤의『티마이오스』에서 기독교 신학자들에게 구약성서의 창조자 하나님과의 유사성 때문에 특별히 중요했던 데미우르고스의 형상만을 중요하게 생각한다면, 후에 발전된 기독교 삼위일체론적 신론과의 연관성들이 결코 인식될 수 없다.

사람들은 어떻게『티마이오스』의 데미우르고스로부터 신(新)플라톤주의나 기독교의 삼중형태의 하나님 이해에 도달할 수 있을까? 이 물음에 대한 대답의 출발점은 플라톤의 데미우르고스를 구약성서 제사장 문서의 창조자 하나님으로부터 구별하는 것에서 시작된다. 데미우르고스는 형태가 갖춰지지 않은 재료에 대해서 마주 서 있다가 그것을 형상화할 뿐만 아니라, 그는 영원한 원상들인 이데아들을 응시한다. 이데아들의 본을 따라 그는 가시적인 코스모스를 형성한다.(Tim 28 c 5-29 c 2, 특히 29 a 3) 플라톤이 이미『파이돈』에서(78 cf.) 서술했던, 이데아와 감각적 지각이 가능한 생성의 세계 사이의 대립은 데미우르고스를 통한 가시적 세계

---

11) 삼위일체론에 대해서는 다음을 보라. W. Pannenberg, *Systematische Theologie I*, 1988, 283-364, 특히 296 ff., 331 f.

12) 이 주제에 대해서는 다음을 보라. H.J. Krämer, *Der Ursprung der Geistmetaphysik*, 1967, 특히 264-292. 영지주의에 대한 설명은 223-264를 보라.

의 형성에 대한 『티마이오스』의 설명을 위한 출발점이 된다.(27 d 5-7)

플라톤의 이데아 개념은 각 사물의 특별한 이상적 형태, 곧 아레테(arete, 덕)에 대한 소크라테스의 물음에서 시작되었다. 아레테는 각 사물에게 선(善)이다. 그것이 각 사물로 하여금 그 모습대로 존재하도록 하기 때문이다. 그리고 바로 그런 점에서 그것은 "모든 것을 묶어 주며 결속시키는"(Phaidon 99 c 5 f.) 각 사물의 원인이다. 이와 같이 "묶어 주고" "결속시키는" 기능은 또한 개별적 선들을 공동의 선에 결합시킨다.(98 b 1 ff.) 소크라테스는 이 공동의 선이 무엇인지를 규명하려고 했다. 이로부터 또한 플라톤이 어떻게 해서 선이 이데아들의 이데아라고, 『파이돈』의 어법을 따르면 이데아들의 전체 영역을 "묶어 주며 결속시키는" 모든 이데아의 공통적 본질이라고 말할 수 있었는지가 이해된다.(참조, Staat 508 a-5099 b)

플라톤의 이데아 개념이 아레테 사상에서 유래하고 있다는 것을 율리우스 슈텐첼(Julius Stenzel)이 인상적으로 묘사했다. 아레테라는 단어는 "그리스어에서 '덕', 그 이상을 의미한다. 그리스인이나 플라톤은 각 존재의 아레테, 각 대상의 아레테에 대해서 말한다.(Staat X, 601 d) 게다가 매우 중요한 것은 그 단어로 한 사물의 어떤 상승된 능력, 예를 들어 칼이나 무기의 '성능'이나 '품질'과 같은 것을 지칭하는 것이 아니다. 오히려 오로지 생각될 수 있는 어떤 각각의 것과 관련하여 어떤 특별한 능력을 수행할 수 있는 능숙함을 지칭하는 것이다. 따라서 어떤 것의 본질은 그것의 아레테에 포함되어 있다."[13] 아레테 개념에 결부되어 있는 상승의 계기는 유형으로의 상승이라는 의미를 가진다. 이런 의미에서 『고르기아스』 대화편에서(503 e) 에이도스의 개념이 "자유롭게" 어우러진다. "따라서 이것을 규정한다는 것은, 한 사물이 무엇에 '좋은지'를 각 사물의 '본질'로 인식한다는 것과 매한가지다."[14]

그러나 아레테에서 일차적으로 다뤄지는 것은 인간의 존재, 더구나 폴리스의 삶의 연관성에 있는 공동체적 존재로서의 개별적 인간의 존재이다. 덕에 대해 반대가 되는 도덕적인 악이 "영혼의 본질을 부정하는 것"을 의미하듯이,[15] 덕은 영혼의 본질을 실현하는 것이다.[16] 그것은 먼저 정의(正義)라는 종합적 덕에 대해서 타당하다. 정의의 덕은 "각자가 자신의 것과 자신에게 속하는 것을 가지며, 또 그것을 행하는 것"에 있다.(Staat 433 e 12 f.) 인간의 세 신체 영역에 기반하고 있는 영혼의 세 부분에 대한 적용에서 개별적 덕들이 도출된다.(참고, Staat 437 ff.) 머리에 자리잡고 있는 이성이 자신의 몫을 다한다면 지혜로 완성될 것이며, 가슴의 영역에서 담력은 용기로, 배에서 작동하는 욕망은 절제로 완성

---

13) J. Stenzel, *Studien zur Entwicklung der platonischen Dialektik von Sokrates zu Aristoteles* , (1917), 3. Auf. 1961, 8 f. 또한 다음을 참조하라. H.J. Krämer, *Arete bei Platon und Aristoteles*, 1959.

14) J. Stenzel, 위의 책 9. 슈텐첼은 여기로부터 아리스토텔레스의 엔텔레케이아 개념으로 이어지는 연관성을 강조했다.(Phys 246 a 13 f., Met 1021 b 20 f., 1050 a 21 f.)

15) J. Stenzel 위의 책 10; Staat X 610 e.

16) Staat 427 d~434 c.

될 것이다. 개인 영혼의 세 부분에 폴리스 삶의 세 계층이 상응한다. 상인들, 군인들, 도시의 "조언자이자 보호자" 곧 통치자들이 그들에게 특별한 덕목들을 갖추고 있다.(441 c ff., 참고, 369 b-376 d) 이런 방식으로 개인으로서 그리고 폴리스의 공동체 안에서 인간이 본질을 실현하는 것은 정의의 개념으로 요약된다.

슈텐첼에 의하면 이데아가 감각적 실재로부터 거리를 두고 있는 상황은 윤리적 물음의 제기로부터 이해될 수 있으며, 또 윤리적 물음의 틀에서는 문제가 될 것이 없다.[17] 이데아와 사물의 감각적 실재 사이의 "분리"(chorismós) 문제를 아리스토텔레스가 플라톤에 대한 비판으로 제기했는데,[18] 그 문제는 이데아 개념의 일반화가 일어난 후에, 특히 에이도스(eidos 본질)가 보편적인 개념으로, 다시 말해 다수 현상의 공통적인 것 혹은 보편적인 것의 표현으로 파악되고 난 후 비로소 발생했다. 하지만 "분리"의 원래적인 모티브는 영원한 것을 시간적으로 변하는 것과 대조시키는 것에서 찾아질 수 있을 것이다.[19]

파이드로스 신화에서(Phaidr 246 3-250 c 6) 이데아들이 다음과 같이 묘사되고 있다. 불변하는 존재들인 이데아들을 통해서 신들은 자신들의 신성, 즉 영원성을 보유한다.(247 d, 249 c) 왜냐하

---

17) J. Stenzel 위의 책 15, 20 ff.

18) Aristoteles Met 1078 b 30 ff., 1040 b 26 ff, 1086 a 33 f. 이에 대해 다음의 글을 참고하라. Chorismós im *Historischen Wörterbuch der Philosophie I*, 1971, 1007 f. von H. Meinhardt.

19) 이에 대해서는 위에서 언급한 Phaid 78를 보라.

면 신들의 이성은 참된 것에 대한 인식으로 양식을 삼고 있기 때문이다.(247 c f.) 이런 견지에서 파이드로스의 신화는 데미우르고스에 대한 『티마이오스』의 묘사를 끌어들인다. "이 세계 만물의 창시자이자 아버지"(Tim 27 c 3 f.)가 코스모스를 창조할 때 "불변하는 것을 향하던 시선"을 유지했다.(29 a 3) 이때 가시적인 사물들의 형태(idea)의 이데아들(paradeigmata)이 명백하게 생각되고 있다.(28 a 7 f.) 그리고 데미우르고스가 플라톤 학파에서는 당연히 신적 이성과 동일한 것으로 파악되고 있었을 것이다. 그 신적인 이성은 필레보스에 의하면 "하늘과 땅의 왕"(Phil 28 c 7 f.)이며 "모든 것을 질서에 따라서 다스린다."(d 8 f. e 3)

이로써 신플라톤주의의 세 가지 원리들 중의 두 번째, 신적 이성(Nus)은 이데아론과 밀접하게 연관된 채로 플라톤의 가르침으로 소급되었다. 이 원리들의 세 번째 것, 영혼에 대해서도 유사하게 말해질 수 있다.[20] 이때 우선 "세계의 영혼"에 대해서 생각해 볼 수 있다. 『티마이오스』의 묘사에 따르면 "항상 존재하는" 신은 "생성하는 신",(Tim 34 a 4 f.) 즉 코스모스에게 세계의 영혼을 심어 놓았다.(34 b 3 f.) 세계의 영혼은 그 자체가 첫 번째 신의 피조물이면서(34 c 4 f.) 동시에 가시적인 코스모스를 지배하도록 되어있다.(c 5) 세계의 영혼에 대한 플라톤의 생각을 이해하려면, 플라톤이 코스모스 전체가 영혼을 가지고 있는 하나의 생물이라

---

20) 플라톤 철학의 이 복합적인 주제에 대한 전반적인 이해를 위해서는 다음을 보라. H. Barth, *Die Seelein der Philosophie Platons*, 1921.

고 생각하고 있었다는 것을 고려해야 한다.(Tim 37 c d) 그리고 그
것은 다시 다음과 같은 점과 연결되어 있다. 플라톤에 따르면 모
든 물체의 운동은 그 근원이 되는 하나의 영혼으로 거슬러 올라
간다.(Phaidr 245 c f., 참조 Gesetze 891 c-899 d) 왜냐하면 오직 영혼만
이 스스로 운동하는 반면에, 모든 물체의 운동은 운동이 일어난
물체와 구분되는 근원을 가지기 때문이다. 따라서 스스로 운동
하는 영혼은 모든 물체의 운동의 원인이다. 이런 식으로 모든 우
주적 운동에 대한 하나의 영혼의 원리라는 명제가 이해된다. 그
리고 이것은 한편으로 세계의 영혼이라는 형태로 생각되며, 다른
한편으로 천상의 물체들에 혼을 불어넣어 주고 또 그 운동을 일
으키는 다수의 영혼, 예를 들어서 별들의 영혼들 혹은 신들(Gese-
tze 899 b)로 생각된다. 이때 『티마이오스』에서 세계의 영혼만이 아
니라 다른 신들도(Tim 40 a, 41a f.) 데미우르고스에 의해 창조된 것
으로 간주된다. 하지만 다른 대화편들(Phaidr 245 d f., Gesetze 896 a)
에서 세계의 영혼과 다른 신들은 시작이 없는 존재로 간주된다.
따라서 여기서 플라톤주의자들의 다양한 해석들이 생겼다. 그 중
에서 가장 잘 알려진 해석은 누스(신적 이성)와 결부되어 있으면서,
시작이 없는 영혼을 물질과 결부되어 있는 영혼들과 구별하는
통찰이었다.(Gesetze 897 b ff.) 따라서 영혼도 신적인 것의 영역 혹
은 신적인 기원의 영역으로 간주되었다. 그 결과 만물의 세 원리,
누스, 이데아들, 영혼에 대한 가르침이 형성되었으며, 그것은 신
플라톤주의가 출현하기 전에 이미 플라톤주의의 이론 전승의 특

징을 띠고 있었다.

플로티노스는 이 셋 중에 하나를 대체했다. 그는 일자, 누스, 영혼을 - 이 순서에 따라서 - 가시적인 코스모스의 신적인 근원들로 간주했다. 이때 이데아들은 더 이상 고유한 자기 자리를 차지하지 못한다. 이데아들은 누스의 표상과 결부되어 있었기 때문이다. 인식하는 것과 인식되는 것은 불가분리하게 서로 관계되어 있는 상관 개념들이다. 그 대신에 이제 인식하는 것과 인식되는 것 사이의 구분이라는 특징을 가지는 누스 위에, 일차적 원인이 되는 일자(一者)가 자리를 잡게 된다. 이런 식으로 플라톤주의의 학설이 전개된 것이 플라톤 자신에게로 소급될 수 있었을까?

플라톤은 그의 말기에 - 혹은 아마도 이미 이전의 그의 강연들에서 - 자신의 가르침을 단순하고 더욱 엄격한 형태로 구성하려고 시도했다. 이를 위해서 그는 소위 수학적 세계생성의 이론을 고려했다.[21] 일차적 원인은 일원성이며, 이것이 몇 배로 늘어나면서 모든 수들이 형성된다.(Phil 14c ff.) 수들은 이데아들에 상응한다. 이때 각 수는 "더 많음"이나 "더 적음"을 통해서 다른 수들로부터 구분되어 있다. 말하자면 각 수가 자신의 존재 그대로인 것은 그것이 더 많지도 더 적지도 않기 때문이다. 따라서 특정한 수는 "더 많음"과 "더 적음"으로 특정화되지 않은 배경, 즉

---

21) 이 주제를 다룸에 있어서 다음의 책이 근간이 되었다. K. Gaiser, *Platons ungeschriebene Lehre*, 1963. 또한 위퍼른이 편집한 토론 모음집도 참조하라. J. Wippern, *Das Problem der ungeschriebenen Lehre Platons*, 1972.

"특정화되지 않은 이원성"(aóristos dyas)이라는 배경으로부터 부각된다. 후자는 아직 형태를 갖추지 않은 재료에 상응하며, 그 재료로 『티마이오스』의 데미우르고스는 모든 것의 모양을 만들어냈다. 하지만 모든 것은 단일성으로부터 유래하는데, 그것은 각다른 수가 단지 1의 배수일 뿐 아니라 각 다른 수도 하나의 수단위라는 단일성을 형성하고 있기 때문이기도 하다. 이 단일성은 이데아들의 이데아인 하나의 선(善)에 상응한다.[22] (Staat 508 a ff)

플라톤 학파에서는 이미 일찍부터 일자(一者)가 선(善)과 동일한지 혹 누스와 동일한지에 대한 물음과 관련하여 다양한 견해들이 있었다. 플라톤의 두 번째 후계자로서 아카데미를 이끌었던 크세노크라테스(Xenokrates, 314년 사망)는 누스와 동일시하는 의견을 가지고 있었다. 더 나아가서 그는 이데아들이 누스로부터 독립해서 존재하지 않을 뿐만 아니라 오히려 신적인 누스 자체 안에 존재하는 것으로 간주했던 것으로 보인다.[23] 이 견해는 후에 알비노스(Albinos)에 의해 되살려졌으며,[24] 플로티노스에 의해 수용되었다. 그것은 플라톤 사상과 아리스토텔레스 사상이 융합됨에 있어서 중요한 진전이었다. 왜냐하면 구체적인 존재자들 곁에 그와 별개로 이데아들이 존재한다는 것에 아리스토텔레스가 비

---

22) 참조, *Phaid* 99 c, 97 b f.
23) H.J. Krämer, *Der Ursprung der Geistmetaphysik*, 1964.
24) Albinos didasc. 7 (163,13), von K. Praechter, *Die Philosophie des Altertums*, (1970) 12. Aufl. 1926, 542.

판한 것이 이로써 해소되고, 다른 한편으로 아리스토텔레스도 누스로 이해된 신성으로부터 인식이 가능하다고 여겼기 때문이다. 그 인식이 순수한 자기 인식을(Met 1074 b 33-35) 넘어서 사물들에 구체적으로 실재화된 에이도스들의 원상들인 이데아들로 확장되었기 때문이다.

하지만 플로티노스는 누스와 이데아들의 밀접한 결합 관계에 내포되어 있는 인식 주관과 인식 대상의 이원성으로 인해서 일자를 누스의 영역으로부터 구분했다.[25] 일자는 물론 누스 안에 현존한다. 누스가 자신의 이데아들을 인식할 때 스스로를 인식하며, 또한 그런 점에서 자신과 하나이기 때문이다. 그러나 누스가 일자는 아니다. 왜냐하면 누스는 인식하는 자와 인식되는 것 사이의 형식적 구분을 본질적으로 갖고 있기 때문이다. 이 구분이 당연히 우선 영혼의 단계에서는 실재적이다. 영혼은 자신 이외에 다른 존재들을 대하고 있으며 또한 외부를 향하고 있다. 그 결과 영혼은 오로지 상이한 것들을 모음(로고스)으로써 누스의 단일성을 자신 안에서 실재화한다.[26] 따라서 상이한 것들이 분리되어 출현할 때뿐 아니라 상이한 것들이 누스의 단일성으로 모아질

---

25) Plotin Enn. VI,9,2; 참조, III,8,9, V,1,4, V,3,10. 이 주제와 관련하여 다음을 보라. W. Beierwaltes, *Selbsterkenntnis und Erfahrung der Einheit. Plotins Enneade V,3*, 1991, 180 f. 106-113, 129ff. 여기서 누스의 자기 인식에 대해서 설명되고 있는데, 누스는 자신을 자신과 하나된 존재로 파악하는데 그때 누스는 생각하는 존재로서, 생각되어진 자기의 존재와 구분된 채로 남아있다는 것이다

26) 이에 대한 자세한 내용은 다음을 보라. W. Beierwaltes, *Plotin über Ewigkeit und Zeit. Enneade III,7*, 1967, 50ff. 참조. 동저자, *Denken des Einen. Studien zur neuplatonischen Philosophie und ihrer Wirkungsgeschichte*, 1985, 80 ff.

72 신학과 철학 I

때에도 시간이[27] 그 형식으로 영혼에 내재해 있다.

세계의 영혼에 관한 플라톤적 생각과 코스모스를 주관하는 로고스에 대한 스토아적 생각의 결합이 이미 알렉산드리아의 필로(Philo)에게서 나타난다. 그는 로고스를 또한 이데아들의 총체로 생각했다. 이런 생각들은 2세기 변증가들의 시기 이래로 기독교 신학자들에 의해 수용되고 계속해서 전개되었다. 그 결과 요한복음의 로고스 개념이(요 1:1-14) 아버지에 대한 아들의 관계에 대한 표시로 해석되기도 했다. 초월적인 신적 이성으로부터 로고스(잠언 8:22ff.에 의하면 하나님의 지혜에 해당)가 나왔다는 것은 로고스 기독론의 중심 주제가 되었다. 로고스 기독론은 기독교 사상에서 예수를 아버지와 동일시하지 않고도 하나님으로 생각할 수 있게 해주었다. 이때 기독교 교부학에서 로고스는 스토아의 우주론과 달리 세계 초월적인 존재가 되었다. 바로 그런 존재로서 로고스는 또한 플라톤적 세계의 영혼과도 구분되었다. 하나님의 영에 대해서도 마찬가지였다. 하나님의 영이 로고스와 마찬가지로 창조 때부터 피조물들에게 현존하며, 또 그것들 안에서 활동하고 있다고 해도 말이다. 기독교 삼위일체론과 관련해서 말하자면, 그것은 일자, 누스, 세계의 영혼이라는 원리들의 플라톤적 삼위일체처럼 가시적 세계로 향하는 일종의 단계적 이행과 같은 것과 무관하며, 오히려 유한한 사물들 전체에 대해서 자유롭고 창조적

---

27) W. Beierwaltes, *Plotin über Ewigkeit und Zeit*, 62 ff.; Plotin Enn. III,7,11-13.

인 근원으로서 대립해 있다고 해야 할 것이다. 따라서 다른 한편으로 유한한 사물들의 세계는 그 생성과 소멸을 포함해서 영혼이[28] – 플라톤적 이해에서는 로고스 혹은 정신이 – 원초적 일자로부터 "떨어져 나온 것"의 결과가 아니다. 오히려 세계는 창조적인 활동의 결과이며, 따라서 그 자립적인 현존에서도 원초적으로 선(善)하다.

이런 구별들은 베르너 바이어발테스(Werner Beierwaltes)가 근본적인 것이라고 평가했던, 신플라톤주의 사상과 기독교 신학 사이의 차이들과도 일맥상통한다. 플로티노스에게서는 "자신을 계시하는 … 신이면서 동시에 근거와 근원으로서 첫 번째이자 일자가 되는 그런 신은 생각될 수가 없다."[29] 성서의 하나님은 창조주 하나님이면서도 자신을 계시하는 하나님이라는 것을 생각해보면 그 연관성을 이해할 수 있다. 성서의 하나님은 창조주로서 피조물이 자신과의 공동체적 교제를 형성하도록 규정해 놓았기 때문이다. 이런 연관성의 기초에는 신론에서 삼위일체적 위격들이 서로를 위해서 (위격 존재들의 상관적인 성격으로 인해) 상호 간에 개방되어 있다는 것이 놓여있다. 플로티노스의 일자도 누스 안에 (그리고 영혼 안에) – 누스나 영혼이 일자로부터 구분됨에도 불

---

28) 이런 생각에 대해서 다음을 보라. W. Beierwaltes, *Plotin über Ewigkeit und Zeit*, 1967, 63, 참조, 243 ff.

29) W. Beierwaltes, *Selbsterkenntnis und Erfahrung der Einheit*, 1991, 137, 135. 하지만 바이어발테스는 이로써 "즉각 그리고 무조건적으로 인격성이 부정되는 것은 아니다"라고 강조한다(137 n. 98, 참조, 221; Enn. V,3,12).

구하고 - 현존하고 있기는 하지만 이 타자들에 대해서 그 자신이 연관되어 있지는 않다. "순수한 일자라는 개념에서는, 다시 말해서 존재와 사유 그 '너머'에서 오로지 자기 자신으로 '존재'하는 일자 개념에서는 당연하게도 다수성과 운동을 내포하는 그어떤 차이성도 배제될 수밖에 없으며", 따라서 다른 존재를 향하는 그 어떤 지향성도 배제될 수밖에 없다.[30] 따라서 기독교의 삼위일체적 사유방식은 단일성과 다수성의 관계를, 단일성 자체에 대한 생각 자체를 플로티노스를 넘어서 새롭게 천착해야 했다.[31] 그를 위한 착안점이 무엇보다도 서방 기독교의 신학에서는 플라톤주의적 누스 개념에서 찾아졌다. 그것은 영인 하나님에 대한 요한복음의 말씀[32](요 4:24)에 관한 것으로서 하나님이 자기 의식 안에서 자신을 대상화시킨다는 생각의 착안점이 되었다.[33] 이런 논증의 유형은 헤겔과 셸링에게 영향을 미쳤으며, 이를 넘어서 기독교적 서방의 사변적 신론에 큰 영향을 미쳤다. 이런 논증의 유형은 어떤 의미에서 플로티노스의 입장을 거슬러서 중기 플라톤주의의 신론으로 되돌아간 셈이었다. 중기 플라톤주의의 신

---

30) W. Beierwaltes, 위의 책 131.

31) 바로 여기에 기독교 신학의 삼위일체론적 하나님 이해의 본래적 어려움이 있으며, 또한 니케아 신조의 호모우시오스(homousios 동일본질)도 역시 어려움을 안고 있다는 점을 나는 다음의 책에서 강조했다. W. Pannenberg, *Systematische Theologie I*, 1988, 370. 참조, 308 ff., 297 ff., 363 ff., 368 ff.

32) 요한복음 4:24절의 프뉴마 개념을 누스의 의미에서 오리게네스 식으로 해석한 것에 대한 비판에 대해서는 W. Pannenberg, 위의 책 402 ff.를 참조하라.

33) 이에 대해서는 위의 책 309 ff.

론에서는 신적인 누스를 첫 번째 존재로 생각했었고, 이것은 플로티노스의 비판, 곧 누스는 이미 자신의 자기 인식에 포함된 다수성 때문에 첫 번째의 일자가 될 수 없으며, 오히려 일자를 전제해야 한다는 비판을 불러 일으켰다. 반면에 플로티노스와의 논쟁에서 결정적인 것은 일자 자체가 관계성이 없이는 생각될 수 없다는 사실에 대한 증명이었다. 이에 대한 착안점들이 위(僞) 디오니시오스 아레오파기타(Ps.-Dinoysios Areopagita), 그리고 후에 요하네스 에리우게나(Johannes Eriugena), 하지만 무엇보다도 니콜라우스 쿠자누스(Nikolaus von Kues)에게서 발견된다.[34] 그 배경에는 일자 사상에 고유한 변증법이 놓여 있는데, 이것은 플라톤이 자신의 대화편 『파르메니데스』에서 전개한 것이었다. 일자는 존재한다. 그리고 일자는 또한 존재하지 않는다.(다시 말해서 일정하게 규정된 것이 아니다) 일자는 모든 것 안에 있지만 또한 모든 것으로부터 구분된다는 것이다. 플로티노스는 일자가 타자 안에서 자신을 인식한다는 사상을 통해서, 다시 말해 누스를 통해서 일자 개념에 있는 두 개의 측면을 결합시켰다.[35] 하지만 샤르뜨르의 티에리(Thierry von Chartres)와 쿠자누스의 삼위일체에 대한 논의에서 처음으로 자기 자신으로서의 일자와 타자 안에서 일자가 인식되는 것 사이의 동일성(aequalitas)이 단일성 사상의 구성적 계기로

---

34) 이에 대해 다음을 보라. W. Beierwaltes, *Denken des Einen*, 1985, 212 ff., 344 ff. 에리우게나에 대해서는 다음을 참조하라. 동저자, *Grundzüge seines Denkens*, 1994, 256 ff.

35) Plotin Enn. V, 1, 7, 4 ff. 이와 관련해서 W. Beierwaltes, *Denken des Einen*, 348 f.를 보라.

추가되었다.[36] 이런 사상들은 기독교 삼위일체론의 정형화된 표현으로 생각되었고, 동시에 하나님의 단일성에 대한 세부적 규정으로 생각되었다. 셋은 하나에 포함되어 있을 뿐만 아니라 절대적인 단일성 사상 자체의 조건이다. 이때 이런 사실에 대한 기독교적 통찰은 삼위일체 교리에 상응하는, 일자 개념의 상이한 계기들 사이의 동일성에 대한 강조를 통해서 신플라톤주의의 단계적 도식을 넘어섰다. 실제로 이런 상황은 325년 니케아 공의회에서 아들의 동일본질(Homousie)이 선언된 이후로 삼위일체 교리 자체에서 자리를 잡았다. 동일본질이라는 표현과 관련하여 4세기에 오랜 논쟁들이 있었던 것은 이유가 없지 않았다. 신의 세 실체가 존재적 단일성을 이룬다는 것이 플라톤적 사유방식을 가진 자들에게는 불가능한 것으로 들릴 것임에 틀림없기 때문이다. 실제로 이 주장은 몇 세기 후에 삼위일체 하나님의 단일성에 대한 기독교 신학자들과 철학자들의 생각에 의해 어느 정도 극복되었다. 거기에 전제되어 있던, 그리고 이미 플라톤의 『파르메니데스』에서 일자와 타자 사이의 통일성을 언급할 때 전제되어 있던 본질과 관계의 통일성은 아직 밝혀지지 않고 훗날의 해명을 기약해야 했다.

---

36) W. Beierwaltes, *Denken des Einen*, 368 ff., 382 ff.

2. 신을 닮아감이라는 삶의 이상

신론 및 이와 연관된 주제들 외에 기독교 신학에 결정적으로 중요한 영향을 끼쳤던 플라톤주의적 사상의 두 번째 주제는 인간의 삶의 영위에서 목표가 되는 신에게 동화됨(신을 닮아감, Homoiosis Theo)이라는 주제다. "신에게 동화됨"이라는 표현이 플라톤에게서 여러 차례 나온다. 『국가』의 마지막 권에 이렇게 적혀 있다. " ··· 의롭게 되려고 열심히 노력하는 사람은, 그리고 덕을 행함으로써 인간으로서 가능한 한 신과 유사해지려고 열심히 노력하는 사람은 신들로부터 저버림을 받지 않을 것이다."(Staat 613 a 4-b 1) 인간이 덕을 통해서 어느 정도 신과 유사해질까? 이 질문에 대해서, 동일한 대화편의 제6권에서 철학자들이 삶의 영위와 관련된 말로 대답한다. "신적이고 규칙적인 것(kosmios)을 마음에 품고 있는 사람은 사람에게 가능한 범위 내에서 규칙적이게 되고 신적이게 된다."(Staat 500 c 9 f.) 신들이 본성상 불변하며, 신들의 불변성이 영원한 이데아들에 대한 직관을 통해서 "유지"되듯이(Phaidr 247 d 3 f.) 인간들은 덕을 통해서 흔들리지 않게 될 것이다. 하지만 죽음을 맞이할 수밖에 없는 인간들에게 악이 완전히 제거되지는 않았기 때문에 인간은 "이곳으로부터 저곳으로 가급적 빨리 도피하기 위해서 노력해야 한다. 거기로 이르는 길은 가능한 한 신을 닮는 것이다. 그리고 이 닮음은 인간이 인식 속에서 의로워지고 경건해지는 것에 있다."(Theait 176 a5-b 2)

아우구스티누스는 이런 삶의 이상을 만물이 선을 추구한다는 플라톤의 사상과 결부시켰다. 물론 신은 플라톤의 가르침에 따르면 - 물론 아우구스티누스에게도 - 선 자체와 동일하다. 따라서 플라톤에 따르면 최고선은 - 아우구스티누스는 이렇게 말한다 - "신에 대해 알고 신을 닮으려고 애쓰는 사람에게만 부여된다. 그리고 바로 이런 이유로만 인간은 행복해진다." 따라서 플라톤은 "철학을 한다는 것은 본성상 비육체적인 신을 사랑하는 것이라고 거리낌 없이 주장한다"고 아우구스티누스는 말한다.(De civ. Dei VIII,8)

신을 닮음(homoiosis theo)이라는 사상에서 고대 기독교는 인간적 삶의 영위의 기독교적 이상만을 재발견했던 것이 아니다. 사람들은 이 이상이 예수 그리스도의 길에서도 실현되었다고 보았다. 예수 그리스도의 인간적 삶의 수행에서 인간과 하나님의 교제가 항상 반복해서 신을 닮음이라는 전형에 따라서 해석되었다. 오리게네스의 경우가 그러했고, 사모사타의 바울(Paul von Samosata)과 몹수에스티아의 테오도로(Theodor von Mopsuestia)의 경우도 그러했다.[37] 예수의 의와 덕은 매우 컸기에 그는 흔들림 없는 선의 경지에 도달했고, 그런 점에서 불변하는 하나님과 하나였다. 예수의 부활 및 부활한 분의 불변적 삶이 그런 사실을 밝히 드러냈다.

---

37) 이에 대해서는 다음을 보라. W. Pannenberg, *Grundzüge der Christologie*, 1964, 118 f., 202.

'신을 닮음'이라는 사상이 고대 기독교 신학에서 가지는 의의
는 바로 다음과 같은 점을 기억할 때 비로소 제대로 드러난다.
구약성서의 그리스어 판(70인역)은 창 1:26의 "하나님의 형상과
모양대로"(nach Gottes Bild und Gleichnis) 인간을 창조하는 것에 관
한 진술을, 인간은 하나님의 형상에 따라 하나님을 닮도록(kathe'
eikona kai homoiosin theou, 라틴어역에는 secundum imaginem et similitudi-
nem Dei) 창조되었다고 표현했다. 히브리어 단어 demuth를 닮음
(homoiosis)으로 번역하고, 히브리어 zelem을 형상(eikon)으로 번역
함으로써 성서의 진술에 불가피하게 플라톤주의적 색체가 입혀
졌다. 그것은 곧 플라톤주의의 '신을 닮음'(homoiosis theo)이라는
의미에서 인간이 신적인 원상(原像)에 대한 모상(模像)일 뿐 아니
라 계속해서 하나님을 닮도록 규정되어 있다는 것을 뜻한다.[38]
이레네우스에게서는 다음과 같은 내용이 읽혀진다. "하나님에 대
한 순종은 지속성과 불변성을 의미한다. 그러나 불변성은 창조되
지 않은 것에 어울릴 영광이다. 그런 질서, 조화, 인도를 통해 창
조된 인간은 창조되지 않은 하나님의 형상과 모양이 된다. 물론
이것이 가능하기 위해서는, 하나님이 그렇게 하려고 하고 또한
그렇게 결정하며, 아들이 그렇게 되도록 작용하고 형성하며, 성령
이 격려와 성장을 허락하고, 그때 인간이 점차로 앞으로 나아가
며 완전에 도달해야, 다시 말해서 창조되지 않은 자에게 완전히

---

38) 이와 관련해서 더욱 상세한 내용은 다음을 보라. W. Pannenberg, *Systematische Theolo-gie II*, 1991, 238 ff.

가까워져야 한다. 완전한 것은 창조되지 않은 자, 곧 하나님이다. 그러나 인간은 먼저 변하려고 해야 하며, 그 다음 성장하고, 그 다음 강해지고, 그 다음 몇 배로 성장해야 하고, 그 다음 회복되고, 그 다음 영화롭게 되어야 하며, 마침내 그의 하나님을 보아야 한다. 하나님을 보는 것이 말하자면 우리의 목적이며 불변성의 원인이다. 그 불변성이 우리를 하나님께 가까이 이끈다."[39)]

　여기서 인류 역사의 진보에 관한 관점이 열린다. 플라톤에서 '신을 닮음'이 아직 갖고 있지 않던 새로운 계기가 이레네우스에게는 있다. 플라톤에게서 '신을 닮음'은 항상 오로지 개별 인간에게 연관되었다. 하지만 이레네우스에게는 인간의 역사로 확장되는데, 이것은 아마도 '신을 닮음'이라는 사상을 바울이 첫째 아담과 둘째 아담을 구분하고 순서를 정한 것(고전 15:45 ff.)과 결부시킨 결과로 이해될 수 있다. 이레네우스가 인간론과 기독론을 결합시킴에 있어서 매우 중심적인 역할을 한 사상은 먼저 그리스도 안에서 하나님의 형상이 나타났으며,(고후 4:4; 참고 골 1:15) 이 하나님의 형상을 겨냥하여 인간이 처음부터 창조되었다는 것이다. 이런 생각은 인간의 창조에 관한 성서의 표현인 "하나님의 형상과 모양"이 닮음(homoisis)이라는 개념으로 번역됨으로써 하나님을 점차적으로 닮아간다는 플라톤적 생각을 이해하도록 만들었다. 물론 이제 이런 생각은 인류사적 관점을 얻게 되었다.

---

39) Irenäus adv. Haer. IV,38,3, 참고 V,6,1.

그러나 이레네우스의 역사신학적 개념에서 뿐만 아니라 개인의 삶을 위한 경건의 이상으로서도 플라톤주의의 '하나님을 닮음'은 고대교회에서 과소평가될 수 없는 의미를 가지고 있었다. 그것은 특별히 기독교적 신비주의에 대해서 그러하다. 닛사의 그레고리우스는 그것을 특별히 인상적인 방식으로 예레미야 애가에 대한 그의 주석에서, 그리고 모세의 생애에 관한 그의 글에서 주장하고 있다. 특히 후자의 작품에서 '하나님을 닮음'을 기독교적으로 해석하면서 플라톤의 에로스 사상에 근접한다. 플라톤은 에로스에 '하나님을 닮음'을 향하도록 영혼에 날개를 달아주는 힘이 있음을 보았다. 플라톤 『향연』의 묘사들이나 혹은 더욱이 『파이드로스』의 신화(246 ff.)에서 상기(想起), 에로스 그리고 참된 존재자의 불변적 세계로 향한 영혼의 상승이 상호 결부되어 있는 것으로 묘사되고 있는 것은 그런 사실을 보여준다. 사람들의 영혼은 모든 물체적 운동보다 "나이가 더 많다." 따라서 영혼 자체는 비물체적이며, 플라톤이 새 날개의 비유를 통해서 묘사하는 것과 같은 비물체적 가벼움의 상태에서 신체에 묶이기 전에 신들의 세계에서 이데아들을 보았으며, 불변하는 진리를 보았다. 이 불변의 진리에 기대어 신들은 그들의 신성과 불변성을 유지하고 있었다. 그러나 계속해서 플라톤에 따르면 인간의 영혼들은 그들의 "깃털"을 잃어버렸고, 플라톤이 다른 곳에서 영혼의 "감옥" 혹은 "무덤"이라고 묘사했던(Krat 400 b f.) "흙의 육체"로 추락했다. 그러나 이런 상태에서 영혼은 땅에서 아름다운 어떤 것과 마주

치면 지상에서 태어나기 전에 신들의 세계에서 보았던 아름다움을 상기하며 또한 "아름다움을 소유하고 있는 자를 보기를 희망하는 장소로 영혼은 연모하는 마음으로 달려간다."(Phaidr 251 e) 이런 식으로 상기는 사랑의 갈망, 곧 에로스를 일깨운다. 그러면 에로스는 아름다운 것과 결합하려고 하며, 육체적인 아름다움을 넘어서 아름다움 자체, 아름다움의 이데아로 도달한다. 플라톤에 따르면 모든 인식은 에로스에 의해 유도되어 지상적 출생 이전에 보았던 존재자의 진리를 그런 식으로 기억하는 것에 기인한다.

닛사의 그레고리우스는 『모세의 생애』에 관한 그의 글에서 플라톤의 이런 생각을 하나님에 대한 모세의 관계에 전이시켰다. 하나님을 볼 수 있게 허락해 달라는 모세의 부탁(출 33:18)에 관해 이렇게 적고 있다. "그런 것을 경험하는 것, 다시 말해 하나님을 직접 보고 싶어 하는 희망은 영혼의 어떤 에로스적 구조를 통해 규정되는 것처럼 보인다. 영혼은 본성적인 아름다움을 추구한다. 그 희망은 영혼으로 하여금 이미 보았던 아름다운 것으로부터 그것을 넘어서 놓여 있는 어떤 것으로 계속해서 이끈다. 이때 희망은 그때그때 포착된 것을 통해서, 항상 아직 은폐되어 있는 것을 향한 욕망을 촉발시킨다. 거기로부터 아름다움을 열렬하게 사랑하는 자는 원상(原像) 자체로 충만해지기를 갈구한다. 왜냐하면 그때그때 출현한 것을 그는 열망해왔던 것의 한 상(像)으로 수용하기 때문이다. 바로 이것이 저 담대하고, 욕구(epithymia)의 한계를 넘어서는 모세의 희망이었다. 어떤 반영이나 현상들을 통

해서 아름다움을 향유하려는 것이 아니라 직접적인 대면 속에서
… ."[40] 그런 식으로 열망해왔던 것을 배타적으로 보게 되는 것은
당연히 성취될 수 없는 것으로 그레고리우스에게 간주되었다. 상
승은 무한하다. 상승은 수없는 구조들을 거쳐 간다. 닛사의 그레
고리우스에게서는 고전적인 그리스 철학과 달리 하나님이 무한하
기 때문이다. 따라서 하나님을 향한 상승은 끝맺음이 있을 수 없
다. 하지만 바로 그 점에서 인간은 유한한 존재 일반에게 가능한
범위에서 하나님의 무한성을 닮는다. 그리고 그런 방식으로 그레고
리우스에 따르면 영혼의 삶의 과정에서 '하나님을 닮음'은 실행된다.

　플라톤에게서 에로스가 참된 존재자를 향해 상승하기 위해서
는 영혼이 지상에 태어나기 전에 불변한 것을 보았고, 그것을 다
시 기억해내는 것(상기)이 전제되어야 한다.[41] 이렇게 기억할 수
있는 것은 플라톤에게서 영혼이 불변하는 신적인 것과 원초적으
로 친족관계에 있기 때문이다. 바로 『파이드로스』에서 영혼은 생
겨난 것이 아니라 영원한 것으로 간주된다. 따라서 영혼이 신적
인 것과 친족성을 가진다는 것에 대한 생각과 영혼의 선재성(先在
性)에 대한 생각은 플라톤에게서 상호 연결되어 있다. 여기서 기
독교 신학과 관련해서 현저한 어려움들이 - 나중에 영혼의 윤회
와 관련하여 설명될 차이를 차치하고도 - 생겨났다.

---

40) Gregor von Nyssa, Vita Mosis 114,5-14, in: E. Mühlenberg, *Die Unendlichkeit Gottes bei Gregor von Nyssa*, 1956, 151.

41) 이에 대해서는 다음을 보라. *Menon* 81 c-d, 82 b ff; *Phaidon* 72 e-76 a.

유스티누스는 트리폰(Tryphon)과의 대화에서, 그가 참된 철학을 찾아가던 중에 어떻게 해서 결국 플라톤의 가르침에서도 불쾌감을 느꼈는지를 묘사하고 있다. 그것은 영혼이 신과 유사하다는 플라톤의 생각 때문이었다. 만약 영혼이 신과 본질적으로 친족 관계라고 한다면, 영혼은 - 유스티누스가 바닷가에서 만난 현명한 노인이 그렇게 생각하도록 해준 것처럼 - 스스로 이미 하나님에 대한 직관을 가지고 있어야 할 것이다. 그러나 사실 영혼은 하나님에 의해 창조되었으며 신적인 본질을 가지고 있지 않다.[42] 따라서 영혼은 성령을 통한 선물로서만 하나님에 대한 직관을 얻는다.[43] 동일한 이유로 유스티누스의 제자 타티아누스(Tatian)는, 영혼은 그 본성상 죽음을 맞이할 수밖에 없는 것으로 묘사했다. 그는 하나님과의 교제에 결부되어 있는 불사(不死)를 은혜의 선물로 인식하기를 원했기 때문이다.[44]

유스티누스와 타티아누스가 이 점에서 바로 플라톤에 대해서 심하게 반대했던 것은 아니었다. 그들이 반대했던 것은 무엇보다도 일종의 기독교적 플라톤주의, 다시 말해서 영지주의였다. 영지주의자들에 따르면, 특히 발렌티누스에 따르면 하나님의 영적인 불꽃은 영혼의 자연적 본성에 속한다.[45] 하나님의 영적 불꽃

42) 이에 대해서는 다음을 보라. Augustin De civ. Dei X,31.
43) Justin dial. 4,2 ff. (E.J. Goodspeed, *Die ältesten Apologeten*, 2. Auf. 1984, 95 ff.).
44) M. Elze, *Tatian und seine Theologie*, 1960, 90 ff., 특히 93.
45) 두 영혼에 대한 영지주의적 가르침에 대해서는 다음을 보라. H. Langerbeck, *Aufsätze*

은 질료적인 것으로 타락해 있는 "심리적"(psychisch) 영혼과 결합 되어 있는 것으로부터 정화될 필요가 당연히 있다. 사람들은 이 런 영지주의적 이론을 급진적 바울주의라고 규정했던 것은 확실 히 정당한 일이었다. 급진적 바울주의는, "육신을 따르는" 삶과 "영을 따르는" 삶의 대립(롬 8:4 등)을 선택 사상의 존재론적 해석 과 연결하여 인간론의 근본규정으로 만들었다. 그 결과 두 종류 의 인간, 곧 심리주의자들(Psychiker)과 영성주의자들(Pneumatiker) 이 존재한다.[46]

오리게네스는 인간을 두 개의 영혼으로, 즉 단지 심리적인 영 혼과 영적인 영혼으로 분할하는 것, 영지주의의 "급진적 바울주 의"에 반대하면서 영혼의 단일성을 주장했다. 그러나 그는 영혼 을 플라톤처럼 선재적(先在的)인 것으로 생각했다. 그때 그는 플 라톤과 달리 영혼이 육체에 묶이는 것은 선재하던 영혼들이 죄를 지은 결과로 이루어진 자발적인 것으로 여겼지, 영의 숙명적 감 금으로 여기지 않았다.[47]

이후에 영혼의 윤회에 관한 플라톤주의적 가르침뿐만 아니라 영혼의 선재에 대한 생각도 거부되었다. 그 이유들은 다른 연관 성 속에서 말해져야 할 것이다. 하지만 지금 이미 분명한 것은 신

zur Gnosis, 1967, 50 ff.

46) W-D. Hauschild, *Gottes Geist und der Mensch. Studien zur frühchristlichen Pneumatologie*, 1972, 151~165, 특히 160, 165.

47) Origenes De princ. II, 9, 6 f., I, 7, 4. 이에 대해서 다음을 보라. P. Kübel, *Schuld und Schicksal bei Origenes, Gnostikern und Platonikern*, 1973, 88 ff., 93 ff., 103 ff.

론과 달리 인간론은 교부들이 플라톤주의의 가르침과 심각하게 비판적인 논쟁을 펼쳤던 영역이었음에 틀림없다는 것이다.[48]

3. 조명과 은혜

기독교 신학자들이 신과 동일한 영혼의 영원성에 관한 가르침을 거부한다고 해서 그것이 결코 플라톤적 인간론을 완전히 반대한다는 것을 의미했던 것은 아니다. 그것은 영혼의 직접적인 신성에 관한 주장에 대한 유스티누스의 대안도 역시 플라톤적이라는 점에서 이미 드러난다. 그의 논제는 미래의 완성에서 성령을 통해서 하나님을 보는 것은 의로운 삶의 보상으로 베풀어진다는 것이다. 이런 논제의 근거는 다시금 '하나님을 닮음'(homoiosis theo)에 대한 플라톤의 가르침이다. 유스티누스에 따르면 하나님을 닮는 능력이 단지 바로 인간 영혼의 본성에 이미 주어져 있는 것이 아니라 은혜에 기인한다. 다시 말해서 그 능력은 성령의 선물 안에 존재하는 은혜에 기인한다. 그러나 이런 생각이 유스티누스의 대화(4,1)에서. 다시금 플라톤적으로 해석되었다. 말하자면 조명을 통한 인식이라는 플라톤적 개념의 언어로 해석되

---

48) 이에 대해서 더욱 자세한 것을 알고 싶으면 다음을 보라. W. Pannenberg, "Christentum und Platonismus. Die kritische Platonrezeption Augustins in ihrer Bedeutung für das gegenwärtige christliche Denken", in *Zeitschrift für Kirchengeschichte* 96, 1985, 147~161.

었다.[49] 이데아 인식의 추구 과정에 대한 플라톤의 서술에 따르면, 조명은 인식의 순간 자체를 가리키는 것이다.(Brief 7,341 cd) 감각 세계의 "사례"들에 대한 고찰을 통해서 이데아들을 인식하기에 필요한 모든 준비가 갖춰졌다고 해도 이를 통해서 곧장 인식에 도달하는 것은 아니다. 아름다운 것에 대한 통찰이 에로스에 의해 이끌리면서 추구해가는 상승의 마지막에 "갑작스럽게" 관찰자에게 덮쳐오듯이(Symp 210 e 4) 인식은 추구하는 자에게 주어진다. 따라서 인식의 사건은 직관적이지 강요될 수 있는 것이 아니다. 인식은 인간 누스의 본성을 통해서 항상 어디서나 정신적인 통찰로 이미 실현되는 것이 아니다. 또한 그것은 인간의 노력의 사안도 아니다. 인식은 사람에게 "갑작스럽게" 주어지는 통찰로서 경험된다. 그리고 이 통찰이 이제 유스티누스에게서는 "성령이라고 선언된다."[50]

알렉산드리아의 클레멘스는 그리스도인으로 하여금 참된 하나님을 인식할 수 있게 해주는 조명의 사건을 세례와 연관시켰다. 그것은 밀의종교((密(儀宗敎)의 언어일 수 있다.[51] 하지만 배후에는 조명을 통한 인식이라는 플라톤의 가르침이 놓여 있다. 그리

49) Justin dial. 4,1 (E.J. Goodspeed, *Die ältesten Apologeten*, 1914, 2. Aufl. 1984, 95). 조명 사상이 여기서 exaiphnès라는 단어에 내포되어 있다.

50) W. Schmid, "Frühe Apologetik und Platonismus. Ein Beitrag zur Interpretation des Prooöms von Justins Dialogus", in *Festschrift O. Regenbogen* 1952,163-182, 181.

51) W.-D. Hauschild, *Gottes Geist und der Mensch. Studien zur frühchristlichen Pneumatologie*, 1972, 30.

고 역으로 세례를 통한 성령의 부어짐을 조명 사상과 결부시키는 것(참고, 히 6:4, 10:32, 엡 5:14)은 성령이 믿는 자에게 일으키는 은혜의 작용을 플라톤적으로 해석하는 착안점이 될 수 있었다. 오리게네스도 기독교의 가르침과 마찬가지로 플라톤적 조명 사상도 하나님에 대한 인식을 하나님의 은혜의 작용으로, 즉 인간 자신으로부터는 접근할 수 없는 어떤 것으로 드러나게 한다고 명백하게 인정했다.[52] 하지만 이런 생각은 플라톤에게서 처음으로 나온 것이 아니며, 플라톤 이전에 호세아가 말했던 것이었다는 점을 오리게네스는 부연했다. 그리스도인들은 이런 생각을 애초에 플라톤으로부터 가져올 필요가 없이, 이미 요한복음에서 발견할 수 있다는 것이다.

오리게네스를 통해서 조명 사상이 은혜에 대한 이해에서 중심 개념이 될 수 있을 것이라는 사실이 예고된 셈이다. 고전적인 방식으로 그런 이해가 이미 은혜의 교사인 아우구스티누스에게서 발견된다.[53] 아우구스티누스는 조명을 통한 인식이라는 플라톤의 가르침과 은혜에 대한 가르침을 상호 체계적으로 결합시켰다. 이를 통해 그는 인간에게 미치는 하나님의 은혜의 영향에 대한 생각을, 수세자(受洗者)에게 미치는 성령의 영향을 넘어서 인간 삶 일반에 대한 이해의 문제로 확장했다. 모든 인식은 하나님의

---

52) Origenes Contra Celsum VII,42 (PG 11,1481), 참고, VI,5-11 (같은 책 1296).

53) 이에 대해서 다음을 보라. R. Lorenz, *Gnade und Erkenntnis bei Augustinus*, *Zeitschrift für Kirchengeschichte* 75,1964, 21-78.

조명에 의존한다는 것을 아우구스티누스는 다음과 같이 파악했다. 영혼은 오로지 진리 자체인 하나님의 영의 빛 안에서 사물들의 이데아들(res intelligibiles)을 인식한다.(De trin. XII,15,24) 사물들의 이데아들은 하나님의 영 안에서, 하나님의 로고스 안에서 원상으로서 포착되는 것이지만, 인간의 영혼에서는 모상으로서 각인되어 있다. 영혼이 받아들이는 인상들로부터, 영혼이 지각하는 대상들로부터 기억이 발동된다.[54] 그 기억은 영혼(mens) 안에 모상으로서, 그러나 잊힌 채 놓여있는 영원한 진리들에 대한 기억이다. 이제 그런 일깨움(admonition)이 일어날 때 영혼의 방향전환 (conversion)이 동시에 일어난다면, 신적인 진리의 빛을 통해서 조명이 발생할 수 있다. 상기(admonitio), 방향전환(conversio), 하나님의 내주(內住)(inhabitatio Dei)와 같은 동일한 개념들이 또한 아우구스티누스의 은혜론의 특징을 이룬다.[55]

모든 것을 창조한 하나님이 또한 "각각의 인식을 위한 영의 빛"이라는 점에서(De civ. Dei VIII,7) 아우구스티누스는 자신의 입장이 플라톤주의자들과 일치한다는 것을 알고 있었다. 하지만 그는 플라톤주의의 조명 사상을 상기설로부터 분리시켰다. 상기설에서는 영혼의 선재적(先在的) 상태에 대한 기억이 다뤄지기 때문이다. 아우구스티누스는 상기 대신에 다른 개념을 사용한다.

---

54) 일깨움(admonition)이라는 개념에 대해서는 다음을 보라. Lorenz, 위의 책, 47.
55) 이런 개념들이 평행적으로 사용되고 있다는 점을 R. Lorrenz 위의 책 58은 강조한다.

인간 영혼, 곧 정신(mens) 안에 놓여있지만 의식되지 않고, 모든 경험에 선행하는(apriorisch) 인식(하나님의 형상으로 인해 영혼에 고유한 인식)의 일깨움(admonitio)이라는 개념이 사용된다. 다른 한편으로 플라톤주의의 조명 사상은 아우구스티누스에게서 은혜론과 결합되면서, 인간의 구원을 겨냥하여 인간 영혼에서 일어나는 신적인 작용이라는 더 큰 연관성으로 들어가게 되었다.

서방 중세의 신학은 아우구스티누스의 이런 생각을 부분적으로만 유지했다. 13세기에 기독교적 아리스토텔레스주의가 일어나면서 자연적 인식의 영역이 순전히 세속적인 모델의 인식론을 통해서 묘사되었기 때문이다. 아우구스티누스의 조명 신학은 은혜에 입각하여 일어나는 하나님에 대한 인식의 영역으로 제한되었다.

4. 기독교적 수정과 플라톤 이론의 변형

앞의 단락들에서 이미 항상 반복해서 플라톤적 가르침들이 기독교 사상에서 비판적으로 수용될 때 이와 결부해서 일어나는 변형들에 대해서 언급했다. 이런 상황의 중요성 때문에 여기서는 그런 변형들이 다시 한 번 요약될 것이며, 또한 보충되기도 할 것이다.

플라톤주의적 가르침들에 대한 기독교적 비판 중에서 가장 초기의 것은 2세기에 영혼의 신성에 대한 플라톤의 이해를 겨냥했다. 영혼은 피조물이며 또한 영혼이 개인의 신체적 실존에 결속되어 있다는 점에서 기독교의 부활 희망을 방어하며 정당화 하고자 했다. 부활 희망의 방어를 위해서 2세기 후반부에는 많은 논박물들이 나왔다. 그 외에도 초기 기독교 신학자들은 점차로 성서의 창조 신앙이 일견 유사하게 보인 『티마이오스』의 우주 생성에 관한 서술과 다르다는 점에 주목하고 있었다. 신에 대한 이해의 차이점들은 상당히 후에, 말하자면 삼위일체론이 형성되던 4세기 이후에 비로소 부각되었다. 그럼에도 불구하고 이런 차이들은 하나님과 세계의 관계에 대한 상이한 의견들과 연관성을 가지고 있다. 하나님과 세계의 관계에 대한 설명은 2세기에 창조론에서 발견되었다.

성서의 창조 신앙과 플라톤의 『티마이오스』의 유사성은 이미 헬라-유대 사상에서 자각되었으며, 또한 그곳에 흔적이 남아 있다. 이때 창조는 솔로몬의 지혜서(Sap) 11:17뿐 아니라 알렉산드리아의 필로에서도[56] 먼저 존재하는 재료로 피조물을 형성하는 것으로 파악되었다. 무(無)로부터의 창조라는 표현에 대한 언급 중에서 가장 최초의 것도(2.Macc 7,28) 단지 세계가 "이전에는 있지 않았다"라고 언급할 뿐이고,[57] 먼저 존재하는 재료에 의한 형

---

56) 이에 대해서는 다음을 보라. G. May, *Schöpfung aus dem Nichts. Die Entstehung der Lehre von der creatio ex nihilo*, 1978, 6-26; Philo 9 ff.

57) G.May 위의 책 7f. 여기서 크세노폰에게서 유사한 표현 방식이 언급되고 있다.(Xenophon

성이라는 『티마이오스』의 사상을 배제하지 않는다. 초기 기독교 변증가들 중에서 유스티누스와 아테나고라스(Athenagoras)도 비슷하게 생각했다.[58] 유스티아누스의 제자인 타티아누스가 기독교 신학자로서는 처음으로 명백하게 재료도 하나님에 의해서 창조되었다고 주장했다.[59] 타티아누스에게는 유스티누스의 논지로부터 불가피하게 다음과 같은 귀결이 나온다고 보았다. 하나님 외에는 생성되지 않은 그 어떤 것도 존재할 수 없다는 것이다.[60] 안디옥의 테오필루스(Theophilus von Antiochien)와 리온의 이레네우스(Irenäus von Lyon)와 같은 이후의 신학자들은 생성되지 않았던 재료에 대한 사상을 거부하면서, 하나님의 주권적인 의지가 창조의 유일한 근거라는 주장을 펼쳤다.[61] 그것은 선(善)이 필연적으로 스스로 전달된다고 하는 플라톤의 주장과 대립해서 무로부터의 창조(creation ex nihilo)라고 하는 교회의 가르침으로 이어졌다.[62] 물론 플라톤의 이해는 코스모스 생성의 무시간성을 내

Memor. II,2,3)

58) Justin Apol. I,10,2; Athenag. Suppl. 22,2. 유스티누스에 대해서는 G. May 위의 책 122 ff., 아테나고라스에 대해서는 139 ff.를 참조하라. 그리고 다음도 참조하라. W. Pannenberg, "Die Aufnahme des philosophischen Gottesbegriffs als dogmatisches Problem der frühchristlichen Theologie", (1959), in: Grundlagen systematischer Theologie I, 1967, 296-346, 316 f.

59) Tatian or. 5,7. 참고, G. May 위의 책 151 ff.

60) Tatian or. 5,3. 참고, Justin dial. 5,4~6. 마이(G. May 위의 책 153 ff.)에 따르면 타티아누스는 마르키온과 대립의 관계에 있었던 그의 스승의 가르침으로부터 이런 귀결을 끌어냈다.

61) Theophilos ad Autol. 1,4, II,4, I,8에 대해서 G. May 위의 책 159 ff, 그리고 Irenäus adv. Haer. II,10,4 등에 대해서 같은 책 167 ff.를 보라.

62) 이에 대해서는 각주 58에 언급되었던 W. Pannenberg의 논문 317쪽의 각주 79를 보라.

포하고 있으며, 데미우르고스의 행동에서 코스모스가 시작되었다는 『티마이오스』의 생각은 단지 신화적 서술의 문학적 형식이라는 것이 2세기에는 아직 일반적으로 의식되지 않았다.[63] 수단적 요인들의 개입 없이 수행되는 하나님 행동 자체로서의 창조행위의 직접성[64]도 신플라톤주의의 실체(hypostase)론과 대비되면서 비로소 차이점을 드러냈다. 여기에는 신론과의 체계적인 연관성이 있다. 하나님의 창조행위의 직접성에 대한 기독교적 논제는 삼위일체적 위격들이 외적으로 활동함에 있어서 공동체성을 가진다는 것을 전제하고 있다.

  이미 위에서(2장 각주 27 ff.) 언급했던 것처럼, 기독교의 삼위일체론과 신플라톤주의의 원리론의 차이성은 하나님과 세계의 관계에 대한 상이한 규정과 연관되어 있다. 제1의 원리로부터 질료적인 코스모스로 단계적으로 넘어간다는 신플라톤주의의 구상과 달리, 창조사상은 창조자와 피조물 사이에 넘어감과 같은 것이 허용되지 않는, 직접적인 대립에 대한 생각을 함축하고 있다. 여기에 영향을 미친 것은 구약성서의 하나님 이해였다. 창조자와 피조물 사이의 대립은 하나님의 측면에서 창조행위의 자유에

---

63) G. May 위의 책 4에 따르면 당시에 아티코스(Attikos)라는 철학자도 세계의 시간적인 시작에 대해 주장했다. 유사하게 플루타르크도 주장했다. 이 문제에 관한 논쟁에 대해서는 다음을 보라. H. Dörrie, "Der Platonismus in der Kultur - und Geistesgeschichte der frühen Kaiserzeit", in: *Platonica Minora*, 1976, 166-210, 189. 플라톤적 이해가 플로티노스에 의해서는 다른 방식으로 해석되었다. 이에 대해서는 다음을 보라. J. Guitton, *Le temps et l'éternité chez Plotin et Saint Augustin*, (1993), e. ed. 1971, 90.

64) Augustin De civ. Dei XII,27.

의해 특징지어졌다. 이때 삼위일체론이 주장하는 하나님의 내적인 차이성이 손상되지 않는다. 그리고 신플라톤주의의 "떨어짐"과도 구분된다. 신플라톤주의에 따르면 신적인 영역에서 가시적 세계로 넘어갈 때에 영혼이 제1의 원천과의 통일성으로부터 떨어져 나오는 일이 발생한다. 그 통일성은 누스에서, 그리고 그 다음에는 영혼의 단계에서도 누스에 대한 참여를 통해서 여전히 보전되어 있다고 주장한다. 반면에 기독교가 주장하는 "떨어짐"은 하나님의 영역 내부가 아니라 피조물의 세계에서 일어난다. 그리고 그것은 유한하고 사라질 존재들의 자립적인 현존을 위한 근거가 되지 않는다. 그런 존재들의 현존은 오히려 하나님의 창조 의지의 대상이다. 하나님의 창조 의지는 창조주 하나님의 인격성을 함축하는 것으로 피조물들에게 그들의 현존을 부여하는 의지뿐만 아니라, 그 귀결 속에서 피조물들에게 하나님과의 교제를 통해서 하나님의 영원한 생명에 참여하게 하는 의도도 포함한다. 따라서 창조주 하나님의 인격성에는 타자에 대한 지향성이 포함되는데, 그것은 플로티노스에 따르면 순수한 일자의 사상과 합치될 수 없는 것이다.(2장 각주 29를 보라) 이때 하나님에 대한 이해 자체에서 창조의 행위에 선행하는 것으로 생각되어야 할 창조사상의 전제가 다뤄진다. 그것은 아버지를 통한 아들의 영원한 발생에 대한 기독교 교리이다. 더 나아가서 창조자와 피조물의 직접적인 대립은 신적인 삶의 삼위일체적 분화라는 조건 하에서, 창조자의 의지는 모든 삼위일체적 위격들에게 공동적이라는 것을 함축한다. 이런 점에서 하나님의 존재적 통일성이 표현된다. 이 통일성은 아버지로부터 분리됨이 없이 아들과 영을 포괄한다. 따라서 플라톤주의의 세계영혼과 달리 아들과 영도, 세계에 대한 한 분 하나님의 창조적 대립에 참여한다.

　피조물의 측면에서 창조 신앙은 다음과 같은 귀결을 가진다. 어떤 피조물도 그 본성상 신성을 가질 수 없다. 그것은 플라톤주의적 생각에서 일자로부터 가시적 세계로 미끄러지듯 넘어가는 것이 일어나기에 영혼의 관점에서는 피조물이 신성을 가진다고 주장될 수 있는 것처럼 보이는 것과 대조적이다. 피조물은 창조자 하나님으로부터 구분된다. 따라서 영혼도 신적인 존재가 아니다. 영혼은 하나님 및 그의 영원한 생명과의 교제를 오직 은혜의 선물로 받을 수 있다. 인간 영혼의 피조성에는 또한 육체에 대한 결속도 포함된다. 그것은 물론 오리게네스도 주장했던 것처럼 영혼의 "떨어짐"의 결과가 아니다. 그것은 하나님의 창조적 의지의 표현으로서, 하나님은 인간을 영혼-육체의 존재로 창조했으며, 그래서 그렇게 되기를 원했던 것이다. 따라서 인간의 육체는 기독교적 관점에서 영혼의 "감옥"이나 "무덤"이 아니라 하나님의 선한 창조에 속한다. 다른 한편 영혼은 육체와의 결합 속에서 육체에 생명을 불어넣는 존재이다. 따라서 영혼은 플라톤주의의 관점과 달리, 출생과 죽음 사이에서 자신의 길을 역사적 일회성 속에서 걸어가는 인간 개별자에게 속한다. 영혼의 선재성(先在性)에 대한 플라톤주의적 가르침이 오리게네스를 제외하면 기독교 사상가들 거의 대부분에 의해서 거부되지 않았다. 영혼의 후재성(後在性, 사후 존재)에 대한 플라톤주의적 이해도 마찬가지였다. 기독교 신학자들은 영혼의 사후 존재에 대해서 뿐만 아니라 영혼의 불사성에 대해서 가르쳤다. 물론 그것이 영혼의 윤회 혹은 영혼이 여러 번 다시 육체를 입는다는 의미에서가 아니었다. 윤회설에 따르면 인간의 영혼이 다음 생에서 더 좋은 혹은 더 나쁜 육체를 얻게 될지의 여부는 그 인간이 육체로 현세에서 존재하는 동안에 행한 행위에 달려있다. 그러나 영혼이 일련의 환생을 통과하면서 불특정 다수의 다른 존재의 영혼으로 되고, 그리고 이전에 마찬가지로 여러 다른 사람들의 혼으로 불어넣어졌다고 한다면, 도대체 그것이 여전히 이 사람, 이 한 개인의 영혼일까? 그렇다면 개인의 현재적 존재는 이전에 다른 것처럼 벗겨지고 새 것으로 교체되는 단지 하나의 옷과 같은 것 그 이상이 될 수 있을까? 하나님이 창조할 때 가졌던 의지의 표현인 영혼과 육체의 상호결속성에 대한 기독교적 가르침은 개별적 인간들이 그들의 각기 일회적 삶의 역사 속에서 가지는 개별성에 대해서 플라톤주의와는 다른 이해와 평가를 가지고 있다. 그리고 그런 연관성 속에서 또한 개인적 불멸성에 대해서 플라톤주의적 사상의 틀에서 발전되었던 것과 다른 입장을 가지고 있다.

영혼의 선재성과 윤회에 대한 생각들이 거부되면서 아우구스티누스는 플라톤주의적 상기론(想起論)에 대한 수정에 이르게 되었다. 태어나기 전에 보았던 이데아들에 대한 회상이라는 마음

(Menon 81 c-d) 대신에 아우구스티누스는 마음(mens)이라는 것을 생각하게 된다. 마음은 모든 경험 이전에, 그러나 무의식 상태에서 사물들의 이데아들에 대한 지식(res intelligibiles)를 보유하고 있다.[65] 이때 사물들의 이데아들은 원상으로서는 하나님의 영 안에(로고스 안에) 통합되어 있지만, 모상으로서는 인간의 영혼에게도 하나님의 형상으로 인해 알려져 있다. 그러나 인간의 영혼은 이렇게 소유하고 있는 것을 스스로 좌지우지할 수 없다. 그것을 사용하기 위해서는 외적인 인상들을 통해서 매개되는 자극(admonitio)과 신적인 진리의 빛을 통한 조명을 필요로 하는데, 이에 대해서는 위에서 언급했다. 영혼 선재설을 제거하기 위해 플라톤주의의 상기론을 이렇게 변형시키는 것을 통해서 아우구스티누스의 마음이라는 개념은 인간의 의식에 선험적으로(a apriori) 모든 경험 이전에 고유하게 있는 모종의 인식들에 대한 후대 연구들의 선구자가 되었다.[66]

아우구스티누스는 영혼 윤회설에 대한 기독교 사상의 논쟁을 보다 큰 체계적 연관성으로 이끌어갔다. 그는 영혼 윤회 사상이 더 큰 보편성의 문제, 즉 세계사의 과정에서 동일한 사건이 시대적으로 반복해서 일어난다는 견해의 문제성을 내포하고 있다고

---

65) Augustin De trin. XII,15,24 (CCL 50, 377-379).

66) 칸트의 이성비판에서 근대인들에게 표준적인 것으로 받아들여지고 있는 우리 지성의 선험적 인식 혹은 기능에 대한 수용의 출발점으로서, 플라톤적 인식론에 대한 아우구스티누스의 변형 외에 인간에게 공통된 어떤 근본 개념들(koinai ennoinai)에 대한 스토아주의의 가르침도 당연히 거론되어야 할 것이다. 스토아의 이론은 키케로를 통해서 아우구스티누스가 마음에 대한 자신의 생각을 형성할 때에 자극이 되었을 수 있다.

보았다. 이런 견해는 특히 세계의 시대에 관한 헤라클레이토스와 스토아의 이론들을 통해서 고대의 세계관에 영향을 미쳤다. 이 이론들에 따르면 우주는 세계의 매년 말에 다시 처음으로 돌아오며, 모든 개별적인 분야에서도 사건들의 흐름은 반복된다. 그런 만물의 반복을 아우구스티누스에 따르면 그리스도인들은 받아들일 수 없다. "왜냐하면 딱 한 번 그리스도가 우리 죄를 위해 죽었기 때문이다." "그는 죽은 자들로부터 부활하여 더 이상 죽지 않는다."(롬 6:9f) 그리고 우리도 데살로니가전서 4:17에 따르면 죽은 자들로부터 부활하여 이후에 "영원히 주님의 곁에 있을" 것이다.[67] 여기서 아우구스티누스는 기독교의 구원신앙으로부터 인간 실존의 일회성에 관한 새로운 의식을 형성시켰다. 여기에 현재가 모든 영원에 대한 결정의 시간이라는 강화된 이해와 마찬가지로 인간의 개별성과 그 영원한 중요성에 대한 새로운 이해가 결합되었다.[68] 구원의 일회성과 더불어 이제 일회적인 것과 새로운 것이 사건 발생의 흐름에서 현실 이해를 위한 중심적인 의미를 획득한다. 이것은 전적으로 새로운 어떤 것의 가능성을 배제하는 것으로 보이는 우주적 순환에 방향이 맞춰져 있는 순환론

---

67) Augustin De civ. Dei XII,14. 참고, X,30: "영혼들은 영원한 지속이 보장된다면 완전히 행복할 수 밖에 없는 내세의 삶에서 연약한 육체의 무효화를 갈망하며, 거기로부터 이곳으로 돌아오려고 한다는 것을 단순하게 믿어야 한다."

68) 아우구스티누스는 이와 유사하게 말하고 있다. "처음 인간의 창조 이전에는 결코 인간이 있었던 적이 없다."(De civ. Dei XII,18)

적 시간 이해와 대립된다.[69] 아우구스티누스는 기독교적 계시를
통해서 이런 이해와 반대되는 입장을 가질 수밖에 없었다. "만약
영혼이 구원받아서, 이전에 결코 구원되었던 적이 없었던 방식으
로 더 이상 비참함으로 돌아가지 않게 된다면, 그 영혼에는 이전
에 결코 일어난 적이 없던 어떤 일이, 그것도 엄청나게 위대한 어
떤 일이, 말하자면 결코 멈추지 않을 영원한 행복이 발생한다. 그
러나 이제 불멸하는 자연에 완전히 새로운 어떤 것이 일어난다
면, 결코 순환 속에서 반복되지 않고, 앞으로도 그렇게 되지 않
을 어떤 것이 일어난다면, 어떻게 그런 일이 죽을 사물들에서도
일어날 수 없다고 할 수 있을까?"(De civ. Dei XII,20,3) 구원 사건
의 일회성으로부터 귀결된, 현실 이해 일반의 역사화(歷史化)는 이
미 앞 단원에서도 보였다. 즉, '하나님을 닮음'(homoisis theo)이라
는 플라톤적 사상이 이레네우스를 통해서, 첫 번째 아담으로부
터 그리스도 안에서 나타난 인간 현실의 최종 형태로서의 두 번
째 아담에게로 불가역적으로 이루어진 진보의 관점에서 인류 역
사에 대한 서술로 확장되었다. 아우구스티누스는 이와 같은 현
실 이해의 역사화를 총체적인 세계사적 사건의 발생으로 확장시

---

69) 이전에 팽배했던 견해, 곧 고대의 순환적 시간이해는 모든 역사 진보의 사상을 배제시
켰다는 견해(K. Löwith, *Weltgeschichte und Heilsgeschichten*, 1953, 16 ff.)는 그 동안
정당한 비판의 대상이 되었다. 참고, H. Cancik, "Die Rechtfertigung Gottes durch den
"Fortschritt der Zeiten". Zur Differenz jüdisch-christlicher und hellenisch-römischer
Zeit- und Geschichtsvorstellungen", in A. Peisl/A. Mohler (Hgg), *Die Zeit*, 1983,
257-288. 스토아의 영향을 받은 역사가들인 디오도르(Diodor)와 폴리비오스(Polybi-
os)의 역사 내적 진보에 대한 주장들은(Cancik, 위의 책 265 ff.) 항상 포괄적인 우주적
순환관에 결속되어 있다. 이것이 바로 뢰비트(Löwith) 논증의 요지였다.

켰다.

아우구스티누스가 영혼 윤회설에 대립시켰던 구원의 일회성은 더 나아가서 그가 플라톤 철학에 대한 기독교 신앙의 주요 차이점을 발견했던 문제, 곧 신적 로고스의 성육신과 밀접하게 연관되어 있다. 그런 종류의 영원한 것을 시간 속에 있는 하나의 유일한 사건에 결속시킨다는 것은 모든 형태의 고대 철학에 생소했다. 물론 플라톤주의자들은 고대 철학의 다른 학파들과 마찬가지로, 모든 존재 중에서 인간만이 우주를 지배하는 이성의 한 부분을 가지고 있다는 사실을 의식하고 있었다. 그런 한에서 철학은 신적 이성이 인간성 안에, 따라서 모든 인간 안에서 이루어진 일종의 성육신을 알고 있었다. 역으로 그리스도의 모습에 대한 신학적 해석에서, 신적인 로고스와 예수의 통일성은 인간 일반이 로고스에 참여하는 최고의 경우로 생각될 수 있었다.[70] 그러나 성육신 사상을 철학적으로 형성된 의식의 맥락에서 이해되게 만들려는 모든 노력에도 불구하고 항상 중요했던 것은 예수의 형태가 가진 역사적 일회성이었다. 이미 2세기에 그러했다. 따라서 유스티누스는 인간들 사이에 어디에서나 - 철학자들만이 아니라 - 뿌려져 있는 로고스의 "불꽃들" 혹은 "씨앗들"에 대한 스토아주의의 주장에 관심을 가졌다. 그는 이로써 오로지 그리스도에게

---

70) 예를 들어서 아타나시오스가 로고스의 성육신에 관한 그의 글에서 이런 방식으로 접근했다. 그러나 라오디게아의 아폴리나리스도 그렇게 했다. 아폴리나리에 대해서는 다음을 참조하라. E. Mühlenberg, *Apollinaris von Laodicaea*, 1969.

서 로고스 전체가 나타났다는 것을 강조하려고 했다.(Apol II,10-13) 이로써 우주론이 구원사로 변형되는 길이 열렸으며, 그것은 아우구스티누스의 사상에서 정점에 도달할 것이다.

5. 플라톤 사상의 계속적인 영향과 시사성

플라톤 철학의 영향사는 고대의 플라톤주의로 끝나지 않았다. 플라톤 철학은 서양 사상사에서 반복해서 체계적으로 갱신되었다. 9세기에는 대머리 왕 칼의 궁정학교 수장인 요하네스 스코투스 에리우게나(Johannes Scotus Eriugena)에 의해서, 12세기에는 샤르뜨르 학파, 특히 샤르뜨르의 티에리(Thierry von Chartres)에 의해서, 15세기에는 니콜라우스 쿠자누스(Nikolaus von Kues)에 의해서, 그리고 마르실리오 피치노(Marsilio Ficino)가 이끌었던 플로렌츠의 플라톤 아카데미에 의해서, 그리고 17세기에는 캠브리지의 플라톤주의 철학자 그룹에 의해서 그러했다. 하지만 스스로를 플라톤주의적이라고 지칭했던 흐름들의 출현에도 불구하고 플라톤적 사상의 영향사는 그것으로 끝나지 않았다. 더욱이 슐라이어마허와 더불어 시작된, 상이한 플라톤주의들 그 너머에서 천재적인 플라톤을 재발견하려는 노력들의 역사가 거론될 수 있다. 하지만 그것을 넘어서 사람들은 알프레드 노스 화이트헤드의 의견에 따라서 유럽 철학의 전체 역사를 플라톤에 대한 일련의 각주라고

말할 수도 있을 것이다.[71]

서방 중세의 기독교 사상에서 플라톤적 모티브들은 무엇보다 세 가지 길을 통해서 영향을 미치고 있었다. 첫째는 아우구스티누스주의를 통해서였다. 둘째는 증거자 막시무스(Maximus Confessor)와 (서방에서는) 에리우게나(Eriugena)에게서 시작하여 항상 반복되었던 위(僞) 디오니시우스 아레오파기타(Pseudo-Dionysius Areopagita)와의 대결을 통해서였다. 셋째는 『원인론』(Liber de causis)을 통해서였다. 이 책은 12세기에 아랍어로부터 번역되어 오랫동안 (토마스 아퀴나스에 이르기까지) 아리스토텔레스의 작품이라고 생각되었지만, 실제로는 프로클로스(Proklos)의 『신학원론』(stoicheiosis theologikè)이었다. 1268년에 무르베케의 빌헬름(Wilhelm von Moerbeke)에 의해서 프로클로스의 작품이 번역되자, 서구에서 무엇보다도 도미니카 수도파의 신비주의에서 플라톤주의에 대한 새로운 관심이 촉발되었다. 이미 1367년에 페트라르카(Petrarca)가 아리스토텔레스보다 플라톤 및 플라톤주의가 우월하다고 선언한 이후로[72] 15세기에는 아리스토텔레스적 스콜라주의로부터 거리를 벌이려는 움직임이 일면서 플라톤에 대한 새로운 관심이 생겼는데, 그것은 비잔틴 학자들을 통해서 플라톤과 플라톤주의의 글들을 폭넓게 알게 되면서 가속화되었다. 하지만 13세기의 "아

---

71) A.N. Whitehead, *Process and Reality* (1929), Neudruck 1957 (Harper) 63.

72) F. Petrarca, *De sui ipsius et multorum ignorantia*, 1367 (1371년 출판).

리스토텔레스적" 스콜라주의도 형이상학적 개념의 틀 안에서는 플라톤의 영향 아래 있었다. 그것은 무엇보다도 만물의 운동은 "처음부터 끝까지 하나님의" 역사(歷史) 안에 있다는 생각에서 그러했다.[73] 이때 위(僞) 디오니시오스 아레오파기타와 『원인론』을 통해 전달된 신플라톤주의의 기본 사상이 다뤄졌다. 신플라톤주의에 따르면 만물은 일자로부터 나오며, 회귀(epistrophè, conversio)를 통해서 깊이 침잠해 있던 상태로부터 질료로 일깨워지며, 다시금 이 근원으로 되돌아간다. 여기에 둘째로 작용들이 원인에 - 제1의 신적인 원인에도 - 참여한다는 사상이 결부되어 있다.[74] 이 사상은 다시금 셋째로 원인과의 관계에서 작용들은 모상(模像)이라는 점을 전제한다. 특별히 신적 지성 안에 있는 사물들의 이상적인 원상(原像)들과의 관계에서 그러하다. 이런 사상의 연관성 안으로 마지막 넷째로 원상으로의 회귀를 가능하게 하는 신적인 원상을 통한 조명이 포함된다. 이 조명 사상은 중세 신학에서 아우구스티누스적 인식론이 포기된 후에 은혜론과 신앙의 빛을 위해 고수되었다.

근대의 사상에서 신플라톤주의의 "계층적 우주"는 사라지

---

73) 이에 대해서는 다음을 보라. M. Seckler, *Das Heil in der Geschichte. Geschichtstheologisches Denken bei Thomas von Aquin*, 1964, 특히 28 ff.

74) 토마스 아퀴나스의 유비론(類比論)이 신플라톤주의의 참여 사상에 의존해있다는 것을 리트켄스가 입증했다. H. Lyttkens, *The Analogy between God and the World. An Investigation of its Background and Interpretation of its Use by Thomas of Aquino*, Uppsala, 1952.

며,[75] 그 결과 분유(分有) 사상을 통해 이루어진 원인과 작용의 결합도 사라진다. 신적인 영에 대한 인간적 영의 관계에 한해서 - 인간이 가진 하나님의 형상으로 인해 - 분유 사상은 척도로 남았다. 이에 반해 이데아론 및 이와 결부된 모상론은 다양한 변화를 거치면서 근대의 사상에서도 영향을 끼치면서, 근대 자연과학의 영향 아래서 지배적이게 된 견해, 곧 모든 질료적 사건을 영원한 자연법칙의 시간적 모상으로 파악하는 견해로 남아있게 되었다. 물론 플라톤 사상 중에서 완전히 다른 흐름들도 근대적 개념들에 대한 영감의 원천으로 작용했다. 이에 대한 가장 중요한 사례는 확실히 플라톤주의적 에로스뿐만 아니라 무엇보다도 상기론을 변형시킨 프로이트의 정신분석이다.[76]

최근의 개신교 신학에서도 플라톤주의의 원상-모상 사상은 현재까지 영향을 끼쳤다. 그것은 슐라이어마허의 경우에 신자들과의 관계에서 그리스도가 가진 하나님에 대한 의식이 지닌 원본성에 대한 사상으로 나타난다.[77] 심지어 칼 바르트의 『교회교의학』도 원상-모상의 연관성을 통해서 구조화되어 있다. 삼위일체 안에서 아버지와 아들 사이의 연관성, 삼위일체 상호 간의 연관성, 남자와 여자 사이의 연관성이 그런 것들이다. 남자와 여자

75) M. de Gandillac, *Nikolaus von Cues. Studien zu seiner Philosophie und philosophischen Weltanschauung*, (frz. 1942) 1953, 133, 참조 144, *Cusanus' De ludo globi* (1463) II, 239.

76) Y. Brès, *La psychologie de Platon*, (1968), 2. Aufl. 1973.

77) F. Schleiermacher, *Der christliche Glaube*, 2. Ausg. 1830, 93.

사이의 연관성에서 바르트는 인간이 가진 하나님의 형상을 보았다.[78]

현재까지도 플라톤적 생각의 잠재력은 결코 소진되었다고 할수 없다. 플라톤 사상의 시사성은 아마도 참된 존재자로서의 이데아들에 대한 신축적인 사고에도 있지 않고, 플라톤적 영혼론에 있지도 않다. 비록 인지학(Anthroposophie 人智學, * 명상과 자아에 대한 직관을 통해 종교생활 추구)이나 동양 종교들의 영향으로 영혼 윤회 사상이 서양에서도 호감을 얻었다고 하더라도 말이다. 오히려 플라톤의 시사성은 변증법에 있다고 할 수 있다. 플라톤의 대화 기술이 가진 깊은 철학적 의미가 변증법의 역사적 근원으로서 항상 변증법에 도움을 줄 것이다.[79] 오랫동안 플라톤적 사유의 중심적인 모티브의 시사성은 인간 주체성의 초월적 근거가 되는 신적인 것에 대한 철학적 반성들에서 지각되고 있었다. 또한 본래적 존재자로서의 선에 대한 소크라테스-플라톤적 사상에서도 아마 포함되어 있을 것이다. 왜냐하면 이 사상에는 아직 충분히 사유되지 않은 미래성이라는 계기가 만물의 근거의 표식으로서, 만물의 참된 아르케(arché) 그리고 이로부터 유래했다는 것의 표식으로서 숨겨져 있기 때문이다. 모든 것을 결속시키는 어떤 것인

---

78) 플라톤에 대한 바르트의 관계에 대해서는 다음을 보라. J.-L. Leuba, "Platonisme et Barthisme", in, *Archivio di Filosofia* 53, 1985, 153-172.

79) 가다머(H.G. Gadamer)의 생각이 바로 이런 방향을 시사하고 있다. 또한 다음을 참고하라. R. Bubner, *Dialektik als Topik, Bausteine zu einer lebensweltlichen Theorie der Raionalität*, 1990.

선(善)은(Phaidon 99 c 5 f.) 사물들의 존재의 미래적 근거로서 생각될 수 있을 것이며, 사물들의 기원은 사물들의 자기 정체성의 미래적 완성과 동일한 것으로 생각될 수 있을 것이다. 이런 모티브의 전개는 시간과 존재의 관계에 대한 숙고에 기여할 수 있으며, 또한 플라톤이 물려받은 엘레아 철학의 유산과 논쟁 중에 있는 플라톤주의적 이데아 사상에 담긴 소크라테스적 모티브의 시사성에 기여할 수 있을 것이다. 이로써 또한 현존하는 모든 것과 과거에 존재했던 모든 것에 대한 규정의 근거가 되는 하나님의 통치의 미래가 기독교적 사유에서 제기하는 과제와의 연관 속에서 플라톤적 사고를 기독교적으로 수용하는 새로운 형식의 가능성이 제공된다.[80]

---

80) 이에 대해서는 다음을 보라. W. Pannenberg, *Metaphysik und Gottesgedanke*, 1988, 특히 66 ff.

3장 기독교 신학에 대한 아리스토텔레스의 영향

1. 플라톤과의 관계에서 본 아리스토텔레스의 중심 사상[1]

아리스토텔레스는 플라톤이 죽고 10여 년 후에 플라톤의 제자 그룹으로부터 떨어져 나와서 주전 335년에 아테네에 자신의 학교를 세웠고, 그의 글들에서 플라톤을 비판하면서 거리를 두었다. 그럼에도 불구하고 그는 주전 1세기 이래 후대의 플라톤주의 자들 대부분에게 그들과 의견이 일치하는 친밀한 사상가로 간주 되었다. 그의 논리학과 범주론은 제한성을 갖기는 하지만 플라 톤주의 학파에서 수용되었다.[2] 알비노스와 같은 몇 플라톤주의 자들은 플라톤의 가르침과 아리스토텔레스의 가르침 사이에는 기 본적으로 어떤 대립도 없다고 보았다. 아리스토텔레스의 글들에 대해 이후에 주석을 달았던 사람들은 신플라톤주의자들이었다.

이에 반해서 라틴 중세에서는 아리스토텔레스와 플라톤이 양 자택일적인 입장들의 옹호자로 세워졌다. 이런 인상은 12세기에 "보편성"(Universalien), 곧 보편개념들의 본성에 관한 논쟁들에서 확고해졌다. 그리고 아리스토텔레스주의의 인식론이 알려지기 시

---

1) 아리스토텔레스의 사상에 대한 입문으로 특별히 추천할 것은 분량은 적지만 내용은 알찬 로스의 책이다. W.D. Ross, *Aristotle* (1923) 4.Aufl. 1945. 그리고 다음의 책과 소논문을 참고하라. I. Düring, "Aristoteles, Darstellung und Interpretation seines Denkens", 1966; O. Gigon, Aristoteles *TRE* 3, 1978, 726-768.

2) 이에 대해서 다음을 참고하라. H. Dörrie, "Der Platonismus in der Kultur- und Geistes- geschichte der frühen Kaiserzeit", in, *Platonica Minora*, 1976, 166-210, 187 f. 플로티노 스는 아리스토텔레스의 범주론에 대한 비판가들 중의 한 명으로서(Enn. VI, 1/3) 범주론 이 감각세계에 한정된다는 것을 보여주고 싶어했다.

작하면서, 그의 경험론적 태도는 플라톤주의적 영향을 받은 아우구스티누스의 조명론에 반대되는 입장으로 파악되었다.

보편자의 본성에 관해서 아리스토텔레스와 플라톤의 차이는 무엇인가? 아리스토텔레스는 사물들의 고유함(eidos)을 형식으로 파악했는데, 그 형식은 질료와 결합되어 있으며, 또 그런 식으로 사물들의 실체를 구성한다고 여겼다. 반면에 플라톤은 사물들의 고유함, 곧 에이도스는 감각세계를 넘어서서 초월적이며, 사물들에서 단지 모사(模寫)된 이데아라고 생각했다. 중세 학파들의 언어는 이런 차이를 정형화하여 표현하여 다음과 같은 세 가지 입장으로 구분했다.

사물 안에 있는 보편(universalia in re)은 아리스토텔레스주의의 입장인데, 이에 따르면 개념이 지각적 대상 안에 실현되어 있다는 것이다.

사물보다 앞서 있는 보편(universalia ante rem)은 플라톤주의의 입장인데, 이에 따르면 이데아가 원상으로서 모사된 사물보다 선행한다는 것이다.

여기에 세 번째 가능성으로서 보편 개념을 대상적 지각 자체의 산물로 보는 입장이 다음과 같이 등장한다.

사물보다 뒤서 있는 보편(univeralia post rem)은 이른바 유명론(唯名論)의 입장인데, 이에 따르면 보편 개념은 사물의 실재와 그 어떤 상응관계를 갖고 있지 않고 인간이 형성한 생각, 곧 이름(nomina)이라는 것이다.

이런 입장의 차이들은 이미 11세기와 12세기의 "변증법자들", 특히 아벨라드와 같은 사람에게서 찾아지는데, 그들의 학파 활동에 근간이 되는 보에티우스의 주석들, 예를 들어서 아리스토텔레스의 범주론이나 해석학에 관한 주석들이나, 플로티노스의 제자인 포르피리오스(Prophyrios)가 저술한 아리스토텔레스 범주론에 대한 입문(Isagoge)에 관한 주석들로 소급된다.[3]

보편 개념 및 지각 대상에 대한 그 개념의 관계에 대한 추상적인 관점은 중세의 학문적 논쟁에서 통상적으로 사용되고 있다. 하지만 그것은 당연히 원초적인 차이성을 감안한다고 하더라도 플라톤적 입장에서나 아리스토텔레스적 입장에서 정당한 것이 아니다. 그것은 오히려 양 입장의 특수성들을 추상화시킴으로 발생했다.[4] 아리스토텔레스와 마찬가지로 플라톤에서도 개념적인 보편은 사물들 일반의 현실성에 대한 파악의 계기로 생각되었으며, 바로 그것이 플라톤이나 아리스토텔레스의 견해에 대한 내적인 개연성의 근거였다. 플라톤에서 이데아는 감각적으로 주어진 것을 직관적으로 바라보는 표준개념(Sollbegriff)이다. 감각적으로 주어진 것은 이 자신의 표준개념 뒤에 항상 물러서 있다가 자신

3) 아리스토텔레스의 다른 논리학 저작들은 비로소 12세기 중반 이후에 아랍어로부터 번역되면서 알려지기 시작했으며, 그 후에 윤리학, 영혼에 관한 글들, 형이상학, 자연철학 저작들도 알려지게 되었다.

4) 뷔란트는 이에 대해서 다음과 같이 생각한다. 보편 문제가 처음으로 생겨난 것은 "사람들이 언어적인 것을 아리스토텔레스처럼 상호주관성의 영역에 일차적으로 더 이상 귀속시키지 않고, 오히려 그것을 언어 외적인 사물들에 대한 가능적인 표식으로 일차적으로 간주하기 시작하면서 부터였다."(W. Wieland, *Die aristotelische Physik*, 1962, 2.Aufl. 1970, 163). 이런 대안이 아리스토텔레스에 의해 수용되었겠는지의 여부는 그의 사상이 대상 지향적이었다는 점을 감안할 때 회의적임에 틀림없다. 그러나 어쨌든 한편으로 플라톤적 견해의 맥락이나, 다른 한편으로 아리스토텔레스적 견해의 맥락과 더불어 그들에게 향해졌던 문제제기들이, 사태에 적합한 이해가 추구된다면 소홀히 취급되어서는 안 된다.

의 이데아를 단지 흉내내기만 한다. 이와 달리 아리스토텔레스에서 한 대상에 대한 종(種)개념(eidos)은 애초부터 스스로는 아무것도 아니다. 그것은 단지 구체적으로 실존하는 사물들 자체에 대한 사유 규정 내지 형식 요소에 불과하다.[5]

아리스토텔레스의 견해에는 플라톤에 비해서 영혼의 본성에 대해서, 그리고 물질세계에 대한 영혼의 관계에 대해서, 새로운 관점이 근저에 놓여있다.[6] 아리스토텔레스는 영혼의 선재를 믿지 않았으며, 영혼이 육체가 없는 상태에서 이데아들을 보았다는 것도 믿지 않았다. 반면에 플라톤은 그런 일이 영혼이 육체를 입기 전의 상태에서 일어났다고 여겼다. 아리스토텔레스는 또한 영혼이 스스로 운동한다는 플라톤의 가정도 받아들이지 않았다. 아리스토텔레스의 견해에 따르면 모든 운동은 공간에서 일어나는 물체적인 운동이기 때문이다.[7] 물론 그의 운동 개념에도 질적인 변화가 포함되어 있기는 하다. 아리스토텔레스는 영혼에 관한 글에서, "영혼이 운동한다는 것은 전적으로 불가능한 것"으로 간주했으며, 따라서 영혼의 자가 운동에 대한 주장의 여지가 사라

---

5) 따라서 아리스토텔레스는 '사물 안에 있는 보편'(universalia in re)을 주장한다는 의미에서 해석될 수 있으며, 또한 빌헬름 오컴처럼 '사물 보다 뒤서 있는 보편'(univeralia post rem)의 의미에서도 해석될 수 있다.

6) 이에 대해서는 다음의 글이 아주 유용하다. E. Zeller, *Die Philosophie der Griechen in ihrer geschichtlichen Entwicklung* (Neudruck 5. Aufl. 1963) II/2, 188ff.

7) Aristoteles De anima I,3 (406 a 15 ff.). 다음을 참고하라. Phys 260 a 26 ff., De an. 406 b 27 ff.

진다.[8] 물론 아리스토텔레스도 영혼을 육체 운동의 근원으로 간주했다.(De an. 432 b 15 ff.) 하지만 그렇다고 해서 영혼 자체가 움직일 수 있다는 것이 필수적이지는 않다.[9] 아리스토텔레스에 의하면 영혼은 육체에 묶여 있으나,(414 a 20) 이때 영혼은 살아있는 육체의 "형식"(morphè)이다.(412 a 19 f.) 따라서 영혼은 육체를 생명체가 되게 만드는 역할을 한다. 육체 자체만으로는 오로지 가능태(dynamis)로서 생명을 가지고 있을 뿐이다. 따라서 영혼은 살아있는 육체의 현실태(energia)이다.(412 a 27 f.)

육체 운동의 원리로서 영혼의 선재를 가정한 플라톤의 견해 대신에 아리스토텔레스에게서는 영혼이 생명체의 고유성을 – 생명체 안에는 영혼이 거주하고 있다 – 실현한다는 생각이 등장한다. 이로써 영혼은 자연관찰에 편입되는데, 특히 아리스토텔레스가 플라톤 아카데미의 구성원으로 있던 시절에 공부했던 것으로 보이는 생명체의 본성에 대한 자연관찰에 편입된다. 이때 그는 생명체의 발전, 변화를 묘사하는 한 쌍의 개념을 발견했을 것이다. 그것은 가능태(dynamis)와 현실태(energia)라는 개념 쌍이었다. 살아있는 물체의 현실태로서 영혼이 현존하는 것을 아리스토텔레스는 이 물체의 "첫 번째 완전태"(entelécheia hè próte)라고도 불렀다. 그리고 그 물체의 "두 번째" 완전태는 영혼을 통해 작동된

---

8) Aristoteles De an. 406 a 2 f., 408 b 30 f. 본문에 나오는 페이지 수는 이 글을 가리킨다.

9) Aristoteles De an. 406 a 3 f. 참고 Phys. 256 b 23. 후자의 글에서 아리스토텔레스는 아낙스고라스의 누스(Nus)이해에 의존한다.(256 b 24 f.)

활동에 있다. 활동은 생명체가 겨냥하고 있는 목적을 형성시키는데, 그 목적에서 생명체는 실현된다. 아주 간단하게 아리스토텔레스가 이런 상황을 그의 『형이상학』에서 표현했다. "작품이 목적이지만, 현실성이 작품이다. 따라서 현실성(energeia)이라는 이름은 작품(ergon)으로부터 연역되어 있으며, 또한 그것은 완성(entelecheia)을 겨냥하고 있다."(Met. 1050 a 21-23)

어떤 의미에서는 이 명제에 간명하게 요약되어 있는 구상이 플라톤적 소크라테스가 가졌던 질문을 종결시킨다. 그 질문이란, 어떻게 해서 소위 선(다시 말해서 목적, 텔로스)이 아르케(arche)로서, 파이돈에서 말했던 것처럼 "모든 것을 결합하고 통합하는" 원리로서 생각될 수 있는가 하는 것이었다.[10] 그러나 아리스토텔레스는 소크라테스의 질문에서 의도된 대답에 대해서 플라톤과는 다른 방향의 대답을 제공했다. 그것은 그가 이데아와 감각적 사물들의 대립을 포기했기 때문이다. 더욱이 그는 형상(eidos) 혹은 "형태"(morphe)를 그가 종종 말했던 것처럼 감각적 사물들의 현실성 자체와 동일시했다. 어떻게 해서 그는 그런 결론에 도달했을까? 이미 플라톤 자신이 (파르메니데스에서) 이데아론의 문제로서 거론했던, 감각적으로 지각 가능한 대상들의 "이중화"의 문제가 그 일차적인 원인은 아니었다. 더욱 중요한 이유는 이데아론이

---

10) Paid. 99 c 5 f. 이에 대해 다음을 참고하라. Met. 1050 a 8-10. "말하자면 원리는 원인이며, 또한 목적으로 인해서 그것은 과정이 된다. 하지만 목적이 현실성이다." - 그리고 현실성은 위에서 인용한 것처럼 작용을 통한 완성을 겨냥한다.(1050 a 21-23)

아리스토텔레스가 수행하던 특별한 연구영역에서 불충분한 것으로 입증되었기 때문이다.

아리스토텔레스는 자연에 대한 연구자로서 그의 스승의 이데아론에서 결정적인 걸림돌을 경험했었다. 그 걸림돌은 아마도 이데아들이 사물들의 변화와 쇠퇴, 다시 말해서 운동을 설명할 수 없다는 것에 있었을 것이다.(Met. 991 a 8 f.) 플라톤은 이를 위해서 영혼을 끌어 들였다. 하지만 어떻게 영혼이 물체를 움직이는지가 다시금 불분명하게 남아 있었다. 이 목적을 위해 아리스토텔레스는 가능태-현실태라는 쌍개념을 도입했다. 운동은 가능태로서 있던 것이 실현된 것이며, 따라서 운동은 가능태의 완성이다.(Phys 3,1-201 a 10 f.) 그리고 영혼은 생명체에 내주하는 원리로서 생명체의 완성을 향한 실현의 원리이다.

이런 식의 새로운 관찰 방식은 다음과 같은 귀결을 가질 수밖에 없다. 사물들을 초월해 있는 플라톤의 이데아가 감각적 사물, 무엇보다도 생명체의 "형상"(Form) 자체로 되었으며, 생명체의 변화를 아리스토텔레스는 이제 그 질료 안에서 그 형상이 실현되는 것이라고 묘사할 수 있었다.(참고, Phys 201 a 27 f.) 여기서 운동은 변화(Werden)로서 "한 현실태가 하나로 되는 것이며, 완전히 되는 것"이다.[11]

이와 같이 구체적인 실재를 아리스토텔레스는 실체(ousia), 존재

---

11) F. Kaulbach art."Bewegung" im *Hist. WB Philos*. 1, 1971, 867. 또한 다음을 참고하라.
W. Pannenberg, *Metaphysik und Gottesgedanke*, 1988, 76 f.

하는 것이라고,(Met 983 a 27 f.) 더욱 정확히, 특정되는 어떤 것(tóde ti)이라고 지칭했다. 그것은 다른 것으로부터 구분되며(1017 b 25), 다른 한편으로 다른 모든 것들(질, 크기, 관계)이 출발하는 원천이다. 실체 개념을 규정하는 이런 두 가지 "방식들"(trópous)을 아리스토텔레스 자신이 구분했다. 하지만 그 구분을 더 이상 이끌고 가지는 않았다. 두 가지 묘사들이 그 "형상"을 통해서 규정되어 구체적으로 존재하는 것에 관계되어 있기 때문이다.

따라서 이 구체적인 존재자(ousia)는 형상과 질료로 구성되어 있다. 형상(eidos)은 질료에서 현실화되며, 질료는 그에 대한 가능성을 제공한다. 이로부터 다음과 같은 도식이 나온다.[12]

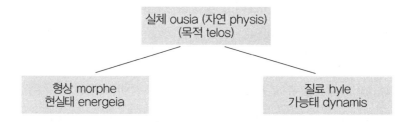

이런 요소들을 통해서 한 사물이 자기 자신으로, 유기체적으로 변화되어가는 것으로 운동이 규정된다. 이외에 아리스토텔레스는 두 번째 형태의 운동도 알고 있었다. 그것은 말하자면 강제된 운동이며 외부로부터 작용을 받은 운동으로서, 예술가가 질료를

---

12) 참고, De an. II,1 (412 a 6 ff.). 이와 더불어 412 a 10에서는 형태를 통해서 규정되는 형상 (eidos)이 명시적으로 완전태(entelecheia)로 지칭되며, 이 완전태는 다시금 실체(ousia)와 동일한 의미를 가진다.(412 a 21)

가지고 조형을 만드는 것에 비교될 수 있다. 이처럼 외적인 작용의 운동의 분석에서 네 가지 "원인"이 구별될 수 있다. 말하자면 하나는 운동의 작용인(作用因)으로서 예술가가 있고, 더 나아가서 그 예술가의 머리에 떠오르는 조형의 목표가 있으며, 그 다음에는 형상이 있고, 마지막으로 질료가 있는데, 그 재료에 형상이 각인되어서 그 재료에서 목적이 실현된다.[13] 이에 반해서 유기체의 변화에서는 첫 세 가지 원인들(작용인, 형상, 목적)이(Phys 198 a 24-26) 형상과 동일시되는 엔텔레케이아(Entelechie)에서 결합되는데,[14] 이것도 역시 물체 운동의 원인이다. 따라서 유기체적으로 운동하는 존재의 엔텔레케이아와 동일시되는 영혼이 아리스토텔레스에 따르면 영혼 자신의 운동의 원리이자, 물체 운동의 원리이다.[15]

운동과 운동하는 존재자의 요인들에 대한 이런 복합적인 아리스토텔레스의 분석에 깔린 주도적인 사상은 매우 소크라테스-플라톤적이다. 모든 운동 및 운동하는 존재자의 궁극적인 원인은 선이라는 목적, 각자가 나름대로 추구하는 완전성이라는 목적에 있다. "우리의 가르침에 따르면, 한편에는 어떤 신적인 것, 선한 것, 추구할 가치가 있는 것이 있으며, 다른 한편에는 그에 대

---

13) 다음을 보라. Phys. 194 b 16 ff., 198 a 24.

14) "자연적인" 운동, 다시 말해서 외부로부터 작용을 받지 않는 운동에서는 오직 두 가지 "원인"이 구별될 수 있다. 형상이 그 하나이고, 형상을 통해서 그 형태에 "근원적으로 놓여있는" 질료가 다른 하나이다.(Phys. 190 b 20)

15) 아리스토텔레스의 운동에 대한 이론을 더 자세히 알고 싶으면 다음을 보라. F. Kaulbach, *Der philosophische Begriff der Bewegung*, 1965.

한 반대 내지 그 사이에 있는 것으로서 자신의 본질상 선을 추구하는 어떤 것이 있다."(Phys 192 a 16 ff.) 아리스토텔레스는 영혼이 스스로 운동한다는 플라톤의 논제를 거부하기 때문에, 신적으로 완전한 것을 당연히 움직여지지 않는 것으로만 생각할 수 있었다.(Met 1073 a 4) 하지만 그는 플라톤처럼 신성을 최고의 이성으로 생각했는데, 그것은 물론 변하지 않으면서 단지 자신만을 직관한다.(Met 1074 b 34 f.) 신성에게는 더 상위에 있는 대상이 존재하지 않기 때문이다. 하지만 이 신적 이성은 비록 자신은 움직이지 않음에도 불구하고 모든 다른 것들과 전체의 우주를 움직인다. 마치 사랑받는 자는 사랑하는 자를 움직이듯이,(Met 1072 b 2) 말하자면 매력을 통해서 신적 이성은 모든 다른 것을 움직인다. 이런 방식으로 최고의 신성은 제일 먼저 별들을 움직이며, 그 다음에는 그 별들을 통해서 모든 다른 존재들과 사물들을 움직인다.

아리스토텔레스가 모든 존재자의 원천으로서의 선에 대한 소크라테스-플라톤의 가르침을 고수하고 있음에도 불구하고, 그는 영혼이 스스로 움직인다는 논제를 거부하기 때문에 다른 많은 플라톤주의적 견해로부터 상당히 거리를 두게 되었다. 따라서 플라톤이 『티마이오스』에서 묘사했던 것과 같이 데미우르고스의 활동을 통해 우주가 생성한다는 설명이 아리스토텔레스에게는 상상될 수 없는 일이었다. 왜냐하면 완성에 이른 신적 이성, 누스는 움직이지 않기 때문이다. 우주의 생성과 같은 것은 아리스토텔레스에게 결코 관심거리가 아니었다. 최고의 신성도 역시 우주적인 운동들의 원천에 불과하다. 그리고 이런 운동들이 물체들에서 발생한다는 것은 단지 형상이 질료에 자신을 각인시키고 있다는 것을 의미한다.

형상이 질료에서 형태를 확보하면서 형상이 질료에 묶여 있는 상태에 있다는 것은 이제 아리스토텔레스의 인식론에도 영향을 미친다. 그것은 아리스토텔레스 철학 중에서 특히 13세기 초에 기독교 중세에 관심과 논쟁의 중심부였다. 물질적인 대상들에서 실현된 형상들은 인식 과정에서 "추상"을 통해서 지각의 상(像)들로부터 분리되어야 한다. 그것은 영혼 안에서 누스가 활동한 결과이다. 그러나 이 누스는 육체에 묶여 있는 영혼의 부분이 아니다. 오히려 그것은 영혼으로부터 "분리되어" 있으며,(De an. 430 a 22) 따라서 외부로부터 영혼에 작용을 가하는 것으로 생각될 수 있다. 마치 빛처럼 말이다.[16](430 a 15) 영혼에 관한 글에서 이런 활동적 누스를 다루고 있는 유명한 장(章)에는(De an. III, 5) 또한 이렇게 적혀있다. 영혼으로부터 분리되어 있으면서 활동성을 띠는 이 누스만 홀로 죽지 않는다.(430 a 23) 반면에 육체에 매여 있는 영혼은 육체와 함께 사라진다. 지각의 상(像)들로부터 분리

---

16) 인간의 영혼으로부터 분리되어 있으며, 홀로 죽음을 당하지 않는 이런 누스는 도대체 어떤 본성을 가지는 것인지에 대한 물음은 이미 영혼에 관한 아리스토텔레스의 글에 대한 고대의 주석가들 사이에서 도전 거리였다. 아프로디시아스의 알렉산더(Alexander von Aphrodisias)는 2세기 말에서 3세기 초로 넘어가는 시기 즈음에 능동적 누스를 최고의 신(神) 자체와 동일시했다.

되어 있는 생각 속의 형상들을 수용하며, 또한 그것들을 상호 연결시키는 "수동적" 누스도 역시 마찬가지다.[17] 이로써 명확히 주장된 바와 같이, 영혼불멸설에 대한 거부는 다시금 플라톤에 대한 날카로운 대립을 이룬다. 하지만 동시에 "추상"을 통해 사물의 형상을 파악한다는 아리스토텔레스의 생각은, 사람들이 이 주제와 관련하여 펼쳐졌을 것이라고 생각하는 서양 중세의 논쟁들에 대해서 추측하는 것과 달리, "조명"을 통해 이데아들을 인식한다는 플라톤의 견해와 밀접한 유사성을 가지고 있다. 능동적 누스는 빛처럼 영혼 안으로 들어오며, 이를 통해서 지각의 상들에 포함되어 있는 사유의 형상들을 영혼에 각인한다. 인식 과정에 대한 고대 생각들의 전체 역사를 규정해 온 영감(靈感)의 모델은 - 영감은 오로지 수동적으로 수용될 수 있을 뿐이다 - 아리스토텔레스에게서도 여전히 유효하다.

질료에 구체화되어 있는 형상으로서의 에이도스에 대한 기본적인 생각은 마지막으로 아리스토텔레스의 범주론을 규정한다. 아리스토텔레스는 범주들을 종종 "존재자의 (최고의) 유(類)들"이라고도 표현했다.(de an. 412 a 6) 그것은 플라톤이 이미 최상의 유(類)들(mégista géne)에 대해서 말했던 방식과 유사하다.[18] 거기에

---

17) 수동적 누스를 아리스토텔레스는 De an. III,4에서 "소위 영혼의 누스"라고 불렀다.(429 a 22) 영혼은 그 누스로 생각하며 추측한다. 그 누스가 사물들의 형상들을 수용하기 전까지는 오로지 가능태에 따라서 형상들에 상관이 없는(429 a 28 f., 429 b 30 f.), 마치 텅 빈 칠판과 같다.(430a 1)
18) 플라톤은 존재, 정지, 운동, 같음, 다름을 그런 유(類)들로 다룬다.(Soph. 254 b-e) 이에 대해서 다음을 참고하라. W. Bröcker, "Platos sogenannte Kategorienlehre", in, *Materi-*

플라톤에 의해 계속된 소크라테스의 시도, 즉 특수를 그 특수가 속하는 보편에 분류하는 시도가 더해졌다. 하지만 플라톤에게서 가장 보편적인 유(類)들은 사물들 자체의 원천들(아르케)이라는 의미를 여전히 가지고 있다.(참고, Phileb. 23 c-25 b) 반면에 아리스토텔레스는 가장 보편적인 유(類) 개념들을 존재자 자체의 원리들로 더 이상 파악하지 않았고, 단지 사물들에 대한 진술의 가장 보편적인 형식들, "범주들"로 파악했다.[19] 그러나 언술(言述)들은 위에서 언급된 것과 같이 질료 안에 실현되어 있는 형상이라는 존재의 구조를 가지고 있는 지각 대상들에 관계되어 있다. 따라서 언술에서 최상의 유(類)들은 플라톤에서처럼 더 이상 동등한 권리를 가지고 병립해 있지 않다. 그 유들 중에서 하나, 곧 실체(ousia)가 홀로 자립적으로 존재하는 대상들의 유(類)로서 두드러지게 된다. 반면에 다른 모든 규정들은 단지 "대상"에게 달라붙어 있을 뿐이다. 따라서 그것들은 단지 실체에 "동반되는" 규정들(symbebekóta), 실체의 "우연적 속성들"(Akzidentien)이다. 따라서 여타의 언술 형식들의 토대로 놓여있는 실체를 이처럼 부각시키는 모습에서 다시금 아리스토텔레스의 현실 이해가 구체적인 개별적 사물들에게 방향 맞춰져 있음이 입증된다. 하지만 그것은

---

alien zur Geschichte der Philosophie, 1972, 13 f.

19) 아리스토텔레스는 토피카(Topik 103 b 20 f.)에서 분명하게 "진술의 유(類)들", 범주들에 대해서 말하고 있는데, 열 종류의 범주들을 거론한다: 실체(ti esti), 양, 질, 관계, 장소, 시간, 위치, 상태, 능동, 수동. Kat. 1 b 25 ff.를 참고하라.

또한 왜 아리스토텔레스의 범주론이 플라톤주의 학파의 교육 과
정에 수용되는 것이 주전 1세기 이래로 논쟁거리였는지를 이해하
게 해준다. 아리스토텔레스와 달리 플라톤주의자들은 감각 세계
의 대상들을 가장 낮은 단계의 존재자로 단지 간주했다. 플라톤
주의자들에게는 그것을 넘어서서 위에서 영혼과 관련된 세계, 누
스의 종교가 펼쳐지고, 마침내 일자가 펼쳐진다. 따라서 플로티
노스에 따르면 아리스토텔레스의 범주들의 타당성은 우리의 감
각적 지각 세계의 사실들에 제한된다.

2. 교부신학에서의 아리스토텔레스

고대 후기의 철학자들과 마찬가지로 교부들도 이후 라틴 중세
의 경우와 달리 아리스토텔레스와 플라톤의 차이를 예리하게 알
아차리지 못했다. 아우구스티누스는 『하나님의 도성』에서(De ci-
vitate Dei VIII,12) 아리스토텔레스를 플라톤주의자로 분류했다. 아
리스토텔레스는 플라톤주의자로서 단지 자기 자신의 학파를 설
립했다는 것이다. 보에티우스(Boethius)와 포르피리오스(Porphyrios)
는 중세에 아리스토텔레스의 논리학 저술들을 - 말하자면 그의
범주론과 해석학 글들을 - 전수했으며, 두 사람 모두 플라톤주
의자였지만 플라톤주의의 사상과 아리스토텔레스주의의 사상
사이의 배타적인 대립을 의식하지 못했으며, 오히려 양자를 일치

시키기를 원했다. 인식은 감각적 사물들과 그 지각으로부터 출발한다는 사실을 물론 플라톤도 가르쳤다. 만약 사람들이 상기론(想起論)의 인식심리론과 이데아들의 구별된 실존을 간과했다면, 아리스토텔레스의 사상이 플라톤적 철학의 첫 단계를 특별히 자세하게 상술한 것으로서 이해될 수 있었을 것이다. 말하자면 아리스토텔레스는 플라톤주의 학파의 도입부 자리에 남아 있었다. 이런 의미에서 아리스토텔레스가 신플라톤주의에 수용되었고 해석되었다. 사람들은 아리스토텔레스의 범주론을 수용했다. 하지만 그것은 오로지 감각 세계에 대해서만이었다. 정신적 세계, 특히 신성은 범주들을 넘어 서있다. 이와 같은 것을 이미 알렉산드리아의 클레멘스가(Strom V,11) 중기 플라톤주의의 대표적 철학자들과 함께 한목소리로 주장했다.[20] 하나님은 선(善)이며 최고의 단일성이다. 하지만 동시에 "단일성 자체"를 넘어서 있다.(Paid. I,8,71,1) 여기서 클레멘스는 부정(不定)의 신학으로, 플로티노스가 얼마 후에 했던 것보다 더 멀리 나아갔다. 하나님은 단일성마저도 여전히 더 넘어서 있다는 주장은 기독교 신학에서 중요한 의미를 담고 있다. 요한복음 17:21-23에 따르면 - 클레멘스가 이 본문을 근거로 삼고 있다 - 하나님의 단일성은 아버지에 대한 아들의 공동체성을 내포하고 있으며, 따라서 차이성의 계기를 내

---

20) 이 문제에 대한 플라톤주의 철학자들의 입장에 대해서는 다음을 참고하라. H. Dörrie, 앞의 각주 2에서 인용한 논문 187f; "Der Platoniker Eudoros von Alexandria" 동일한 책 297-309, 특히 300 ff.

포하고 있기 때문이다.

이에 반해서 기독교 신학이 더욱 큰 어려움을 느낀 진술이 있었다. 그것은 플라톤주의 철학이 일자로서의 선에 대해서 주장했던 것과 같이,(Staat 509 b 9) 하나님은 여전히 존재에 대해서 초월적인 것으로 생각되어야 한다는 진술이었다. 출애굽기 3:14의 그리스어 번역본에서는 하나님이 모세에게 "존재자"로서 계시했다고 말해지고 있기 때문이다. 더구나 클레멘스에게 그것이 곧 하나님의 "이름"이었다.(Paid. I,8,71,2) 중기 플라톤주의나 신플라톤주의의 철학자들에게 플라톤적인 "존재자 너머에"(epékeina ousias)라는 것은 결정적으로 중요한 것이었다. 특히 아리스토텔레스 범주들의 적용 가능성의 한계들에 대한 논쟁에서 그러했다. 왜냐하면 존재자(실체 ousia)는 열 개의 범주들 중에서 첫 번째의 것이며 근본적인 것이기 때문이다. 존재자로부터 여타의 모든 것이 출발한다. 선이라는 일자는 여전히 존재의 너머에 있는 것으로 생각되어야 한다는 것이 감각 세계의 인식에 범주들이 한정된다는 주장을 위해서 결정적인 구실을 했다. 하지만 아리스토텔레스의 실체(ousia) 자체가 형상과 질료의 결합으로 규정되어 있기에, 결국 아리스토텔레스의 실체는 물질에 묶여져 있다. 그러나 아리스토텔레스에 따르면 신도 실체의 범주에 포함된다.(Eth. Nik. 1096 a 24) 이런 주장에 대해서 플라톤주의자들은 반대했다. 이때 그들은 물질적인 존재자에 대해 타당한 범주들을 정신적 현실에, 특히 최고의 신에게 적용할 수 없다고 주장했다.

하나님은 비물질적이며, 비물체적이며, 따라서 모든 물질적 존재자들보다 탁월하다고 하는 주장을 당연히 기독교 신학자들도 주장했다. 따라서 오리게네스는 종종 하나님에 대해 다음과 같이 말할 수 있었다. 하나님은 존재이다, 하지만 존재 너머에 계신다, 그것은 마치 하나님이 누스인 것과 같다, 하지만 그는 우리의 이성을 너머 계신다.[21] 그럼에도 불구하고 사람들은 모세에게 드러난 하나님의 자기 계시에서 읽을 수 있었듯이, 하나님이 존재 자체라는 것을 후에 나지안주스의 그레고리우스(Gregor von Nazians)는 다음과 같이 설명했다. 하나님은 시간과 공간에 있는 모든 유한한 사물들과 구분되는 무한한 존재이다.[22] 이런 해석에는 이미, 그레고리우스의 동생인 닛사의 그레고리우스(Gregor von Nyssa)가 주장했다고 하는 주장, 곧 신적인 존재의 고유한 차이성은 신의 무한성에 있다는 주장이 담겨있다.

이에 반해서 인간 영혼에 대한 아리스토텔레스의 견해와 관련해서는 기독교 신학이 그에게 매우 가까운 태도를 취했다. 이미 변증가 아테나고라스(Athenagoras)는 영혼과 육체의 공속성(共屬性)을 기독교 부활 신앙의 방어를 위한 인간론적 기초로 삼았었다. 성서의 창조기사에 따르면 인간은 육체와 영혼으로 창조되었기 때문에 영혼이 그 홀로는 완전한 인간이 아니다. 그리고 단지

---

21) Origenes c. Celsum VI, 64 (ed. P. Koetschau *GCS* Origenes 2, 135,4 f. ~ SC 147,340), 참고, VII,38 (188,11 = SC 150,100).

22) Gregor von Nazians or. 38,7 f. (*MPG* 36,317 ff.), or. 45,3 f. (위의 책 625 ff.).

영혼만의 불멸성으로는 하나님이 창조했던 그 인간의 구원이 될
수 없다.[23] 인간의 육체와 영혼의 통일성에 대한 이런 견해는 철
학적으로 무엇보다도 아리스토텔레스의 견해와 인접해 있다. 아
리스토텔레스는 영혼을 동물적 육체의 "형상"으로 파악하는데,
이 형상은 동물적 육체와 더불어 분리시킬 수 없는 통일성을 형
성한다고 보았다.[24] 이 견해가 상당히 나중에 중세 교회에 의해
서 1312년 비엔나 공의회(DS 902)에 의해서 공식적으로 추인되었
다. 하지만 아리스토텔레스의 영혼론과의 인접성은 이미 2세기
에 이루어졌던 영혼불멸설을 지지하는 기독교의 결정으로 인해
서 불가피하게 제한을 받았다. 물론 그것은 플라톤주의의 불멸
에 대한 이해와는 구분되는, 육체적 개체의 영혼 불멸에 관한 것
이었다. 오로지 능동적 이성만이 불멸하며, 반면에 육체에 묶여
있는 인간의 영혼은 기억, 상상력, 자의식, 지각의식 및 이와 결부
된 사유와 더불어 죽음 속에서 사라진다는 아리스토텔레스의 주
장(De an. III,5)은 이런 기독교적 견해와 통합될 수 없다. 특히 아
프로디시아스의 알렉산더(Alexander von Aphrodisias) 이후로 아리스

---

23) Athenagoras De res. 15 (*SC* 379,272-276). 부활 신앙의 인간론적 기초에 대한 이런 이
해에 대해서는 다음을 보라. I.W. Barnard, "*Athenagoras. A Study in second century
Christian Apologetic*", 1972, 122 ff., 126 ff., Art. "Apologetik" I in TRE 3, 1978, 371 ff.,
특히 386~389.

24) 물론 중기 스토아의 창립자인 로도스의 파나이티오스(Panaithios von Rhodos)도 주전
2세기에 결과적으로는 유사한 인간 이해를 전개했다. 다음을 참고하라. M. Pohlenz, *Die
Stoa. Geschichte einer geistigen Bewegung* 1, 5. Aufl. 1978, 196 f. 인간의 육체성에 대
한 그의 관찰들이 인간의 창조에 관한 니싸의 그레고르의 글에 영향을 미쳤을 가능성에
대해서는 그 책의 2,99 f.를 참고하라.

토텔레스의 활동적 이성은 인간 영혼의 부분이 결코 아니라 영혼 속에 영향을 끼치고 있는 신적인 누스와 동일한 것이 아니냐는 의심을 받았기 때문이다. 영혼이 육체와 비록 결합되어 있기는 하지만 육체 곁에서 따로 독립성을 가진다는 기독교적 견해에 입각해서 400년경 에메사의 네메시우스(Nemesius von Emesa)는 영혼이 육체의 완전태라고 하는 아리스토텔레스주의의 견해에 명백하게 반대하며 싸웠다.[25]

3. 라틴 중세 기독교의 아리스토텔레스 수용과 그 문제점

라틴 중세의 신학자들에게 아리스토텔레스는 13세기 이후로 "철학자" 그 자체였다. 플라톤은 단지 그의 선구자에 불과했다. 르네상스에 와서야 비로소 15세기 이래로 이런 평가의 반전이 일어나기 시작했다. 하지만 플라톤의 우위는 학교 신학에서 17세기까지 관철될 수 없었다.

중세의 아리스토텔레스 수용의 근거들은 이 철학에 대한 기독교 신학의 친화성보다는 오히려 다른 곳에서 찾을 수 있다. (많은 긴장 관계들이 있음에도 불구하고 교부들은 오히려 플라톤주의와 기독교 신학의 친화성을 느끼고 있었다.) 그것은 바로 아리스토텔레스가 시대의

---

25) 이에 대해서는 다음을 보라. E. Gilson - Ph. Böhner, *Christliche Philosophie von ihren Anfängen bis Nikolaus von Cues*, 3. Aufl. 1954, 120 ff., 특히 124 f.

논리학적, 경험론적 지식욕구와 맞아떨어졌다는 데에 있다. 아리스토텔레스의 논리학은 이미 11세기 이후로 학교 교육 과정의 기초에 포함되어 있었다. 물론 범주론과 해석학에 제한되어 있기는 했다. 이를 통해서 12세기 중엽에 아랍어로부터의 번역을 통해서 서방에 알려지게 된 여타의 논리학 글들에 대한 관심이 생겼다. 12세기 후반부에는 또한 아리스토텔레스의 다른 글들도 알려지게 되었는데, 그 중에는 영혼에 관한 글과 형이상학의 일부도 있었다. 1200년경에는 물리학과 여타의 자연철학적 저작들 그리고 『니코마코스 윤리학』의 일부도 알려지게 되었다. 니코마코스 윤리학 작품은 형이상학과 마찬가지로 13세기 초에 가서야 비로소 완전히 알려지게 되었다.

번역의 진행 과정들은 중요했다. 그 과정들은 새로운 텍스트들이 상당히 오랜 시간에 걸쳐서 알려지게 되는 과정을 설명해 주기 때문이다. 그것은 당시까지 전적으로 혹은 계속해서 알려지지 않았던 새로운 지식의 영역들이 알려지게 만드는 것을 의미했다. 그 결과 아리스토텔레스의 텍스트들이 특히 논리학과 자연에 관한 지식에서 즉각적으로 권위를 얻게 되었다. 13세기 초반부에는 학교의 강의에서 그 텍스트들에 대한 해설 작업이 교회로부터 좋게 받아들여지지 않았고 또한 그런 작업이 금지되었기 때문에, 그 텍스트들이 타당성을 얻기 위해서는 이런 상황과 부딪혀야 했다. 알베르트(Albert) 대제 시기에 와서야, 다시 말해서 13세기 중반 이후에야 이 분야에 대한 "철학자"의 권위가 최종적으로 인정되었다. 아리스토텔레스의 형이상학도 특히 알베르트와 토마스 아퀴나스의 해설들을 통해서 표준적인 것으로 승인되었다.

기독교적 아리스토텔레스주의의 형성 기반에는 보편논쟁을 통해서 이미 확보된 인식론적 입지가 놓여 있었다. 신적인 진리를 통해서 인간 정신에 이루어지는 조명의 결과로 인식이 이루어진다고 여겨왔던 아우구스티누스의 설명은 1275년경까지 특히 프란체스코 신학자들에 의해서 확고하게 유지되고 있었다. 하지만 알베르트 대제와 토마스 아퀴나스는 이런 아우구스티누스식의 견해가 아니라, 지각의 상(像)으로부터 개념적인 내용들을 추상화해내는 것을 통해서 우리의 개념 형성이 이루어진다는 아리스토텔레스의 견해를 지지했다. 그러자 여기서 아리스토텔레스 해석의 역사에서 논란이 되어왔던 능동적 지성의 본성에 관한 문제가 불가피하게 불거졌다. 능동적 지성은 그 활동을 - 빛의 활동과 비슷하게 - 통해서 지각의 상들로부터 개념적인 내용들을 추출해낸다고 여겨졌다. 13세기 중엽 직전에 루펠라의 요한네스 (Johannes von Rupella)는 능동적 지성(intellectus agens)을 아프로디시아스의 알렉산더의 의미에서 하나님과 동일시했다.[26] 그 결과 그는 아리스토텔레스의 이론과 아우구스티누스의 조명론을 결합시킬 수 있었다. 이에 반해서 알베르트는 아프로디시아스의 알렉산더의 해석을 거부했다. 그 해석에 따르면 영혼은 육체와 더

---

26) 다음을 참고하라. B. Geyer, *Die patristische und scholastische Philosophie* (= F. Ue-berwegs *Grundriß der Geschichte der Philosophie II*), 13. Aufl. 1956, 385.

불어 죽음 속에서 사라지고 만다는 결론에 도달하기 때문이라는 것이었다.[27] 기독교 신학으로부터 배웠던 개별적 영혼의 불멸성도 알베르트가 아리스토텔레스의 능동적 지성을 인간 영혼의 구성 요소로 설명하게 되었던 본래적인 근거이기도 했다.[28] 이에 대한 반박의 의견을 이미 1270년경에 브라반트의 지거(Siger von Brabant)가 정당하게 제시했다. 이런 견해는 아리스토텔레스의 의견과 일치하지 않는다는 것이다. 아리스토텔레스에 따르면 오히려 지성은 인간 영혼의 부분이 아니기 때문이다.[29] 알베르트와 아퀴나스가 옹호한 견해 그리고 그들이 자신의 글들을 통해 지거의 반대를 방어하면서 지켜낸 견해는 실상 아리스토텔레스의 이론을 기독교적인 모티브 속에서 변형한 것이었다. 그리고 바로 그런 형태로 그것은 철학사에서 가장 위대한 영향력을 발휘했다. 왜냐하면 여기서 처음으로 인간의 지성이 자신의 인식 행위의 능동적, 생산적 주체로 세워졌기 때문이다. 인간 이성을 생산적 주체로 파악하는 이런 개념은 근대에 자명한 것으로 여겨져 있지만, 그것은 실제로 알베르트 대제가 능동적 지성에 관한 아리스

27) Alberus Magnus De anima III tr. 2 c. 4 (*Opera Omnia* VII/1, 1968, 183, 17 f.). 알베르트는 여기서 아베로에스(Averroes)를 근거로 삼아서 자신의 견해를 전개했다. Popter quod abicienda est penitus ista sententia, tanquam error pessimus, ex quo sequitur destructio totius nobilitatis et perpetuitatis animae intellectivae. (ib. 1. 20-23)

28) 그런 식으로 알베르트의 형이상학 해설에서는 말했다. Supponimus enim intellectum agentem partem esse animae et esse formam humanae animae. (Met. 11 tr. 1 c 9, *Opera Omina* XVI/2, 1964, 472, 68-70) 여기서 알베르트는 그 근거로 De anima III에 대한 자신의 설명을 제시했다.

29) 다음을 참고하라. B. Geyer, 위의 책, 453.

토텔레스의 가르침을 기독교적 모티브 속에서 변형한 것에 그 기원을 가지고 있다.

  아리스토텔레스의 철학을 기독교적으로 수용하면서 고민했던 여타의 어려움들 중에서 가장 으뜸은 아리스토텔레스의 (최고의) 신(神)은 단지 세계를 움직이는 자로서만 생각되고 있었지, 세계의 창조자로서 생각되지 않고 있었다는 사실이다. 아리스토텔레스는 영혼이 스스로 움직인다는 것은 그 어떤 경우에도 허용하지 않았기 때문에, 최고의 누스도 움직여지지 않은 채로 남아 있다. 최고의 누스는 순수한 활동성이다. 하지만 그것은 단지 자기 자신에 대한 인식의 의미에서만 그렇다. 최고의 누스는 세계를 움직이게 하는데, 이때 오로지 매력을 통해서, 목적인(目的因)으로서 그렇게 한다. 그런 점에서 우주와 그 형태들의 존재는 이미 항상 전제되어 있다. 이에 반해서 기독교 신학은 하나님을 그의 창조의 활동적 창시자로서, 그의 창조물의 현존에 대한 산출적 원인으로서 생각할 수밖에 없다. 이런 문제가 이미 13세기 초에 파리의 신학자 오베르뉴의 빌헬름(Wilhelm von Auvergne)에 의해서 - 후에 그는 파리의 주교가 되었다 - 아주 명료하게 포착되었다. 아리스토텔레스는 창조자라는 단어를 전혀 모르고 있으며, 존재하지 않는 것을 존재로 불러내는 창조자의 산출적 능력에 대해서 모르고 있다. 따라서 아리스토텔레스는 선재(先在)하는 그 어떤 질서에 매이지 않는 창조자의 자유라는 개념을 가지고 있지

않다는 것이다.[30]

기독교 신학은 누스(Nus)로서의 신(神)에 대한 아리스토텔레스의 가르침으로부터 심리적 신론을 전개시켜 감으로써 이런 문제를 해결했다.[31] 이에 대한 주요 논증은 다음과 같았다. 하나님이 지성을 가지고 있다고 한다면 그는 또한 의지를 가지고 있을 것임에 틀림없다. 의지가 없는 지성은 있을 수 없기 때문이다.[32] 이 의지는 일차적으로 자기 자신에 대한 하나님의 긍정이다. 하나님이 그의 지성을 통해서 자신을 인식하기 때문이다. 그 다음 이차적으로, 그로부터 연역적으로 다른 존재들에 대한 긍정이 일어난다. 하지만 이것은 필연이 아니라 자유로운 결정에 의한 것이다.[33] 신적 의지는 신적 지성에 필연적으로 결부되어 있는 것이라는 이론을 형성함으로써 신학은 마침내 아리스토텔레스의 신(神)개념을 기독교화할 수 있었다. 신학은 아리스토텔레스의 신개념을 확장시켜서, 세계의 창조자로서의 신이라는 생각의 여지를

---

30) Wilhelm von Auvergne De universe I,1,27 in: *Opera Omnia*, Paris 1674, vol. I, 623
   -624a.

31) 고전적인 사례로는 토마스 아퀴나스의 설명(S. theol. I, 14-21)이 거론될 수 있다. 먼저, 하나님이 세계의 제일 원인으로서 인식을 가지고 있으며,(I,14,1) 하나님은 스스로를 인식하고 있다(I,14,3)는 것이 제시된다. 이로부터 하나님은 또한 의지이어야 한다는 귀결을 이끌어내며(I,19,1), 거기에 하나님 안에서의 인식과 의지의 관계가 더 자세히 규명되는 것이 이어진다. 또한 하나님의 의지는 사랑으로서 묘사된다(I,20). 그리고 그 사랑은 정의와 긍휼이라는 속성의 특징을 가지고 있다.(I,21)

32) Thomas von Aquin *S. theol.* I,19,1 c: Voluntas einm intellectum cosequitur. 이에 대한 근거는 모든 사물은 자신의 존재형상과 관계를 가진다는 것이다. Ut quando non habet ipsam, tendat in eam, et quando habet ipsam, quiescat in ea. 따라서 인식의 선물을 받은 존재는 스스로를 인식하듯이 또한 자기 자신에 대한 관계를 필연적으로 가진다: Unde in quolibet habente intellectum est voluntas.

33) *S. theol.* I,19,2-4.

만들었다. 이것은 당연히 아리스토텔레스의 생각에 대한 심각한 변화를 의미했다. 그러나 이뿐 아니라 하나님에게서의 지성과 의지의 구분은 지성과 의지의 공동 활동의 종류에 대한 질문을 유발했을 뿐만 아니라 무엇보다 그 모든 유보 조건들에도 불구하고[34] 하나님에 대한 사유를 인간동형(人間同型)론적으로 특징짓는 결과를 가져왔다.[35] 그것은 이후에 비극적인 결과를 초래할 수밖에 없었다. 왜냐하면 이로써 기독교적 신(神)이해가 다음과 같은 의심에 대해서 취약하게 되었다. 그 진술들은 인간동형론적 투사의 산물들이라는 것이다. 그런 점에서 라틴 스콜라주의의 심리적 신론은 실제로 신에 대한 사상을 무신론적으로 비판하거나 해체시키는 전제를 제공했다. 그리고 그것은 근대에 스피노자로

---

34) 유보 조건들에 대한 표현들은 피조물들로부터 하나님에게로 전이된 표상들에 대한 단순한 유비적 의미에 대한 논의에서 발견되었다.(S. theol. I,13,5 f.) 하나님에 대한 긍정적 진술에서 유비적 술어들에 관한 이런 논의는 아리스토텔레스보다는 플라톤의 전제들에 기인한다. 물론 플라톤의 전제들에 아리스토텔레스의 주장이 연결되어 있다. 아리스토텔레스에 따르면 존재는 상이한 범주들로부터 동일한 의미(univoce)에서가 아니라 "첫 번째" 것과의 관계에서, 다시 말해서 홀로 자립적으로 "존재하는" 실체와의 관계에서 진술된다. 반면에 다른 모든 규정들은 단지 실체 "에" 붙어 있는 어떤 것이다.(Met. 1003 b 5 f., 참고,1028 a 14 f., 2030 21 f., b 2) 이런 형식의 술어가 아리스토텔레스에 의해 아직 유비로 말해지지는 않았다. 유비로 말해지게 된 것은 아베로에스(Averroes)부터였다. 그는 이로부터 존재유비(analogia entis) 이론의 출발점을 형성했으며, 또한 그 이론을 창조의 활동들에 있던 완전성들의 유비적 술어들과 혼합하여 신적인 원인에 적용시켰다. 이에 대한 신플라톤주의적 토대에 대해서는 다음을 보라. H. Lyttkens, The Analogy between God and the World. An Investigation of its Background and Interpretation of its Use by Thomas of Aquino, 1952.

35) 이에 대한 책임이 당연히 아리스토텔레스의 신 개념을 스콜라주의에서 수용하면서 심리적 신론을 형성한 것에만 유일하게 있다고 할 수는 없다. 켄터베리의 안셀름 이후로 삼위일체론적 진술의 신학적 유래가 되고 있는 신학적 인간 영혼 안에서 삼위일체의 심리적 유비의 사용도 - 이것은 아우구스티누스에게로 연원이 올라간다 - 책임이 있다(이에 대해서 다음을 참고하라. W. Pannenberg, Systematische Theologie I , 1988, 309 ff.). 토마스 아퀴나스에게서는 그 두 모티브들이 합류되었다.(참고, S. theol. I,27)

부터 시작해서 피히테와 포이어바흐로 이르는 길에서 드러났다.

아리스토텔레스가 이미 현존하는 세계에 대한 부동(不動)의 동
자(動者)의 역할에 최고의 누스를 제한시킨 것에는 세계의 영원
성에 대한 가정이 함축되어 있다. 더 정확히 말해서 세계의 존재
는 시작도 없고 끝도 없는데, 그것은 질료뿐만 아니라 형상의 존
속과 관련해서도 그러하며, 그 개별적 형태들이 무상하게 사라진
다고 해도 상관이 없다. 여기서 이제 세계 개념의 측면에서도 다
시금 기독교의 창조 신앙과 모순이 일어났다.[36] 아리스토텔레스
물리학의 세계 묘사를 학문적으로 확신했던 기독교 신학자들에
게 그것은 심각한 문제였다. 알베르트 대제는 다음과 같은 방식
으로 이 문제에 대처했다. 그는 한편으로 이미 모세 마이모니데
스(Moses Maimonides)가 이미 발전시켰던 논증에 기반하여 세계가
시작이 없다는 주장에 대한 증거들을 논박하려고 했으며, 하지만
다른 한편으로 세계의 창조와 이에 결부된 세계의 시간적 시작
의 가정을 오로지 계시에 근거하는 순수한 신앙의 진리로 선언
했다.[37] 이와 달리 토마스 아퀴나스는 창조의 사실과 세계의 시
간적 시작의 물음을 구분했다. 신적인 존재 이외의 모든 것들은

---

36) 아리스토텔레스에게서, 그리고 중세의 아랍 아리스토텔레스주의에게서 세계의 영원성
　　에 관한 주제에 대해서는 다음을 참고하라. E. Behler, *Die Ewigkeit der Welt, Problem-*
　　geschichtliche Untersuchungen zu den Kontroversen um Weltanfang und Weltunend-
　　lichkeit in der arabischen und jüdischen Philosophie des Mittelalters, 1965.

37) 가이어(Geyer)는 위의 책에서 로너(A. Rohner, *Das Shöpfungsproblem bei Moses Mai-*
　　monides, Albertus Magnus und Thomas von Aquin, 1913)에 의거하여 알베르트의 심리
　　학 해설(Phys. VIII, tr. 1 c. 13, 14) 부분을 소개한 것을 따랐다. 마이모니데스의 논증에
　　대해서도 역시 다음을 보라. E. Behler 위의 책 262-299.

피조물의 존재의 원인인 하나님에게 의존해 있다는 것이 필연적인 이성의 진리이며, 또한 세계의 피조성도 역시 그렇다.(S. theol. I,44,1) 하지만 세계가 항상 있었다는 것은 순전히 이성적으로 배제될 수 없다.(위의 책 I,46,1) 따라서 세계의 시간적 시작은 엄밀하게 입증될 수 있는 것이 아니라(보나벤투라의 의견과 반대되게), 신앙의 사안이다.(I,46,2 c: sola fide tenetur) 이런 견해에 알베르트도 형이상학에 대한 그의 해설에서 근접해 갔다. 모든 것이 하나님으로부터 원인을 가진다는 것은 세계의 시간적 시작에 대한 문제와 별개이다.[38] 왜냐하면 원인과 작용이 동시적인 경우도 있기 때문이다. 따라서 알베르트도 창조의 주장에는 이미 세계의 시간적인 시작의 주장이 포함되어 있다는 견해를 포기했다.

창조 신앙의 또 다른 귀결은 아리스토텔레스 사상의 변형을 요구했을 뿐만 아니라 프로클로스(Proklos)에게도 관련되었다. 그는 물질적인 우주의 생성은 중간 단계들을 거치면서 이루어졌다고 생각했는데, 그의 이런 생각은 특히 13세기 초에 여전히 아리스토텔레스의 것으로 여겨지고 있었던 『원인론』(Liber de causis)을 통해서 스콜라주의 신학자들과 철학자들의 아리스토텔레스 수용과 결합되었다. 창조주는 자신의 의지를 통해서 직접적으로 각각의 피조물에 관여한다. 하지만 세계와 개별적 사건들에 대한

---

38) Albertus Magnus Met. 11 tr. 2 c. 3: Si enim ponamus mundum aeternum, sicut quidam philosophorum posuerunt, non removetur per hoc, quin habeat causam secundum esse (Opera Ominia XVI/2, 1964, 486, 41-44).

하나님의 작용은 간접적이다. 말하자면 하나님의 작용은 별들의 운동을 통해서 매개된 간접적 작용이다. 하나님과 세계의 관계에 대한 이런 견해의 차이도 역시 오베르뉴의 빌헬름(Wilhelm von Auvergne)에 의해서 이미 인식되었으며, 또한 강조되었다.[39] 피조물에 대한 하나님의 직접성 그리고 역으로 하나님에 대한 피조물의 직접성은 1270년경에 인간 지성의 본성에 관한 문제 외에, 신학이 아랍의 아리스토텔레스주의 및 그 기독교 추종자들과 벌였던 논쟁에서 시대적으로 중요한 두 번째 논쟁점이었다. 세계에 대한 하나님의 모든 창조적 작용이 별들과 그 운행에 의해 매개된다는 생각과 결부되어 있는 결정론은 - 점성술적인 숙명 신앙의 의미에서도 - 하나님의 자유에 대한 강조와 이에 기반한 우주의 자연법칙적 질서로부터 인간의 자유에 대한 강조를 그 반작용으로 촉발시켰다. 초창기 프란체스코 학파, 요한네스 둔스 스코투스(Johannes Duns Scotus) 그리고 나중에는 빌헬름 오컴(Wilhelm Dclcham)에게서 그런 반작용이 일어났다. 그 외에도 다른 방법으로 하나님에 대한 개별자의 직접성이 주제화되었다. 말하자면 신비주의를 통해서, 그리고 14세기 후반부에 토마스 브라트바르디네(Thomas Bradwardine)와 리미니의 그레고리우스(Gregor von Rimini)

---

39) 위의 각주 30)에서 언급한 그의 작품(De universe)의 장(章)에서 이 문제는 세계에 대한 관계에서 파악되는 하나님에 대한 기독교적 견해와 아리스토텔레스의 견해 사이의 근본적인 세가지 차이점 중 세 번째 것으로 언급되고 있다. 이에 대해서는 다음을 보라. W. Pannenberg, "Die Gottesidee des hohen Mittelalters", in: A. Schaefer (Hrsg.), *Der Gottesgedanke im Abendland*, 1964, 21~34, 특히 26, 31 ff.

가 갱신시킨 아우구스티누스주의를 통해서 그러했다. 그 갱신된 아우구스티누스주의와의 관계에서 하나님에 대한 개별자의 신앙적 직접성에 대한 루터의 논의가 찾아질 수 있다.

하나님과 세계의 관계에 대한 아리스토텔레스적 생각의 계속된 변형과 관련해서 아직 언급할 것이 있다. 그것은 역시 창조주의 자유와 밀접히 연관되어 있으며, 거기에 기반한 피조물 각자에 대한 하나님의 직접성과 밀접히 연관되어 있다. 그것은 모든 개별적 사건 및 모든 개별적 피조물에 대한 신적인 섭리이다. 아랍의 아리스토텔레스주의자들은 세계 사건의 개별자들에 대한 하나님의 섭리에 대해서 반대했다. 그런 반대의 입장은 신적 이성의 존재에 대한 아리스토텔레스적 견해에 일치했다. 신적 이성의 인식은 자기 자신에게로 향해 있으며,(Met. 1074 b 34 f.) 오로지 간접적으로 자신으로부터 나오는 매력을 통해서 천체(天體)들을 움직이며 또한 그것을 통해서 우주를 움직인다. 하지만 토마스 아퀴나스는 신적 지성이 자신을 통해 산출된 피조물들의 원인으로서 스스로를 인식하고 있다는 것을 논증했다.[40] 이 원인성은 단지 사물들의 전형(典型)에만 (그 유와 종에만) 미치는 것이 아니라 사물들의 개별적인 특수성들에도 미친다.(S. theol. I,22,2) 피조물 및 그 질서의 실제적인 산출은 당연히 신적 의지의 사안이다. 따라

---

40) S. c. G. I,65. 하나님은 그의 지성을 통해서 사물의 원인이 되기 때문에, 피조물의 질서 모델은 자신의 목적, 다시 말해서 하나님께로 향해야 하며, 하나님의 지성 안에 있어야 한다. 그리고 바로 그것이 섭리라고 아퀴나스는 말한다.(S. theol. I,22, 1)

서 둔스 스코투스는 피조물에 대한 하나님의 선견(先見)은 그의 의지에 대한 인지를 통해서 조건지워지는 것이지 단지 그의 지성으로부터의 결과가 아니라고 가르쳤다.[41] 이 문제의 해명도 역시 기독교 신학을 위한 아리스토텔레스 철학의 변형, 곧 최고의 이성이라는 아리스토텔레스의 신개념에 의지라는 계기를 보완하는 변형에 의존했다는 점이 분명해진다.

4. 근대와 아리스토텔레스

기독교 중세에 대한 아리스토텔레스 사상의 영향이 15세기의 플라톤 르네상스에 의해서 감소되기는 했지만, 17세기에 그 영향은 다시 한 번 정점에 이르게 되었는데 특히 신학에서 그랬다. 아리스토텔레스 철학에 대한 루터의 거부에도 불구하고 17세기에 프로테스탄트 신학도 다시 한 번 아리스토텔레스, 특히 그의 형이상학에 대한 지향성으로 되돌아갔다. 근대 사상에서 아리스토텔레스주의의 영향력이 무너졌던 것은 아리스토텔레스 물리학에 대한 거부와 결부되어 있었던 새로운 자연과학이 출현하고 난 뒤의 일이었다.

아리스토텔레스는 (특히 De caelo III에서) 모든 질적 차이를 양적

---

41) Duns Scotus Lectura Prima I d 39 n. 65 (*Opera Omnia* 17, 1966, 501, 21-25).

차이로 환원시키는 것을 - 이런 환원은 데모크리토스에 의해 요구되었으며, 또한 후기의 플라톤에 의해서도 인정받았던 것으로 보였다 - 거부했다. 그의 물리학은 사물들 간에 (혹은 그 종류 간에) 환원될 수 없는 질적 차이에 대한 물리학이다. 하지만 근대의 자연과학은 이런 사안에서 모든 물체는 원자로 구성되어 있다는 데모크리토스의 이론을 따랐으며, 모든 질적 차이를 양적 차이로 환원시켜야 한다는 그의 견해를 따랐다.

바로 여기에 아리스토텔레스의 범주론과 그 개량에 대한 근대의 비판이 밀접하게 연관되어 있다. 그 비판의 특징은 다른 모든 범주들을 희생시키면서까지 관계 범주의 적용 범위를 계속적으로 확장시키는 것이었으며,[42] 마침내 (칸트와 헤겔에게서) 실체 개념도 관계적으로 구조화되어 있다는 통찰에 도달하게 되었다. 실체 개념도 속성 개념에 연관되어 있으며, 전자도 후자가 없이는 무의미하기 때문이라는 것이다.

질적 규정들을 양적 관계들로 환원시키는 경향성은 일찍이 모든 운동을 위치의 변화로 기하학적으로 해석하고 묘사하는 것에서 표출되었다. 그리고 그것은 고전적인 기술학(技術學)에서 모범적으로 관철되었다. 아리스토텔레스도 플라톤과 달리 모든 운동은 물체에 결부되어 있으며, 따라서 공간에서 발생하는 것으로

---

42) 이런 발전의 시초에 대해서는 다음을 보라. G. Martin, *Wilhelm von Ockham. Untersuchungen zur Ontologie der Ordnungen*, 1949. 또한 앞에 나오는 제 2장의 각주 35에 인용되었던 바이어발테스(W. Beierwaltes)의 설명에서 에리우게나(Eriugena)의 관계 개념을 다루는 내용을 보라.

생각했다. 그러나 그의 운동 개념은 고전적인 기술학보다 복합적이었다. 왜냐하면 아리스토텔레스는 사물들의 변화와 사라짐을 사물들의 고유성, 에이도스의 관점에서 고찰했기 때문이다. 여기에 아리스토텔레스의 가능태(*dynamis*)와 현실태(*energeia*) 개념들이 연관되어 있었다. 그 개념들은 17세기와 18세기의 물리학에서 운동 개념을 위치의 변화로 환원하기 위해서 이와 결부되어 있는 아리스토텔레스의 사(四)원인 도식과 더불어 필요했다. 움직이는 힘들이라는 개념이 아리스토텔레스의 사(四)원인 도식을 대신했다.

사물들의 질적 차이를 양적 차이로 분해하는 것은 아리스토텔레스의 목적론을 거부하는 것을 의미하며, 물체들의 상태와 그 변화들에 연구를 제한하기를 선호하는 방식으로 근대 자연과학에서 사물들의 "본질의 형식"을 수용하는 것을 의미한다. 그럼에도 불구하고 자연적 형태들의 환원 불가능성에 관한 논쟁이 근본적으로 오늘날에 이르기까지 계속되고 있다. 생명 형식들에서의 전체(부분들의 조건으로서)에 대한 강조와 심리학의 게슈탈트 지각에 대한 강조는 다음과 같은 점들을 보여주고 있다. 전체는 그 부분들로 분석될 수 있다. 하지만 그럼에도 불구하고 전체는 그 부분들의 단순한 합보다 항상 "크다."

하지만 언급된 차이점들에도 불구하고 다음과 같은 점을 잊어서는 안 된다. 근대는 경험론적 태도에서 아리스토텔레스적 사고방식에 ― 비록 주로 유명론적 관점이기는 하지만 ― 머물러 있었다는 것이다. 그것은 무엇보다도 공간 안에 있는 물체들과 그것들과 결부되어 있는 현상들의 우선성이 현실 이해에서 관철된다는 것을 뜻한다. 그러나 아리스토텔레스의 인식론과 심리학을 넘어서 주체 개념이 형성되었다. 그것은 인간 영혼의 부분으로서의 능동적 지성(intellectus agens)이 중세의 기독교적 아리스토텔레스주의에 의해서 기독교적으로 변형되었던 것에서 (위의 설명을 보라) 이미 시사적으로 드러났으며, 중세 후기에 아리스토텔레스적 경험주의가 유명론적으로 전환되는 것에서도 예비적으로 드러났다. 이를 통해서 아리스토텔레스의 범주 개념이 변화를 겪었다. 이미 언급된 것처럼 개별적 범주들에 대한 이해와 범주들의 체계에서 범주들의 서열에 대한 이해의 변화들을 넘어서서, 범주들이 이제 주체가 수행하는 기능들이 되었다. 칸트는 이런 의미에서 범주들을 오성의 기능들로 다룰 수 있었다. 하지만 아리스토텔레스의 논리학과 더불어 범주 개념은 현 세기의 철학에 이르기까지[43] 가장 강력하게 모범적으로 발견되는 아리스토텔레스 사상의 업적들 중의 하나이다.

이와 달리 아리스토텔레스의 실체 개념은 여전히 비판의 대상이 되었다. 칸트와 헤겔에게서 그 개념이 유지되었지만, (우연적 속성에 대한 상관자로서) 관계의 개념 아래로 종속되었다. 이로써 실체 개념은 형이상학의 토대 개념으로서의 위상을 상실했다. 신(新)칸

---

43) 이에 대한 예로 니콜라이 하르트만의 철학을 들 수 있다. 그는 범주 개념의 존재론적 해석을 옹호했다. 특히 다음 책을 보라. Nicholai Hartmann, *Der Aufbau der realen Welt. Grundriß der allgemeinen Kategorienlehre*, 2. Aufl. 1949.

트주의자 에른스트 카시러(Ernst Cassirer)는, 근대 자연과학에서 실체 개념들이 기능 개념들에 의해 해체되었다고 주장했다.[44] 알프레드 노스 화이트헤드에 의해 형성된 과정철학은 마침내 실체 개념을 새로운 형이상학적 토대 개념인 사건(event) 개념으로 대체하려고 추구했다. 그러나 이 모든 것에 있어서 주목되어야 할 것이 있다. 아리스토텔레스에게서 실체 개념은 그 자신이 형이상학에서(Met 1017 b 24) 언급했듯이 이중적으로 지칭되고 있다는 것이다.[45] 실체는 한편으로 규정된 어떤 것, 다른 것으로부터 구별되는 어떤 것(tóde ti)이며, 다른 한편으로 모든 다른 것이 출발하는 근원이 되는 어떤 것이다. 두 번째의 기능에서 실체 개념은 진술의 형식(범주)으로서 타당성을 가진다. 하지만 그것이 우연적 규정들의 변화에서 지속적으로 기저에 놓여 있는 것으로서 존재론적 척도가 될 수는 없다. 실체 개념의 이런 측면을 - 이것이 아리스토텔레스 범주론의 특징이기는 하지만 - 존재론적으로 해석하는 것은 정당하게 비판받았다.[46] 반면에 다른 것으로부터 구별되는 어떤 것(tode ti)이라는 의미에서의 실체 사상은 여전히 타당성을 가진다. 왜냐하면 모든 인식은 규정된 어떤 것을 다른 것으

---

44) E. Cassirer, *Substanzbegriff und Funktionsbegriff. Untersuchungen über die Grundfragen der Erkenntniskritik*, 1910.

45) 이에 대해서는 위의 117ff에서 설명한 것을 보라.

46) 시간에서의 변화를 넘어서 사물들과 자연적 형태들이 가지는 자기동일성에 대한 주제는 당연히 남아있다. 이에 대한 자세한 설명은 다음의 책에서 보라. W. Pannenberg, *Metaphysik und Gottesgedanke*, 1988, 64 f., 76 ff.

로부터 항상 구별하며, 그런 구별에서 객관적인 실재성이 보장되기 때문이다.

4장 스토아 철학에 대한 기독교 사상의 관계

1. 스토아 학파 체계의 출발점과 근간[1]

스토아 학파는 - 스토아는 아테네에 폴리그노토스(Polygnot)의 벽화들로 장식된 "다채로운 현관"(stoa poikile)의 이름을 딴 것이며, 그곳에서 스토아주의자들의 강연이 이루어졌었다 - 4세기 말경에 사이프러스 섬 키톤의 제논(Zenon)이라고 하는 페니키아인 출신의 젊은 남자에 의해 설립되었다. 제논이 자신의 학파를 세우는데 결정적인 역할을 한 것은 에피쿠르스가 아테네로 이주해 온 것(307/06)과 삶의 기술에 관한 그의 가르침이었을 것으로 보인다. 에피쿠르스는 쾌락의 획득을 인간 삶의 목적으로 선언했으며, 세계는 우연적인 일이 일어나는 장으로 보았다. 이런 두 생각에 대해 제논이 반기를 들고 나섰다. 그는 에피쿠르스가 인간은 로고스를 통해서 비로소 인간이 된다는 사실을 전적으로 간과하고 있다고 생각했기 때문이다. 이때 제논의 가르침은 인간 및 인간적인 삶의 영위라는 주제에 집중했다. 이리하여 윤리학의 주제가 스토아의 초기에 철학의 출발점이 되었다. 인간은 삶의 영위를 위한 발판을 - 에피쿠르스의 자연주의와 반대되게 - 우주를 지배하면서 그 통일성을 떠받치고 있는 로고스의 기능에서 찾아야 한다고 여겼다. 이런 의미에서 스토아는 "자연에 따르는

---

1) 이와 관련하여 더 자세한 것은 다음을 보라. M. Pohlenz, *Die Sota. Geschichte einer geistigen Bewegung.* 2 Bde. (1948), 5. Aufl. 1978, 특히 I, 400-461.

삶"(kata tèn physin zèn)을 삶의 이상으로 소개했다. 이 안에 표현되어 있는 윤리학과 물리학의 밀접한 만남은 체계, 곧 사상의 체계적인 결합이 스토아 철학에서 핵심적인 사안임을 시사하고 있다. 그렇기 때문에 스토아주의자들에 대한 반대자들은 그들에게 교조주의라는 비난을 퍼부었다. 이런 비난에는 에피쿠르스나 그의 제자들뿐만 아니라 플라톤주의자들도 가세했다. 플라톤주의자들이 초기 스토아 학파가 형성되는 국면 동안에는 소크라테스-플라톤적 사상의 비판적, 회의적 요소를 전면에 내세우고 있었기 때문이다.

로고스 사상과 그 완성은 스토아 철학의 중심이었다. 이때 스토아 철학은 의식적으로 에베소의 헤라클레이토스(Heraklit von Ephesos)를 따랐다. 헤라클레이토스는 이미 6세기에 로고스를 "만물의 관리자"라고 칭했었다.(fg. 72, 참고, 50, 2) 이때 생각되었던 것은 대립적인 현상들이 상호교차적으로 제한되고, 대립자들이 번갈아 바뀌고, "활과 현악기의 관계처럼 상호추구적 통일"을 이루는 것이었다.(fg. 51) 로고스는 이런 대립들을 결속시키면서 세계 질서의 기초가 된다. "이런 세계 질서, 모든 존재에 대해 동일한 세계 질서는 신들 중의 한 신이 창조했던 것도, 인간이 창조한 했던 것도 아니다. 그것은 항상 영원히 살아있는 불이었으며, 지금도 그렇고, 또한 앞으로도 그럴 것이다. 척도에 따라서 타오르기 시작하며, 척도에 따라서 꺼질 것이다."[2] (fg. 30) 우주의 이런 이성적 질서가 인간에 의해서 지각되는 것도 스토아 철학자들은 헤라클레이토스를 따라서 로고스 덕분으로 돌렸다. 5세기 이래 아티카 사상가들에게서, 말하자면 아낙사고라스 이래로 - 파르메니데스의 영향도 받는 가운데 - 누스 개념이 전면으로 부각되었다. 특별히 플라톤과 아리스토텔레스의 경우에도 그러했다. 그런데 이제 이런 생각이 로고스 개념에 의해 밀려났다. 이것은 무엇을 의미했을까?

누스가 참으로 현실적인 것, 항상 있는 것에 대한 직관적인 파악으로 분류되는 반면에, 로고스(legein, '모으다'라는 단어에서 파생)라는 단어는 "상이하게 지각된 대상들, 표상들, 인상들을 '모으고' 결합하고 '합산하여,' 이런 방식으로 전체에 대한 조망과 이해를 얻으려는"[3] 정신적인 활동을 가리킨다. 이로써 스토아 철학이 중점적으로 추구했던 것이 드러난다. 전체의 (우주의) 연관성을 파악하는 것이 스토아 철학의 목표였으며, 그래서 거기서 자기 자신의 현존재를 위한 기반을 확보하려고 했다. 초기 헬레니즘의 정치적 혼란과 폴리스 해체의 시대에 개인들은 자기 스스로에게 내던져지는 현존재의 상황에 처해 있었다. 개별자로 흩어진

---

2) 이에 대해 다음을 보라. U. Hölscher, *Anfängliches Fragen. Studien zur frühen griechischen Philosophie*, 1968, 130-172. 단지 호기심의 차원에서 푹스가 헤라클레이토스의 로고스에 대해서 쓴 것은 볼만하다. E. Fuchs in *RGG* IV, 3. Aufl. 1960. 푹스는 헤라클레이토스에 대해서 이르기를, 그는 로고스를 "그때 그때 격언처럼 짧게 내뱉는" 사상가라고 말한다.(437)

3) M. Pohlenz 위의 책 I,34.

현존재의 삶의 영위를 위한 지지 기반을 이제 인간은 우주의 질
서에서 확보했다. 따라서 스토아 철학자에게 체계는 매우 중요한
것이었다.

이런 기본적인 사상이 스토아 철학의 모든 부분들, 논리학, 심
리학, 철학에 관통해 있다.[4] 이 각각의 세 가지 관점에서도 스토
아 철학자에게 중요한 것은 로고스가 제공하는 전체의 통일성과
연관성이다.

그래서 (1) 스토아 인식론(논리학)에서 인식이 그 스스로 홀로있
을 때에는 불확실한 것으로 간주된다. 현자(賢者)는 자신이 만나
는 사람들의 의견들에 대해서 뿐만 아니라, 따로따로 조각난 지
각에 대해서도 동의(synkatáthesis)를 표하기를 보류한다. 여타의
모든 것과의 연관성에 대해 확신을 가진 이후에 비로소 스토아
철학자는 지각된 사실에 대한 현실적인 파악(katálepsis)에 대해 말
한다. 따라서 영혼에서 지배하고 있는 로고스를 통해서 비로소
인식의 연관성과 함께 개별적인 것과 관련하여 번복할 수 없는
확신이 생긴다.

그런 식으로 연관적이며 체계적인 인식의 확신은 스토아 철학
자에게서 (2) 다음과 같은 근거에 입각해 있다. 우주 자체가 하나
의 체계(systema) 인데, 그 체계는 개별적인 것을 연관성들 안으로
정돈해줌으로써 인간의 영혼에 지식을 생산해낸 바로 그 동일한

---

4) 이에 대해서 다음을 또한 보라. U. Wilckens, z . Kor 1 u. 2, 1959, 225-270.

로고스에 의해 지배된다. 우리 안에 있는 로고스가 하는 일은 사물들의 본성에 이미 먼저 주어져 있던 것, 다시 말해 모든 존재자의 폐쇄된 연관성을 단지 재구성하여 이해하는 일이다. 이런 연관성의 폐쇄성은 스토아 철학의 운명(heimarmene)론에 의해 뒷받침된다. 운명론은 모든 개별자가 우주의 틀 안에 자신에게 지정된 자리를 차지하게 된다고 주장한다. 이런 공통의 본성(koine physis)에 각각의 개별적 존재자가 응하며, 인간도 자신의 특별한 본성 속에서 응한다. 인간은 그가 나누어 받아 가지고 있는 로고스를 통해서 "자신의 본성에 따라서 세계의 존재를 재구성하는 존재이며, 결국 그 안에서 세계의 존재가 그 자체로서 형태를 갖추게 된다."[5] 이로써 스토아 물리학으로부터 (3) 윤리학으로 넘어가게 된다.

스토아 윤리학의 기본 명제는 (크리시포스의 표현에 따르면) 인간은 "자연에 따라 살아야 한다"(homologouménos tè physei zèn)는 것이다.[6] 이를 통해서 인간 삶의 영위는 우주의 질서에 응하며, 인간 자신의 현존재를 주관하면서 그의 삶을 통일시키는 로고스에 응한다. 인간은 다양한 인상들이나 사물들을 통해서 현혹되거나 즉각 이곳, 저곳으로 끌려 다녀서는 안 된다. 인간은 로고스를 통해서 확고하고 꿋꿋해져야 한다. 따라서 그는 감정적 흥분

---

5) U.Wilckens 위의 책 240.
6) U.Wilckens 위의 책 242.

을 억제해야 한다. 이런 일은 덕을 통해서 가능하며, 그리고 바로 거기에 덕의 본질이 놓여 있다. 이런 식으로 윤리적 과제는 정확하게 인식론 및 물리학에 상응한다. 이는 윤리적 과제가 모든 개별적인 것들이 로고스에 의해서 연관성 안으로 이끌리는 것을 통해서 삶의 내적인 통일성과 자기동일성을 성취하는 것을 목표로 삼고 있기 때문이다.

2. 기독교 신학과 스토아 철학[7]

플라톤주의와 달리 스토아주의에 대해서는 기독교가 우선 묵과할 수 없을 정도로 근본적인 대립의 관계를 가졌다. 그 대립은 성서의 하나님이 세계에 대해서 초월성을 가진다는 점에서 생겼다. 이와 달리 스토아 철학자들은 신적인 것은 우주 안에 완전히 내재해 있다고 주장했다. 신성의 전형(典型)은 우주를 주관하는 로고스, 프뉴마, 우주의 영혼이다. 세계 안에 거주하면서 세계를 정돈하고 있는 이런 신성이 질료적으로는 세계를 생동하게 만들며 또한 세계를 주기적으로 집어삼키는 불 자체에서 나타난다. 교부들 중에서 오직 터툴리아누스만이, 하나님이 만약 현실적이라고 한다면 또한 육체이어야 한다는 논증의 압도적인 힘에 저

―――――――――
7) 여기서 다시 한 번 폴렌쯔의 설명이 참조된다. M. Pohlenz 위의 책 I, 400~461.

항하지 않았다. 나머지 초기 기독교 신학자들은 물체 세계에 대해서 자립적이고 순수하게 정신적인 이데아의 세계를 주장하는 플라톤의 이론에 힘입어서 하나님의 초월성과 비육체성을 고수할 수 있었다.

인간론에서도 기독교 신학은 스토아 철학과 근본적인 대립의 관계에 있었다. 스토아 철학이 영혼 불멸을 반대했기 때문이다. 그것은 스토아 유물론의 귀결이었다. 유물론의 관점에서는 이 세계 안에서의 현재적인 현존 너머에 있는 삶에 대한 생각이 허용될 수 없기 때문이다. 알렉산드리아의 클레멘스와 같은 몇 기독교 신학자들은 물론 사물들의 회귀(불로 인한 세계의 파괴 이후)에 관한 스토아의 주장에는 기독교적 희망의 대상인 죽은 자의 부활에 관한 암시적인 지식이 표현되어 있다고 보았다. 하지만 그런 기독교적 해석은 일회적 반복이라는 의미에서의 회귀에 대한 사상을 지지해야 했다. 반면에 스토아의 세계 이해는 우주적 순환에 방향이 맞춰져 있는데, 이는 항상 새로운 반복들에서 일어나는 만물의 회귀를 시사하고 있다. 이런 순환사상은 죽은 자의 부활에서 삶이 일회에 걸쳐서 되돌아오는 것을 기대하는 기독교적 희망과 합치될 수 없다는 사실을 처음으로 밝혔던 사람은 아우구스티누스였다.

하나님에 대한 이해와 인간론에서 보이는 이런 근본적인 대립들에도 불구하고 기독교 신학자들은 수많은 기독교 교리의 개별적 구성들에서 스토아 철학의 사상들을 자신의 것으로 만들어서 수용했다.

(1) 여기서 제일 먼저 로고스 개념이 거론될 수 있다. 이미 알렉산드리아의 필로(Philo von Alexandrien)에게서 로고스 개념이 선재(先在)하는 신적 지혜에 대한 성서적 사상에 대한 철학적 등가물로 수용되었다. 하지만 이때 스토아의 로고스 이해와 달리 이 개념이 플라톤-아리스토텔레스의 누스와 유사하게 세계 초월적 실체로 생각되었다. 게다가 로고스는 창조자 하나님과는 구분되었다. 하지만 창조자 하나님의 말씀으로서 로고스도 세계에 현재적으로 존재한다.

기독교 교리의 전개에서 인간 영혼에서 일어나는 로고스의 작용 관점에서의 구분이 특히 중요했다. 그것은 한편으로는 영혼의 내면에 남아있는 로고스 혹은 생각(logos endiáthetos) 그리고 다른 한편으로는 언어의 "말"로 표현되어 영혼으로부터 밖으로 나온 로고스(logos prophorikós) 사이의 구분이었다. 인간 영혼에 고유한 로고스의 이 두 가지 형식들에 대한 스토아주의의 구분은 2세기에 기독교적 삼위일체론으로 나아가는 길의 첫 걸음을 가능하게 만들었다. 다시 말해 그것은 한편으로는 아버지와 영원한 일치 속에 있는 신적인 로고스의 현존재, 그리고 다른 한편으로는 성육신(成肉身)을 통한 신적인 로고스의 발출 사이의 구분을 가능하게 했다. 이때 로고스의 발출은 그리스도의 출현이라는 일회적 사건에 한정될 필요가 없다. 하지만 이것은 "씨앗들"의 형태로 창조 안에 일어난 로고스 작용 중에서 정점으로 파악될 수 있었다. 그 "씨앗들"은 그 나름대로 성육신 사건에서 "전체적"로 고스가 "완전히" 발출되는 것을 인류가 준비하도록 하는 기능을 했다.

(2) 기독교 신학이 스토아 철학의 이론들과 접촉했던 두 번째 주제는 인간이 창조될 때 하나님이 인간에게 불어넣어서 살게 만들었던 프뉴마(영(靈), 창 2:7)에 대한 생각을 통해서 주어졌다.[8] 하지만 기독교 신학에서는 하나님의 영이 성서의 견해에 따라서 피조물인 인간에게 초월적인 존재로 이해되었기 때문에 프뉴마에 대한 스토아의 이해와 다르게 이해되었다. 더구나 인간이 영을 나누어 받게 되는 것을 기독교 교리에 따르면 구속과 예수 그리스도에 대한 믿음을 통한 "선물"이다. 따라서 기독교 신학은 2세기 말 이후에 선택된 자의 자연적 본성에 기반한 영적인 능력의 수여를 주장하는 영지주의를 거부하는 흐름에 들어서면서, 영의 수여(授與)를 구원의 질서에 제한하고 또한 창조 시에 수여된 생명의 숨과 하나님의 영 자체를 구분하는 경향성을 추구했다.[9] 이로써 신적인 프뉴마에 인간이 참여하는 것에 대한 스토아 철학의 견해와의 차별성이 - 신(神)에 대한 영혼의 자연적 친족성에 관한 플라톤적 견해를 거부한 것과 유사하게 - 더욱 분명해졌다.

---

8) 이에 대해서는 다음을 참고하라. W. Pannenberg, *Systematische Theologie* 2, 1991, 213 ff.

9) 더 자세한 내용은 위의 책 217 f.를 보라. 또한 그곳에 인용된 다음의 책도 참고하라. W.-D. Hauschild, *Gottes Geist und der Mensch. Studien zur frühchristlichen Pneumatologie*, 1972, 18 ff., 특히 28 ff.

스토아주의의 프뉴마 이해와의 접촉은 하나님에 대한 이해에서도 시사되었다. 왜냐하면 요한복음 4:24에는 "하나님은 영이다"고 말해지고 있으며, 영이 바람의 본성과 친족적 관계를 가지고 있다는 견해(요 3:8)는 구약성서의 영 이해가 고대 그리스 및 스토아의 프뉴마 이해와 공통적으로 가지고 있기 때문이다. 실제로 테르툴리아누스는 영을 스토아적 의미의 프뉴마, 즉 매우 미세하고, 모든 것을 관통하는 물질이라는 의미의 프뉴마로 해석했다.(adv. Praxean 7) 하지만 오리게네스가 물질들의 분할가능성과 조합가능성의 귀결을 제시하면서 이런 견해를 조소했던 논쟁이 있은 후, 기독교 신학에서 하나님의 영은 전적으로 플라톤-아리스토텔레스적 의미에서, 다시 말해 신은 비물질적 누스로 이해되어야 한다는 의미에서 생각되었다.[10] 이 견해는 스토아의 프뉴마 이해보다 성서적 영 이해로부터 더 멀리 떨어져 있었다. 그리고 이 견해는 신 이해에서 인간동형론적 경향성의 전개를 위한 시작점이 되었다. 신인동형론적 경향성은 하나님에게서 지성과 의지의 관계에 대한 라틴 스콜라주의의 심리주의적 선택을 통해서 절정의 단계에 도달하게 되었다. 스토아의 프뉴마론은 우주에 대한 경배와 결합되고 하나님의 초월성을 간과하면서 영으로서의 하나님에 대한 성서적 견해와 대립적 관계에 있었다. 또한 여기에는 신성을 포함한 모든 실재의 물질성에 대한 사상에

---

10) 이에 대해서는 각주 8에 인용된 작품(1988)의 1권, 402 ff, 그리고 M. Pohlenz I, 409 f.를 보라.

표현되어 있는 스토아적 유물론이 관련되어 있었다. 근대 물리학의 장(場) 개념이 등장한 후에 비로소 스토아 프뉴마 이해의 유물론적 기조가 제거되면서, 신학에서도 영에 대한 성서의 진술들에 더욱 적합한 해석이 가능해지게 되었다. 한편으로는 플라톤의 누스론이, 다른 한편으로는 성서적 하나님 이해에 여러 모로 인접해 있는 스토아의 영 이해가 제공될 수 있었다. 물론 이때 무한한 장(場)이라는 개념이 모든 유한한 현상들보다 - 이 유한한 현상들 안에서 무한한 장이 행사하는 힘의 영향력들이 표출된다 - 선행하는 것으로 생각될 수 있다는 전제가 받아들여져야 할 것이다.[11]

(3) 기독교적 견해와 스토아적 견해가 접촉했던 또 다른 주제는 세계의 운행을 주관하는 신적인 섭리에 관한 이론이었다. 이 이론은 제논(Zenon)과 크리십(Chrysipp)에 의해 형성되었는데, 그들은 에피쿠로스가 행복한 신들은 인간들의 용건에 마음을 쓰지 않는다고 주장하는 견해에 반대했다.[12] 그리고 이때 사람들은 에피쿠로스를 반대하면서 플라톤의 착안들에 의존할 수 있었다. 플라톤은 『법률』 제10권에서 아테네로부터 온 손님의 말을 통해서 다음과 같이 설명했다. 신들은 자신들의 소유, 다시 말해 "온 하늘과 더불어 죽음을 맞이하게 될 모든 피조물"(Nomoi 902 b 8 f.)

---

11) 이에 대한 저 자세한 내용은 다음을 보라. W. Pannenberg, *Systematische Theologie* 2, 1991, 99ff.
12) 초기 스토아, 특히 제논과 크리십의 섭리론에 대해서는 M. Pohlenz 위의 책 I, 98 ff.를 보라.

에 마음을 두고 그것들을 돌보는데,(899 d 4-905) 매우 특별히 "만물 중에서도 가장 미천하고 작은 것",(902 a 1 f.) 특별히 인간들을 돌본다.(905 d 2) 플라톤은 이를 위해서 아직 섭리(pronoia)라는 표현이 아니라 돌봄(epiméleia)이라는 표현을 사용했다.(903 e 3) 섭리(pornoia)라는 표현은 크세노폰의 『소크라테스 회상록』(IV,3,12)에서 발견되며, 이 개념이 우주 사건의 목적지향적 질서와 결합되는 것은 크세노폰에게서 시작된 것으로 보인다. 그는 이때 만물은 인간을 위해서 창조되었다는 주장을 펼쳤다. 이처럼 제논과 크리십으로부터 물려받아 체계적으로 완성한 인간중심주의, 곧 인간을 목표로 삼아 관여하는 신적인 섭리의 인간중심주의는 막스 폴렌쯔에 따르면 "그리스 정신으로부터 원초적으로 멀리 떨어져" 있는데,[13] 이는 놀랍게도 구약성서의 창조 신앙을 상기시킨다.(시 8:6f) 따라서 폴렌쯔는 제논이 "이런 형태의" 섭리 신앙을 아마도 그의 페니키아 고향으로부터 가져왔을 것이라고 추측했다.[14]

스토아의 섭리 사상이 기독교 신학자들에 의해서 자신들의 것으로 받아들여질 수 있었다는 것은 - 물론 이제는 성서의 초(超)세계적인 하나님과 연관되지만 - 놀라운 일이 아니다. 스토아의 섭리 사상은 무엇보다도 성서에 이미 증언되어 있는 하나님의 세

---

13) M. Pohlenz, 위의 책 I, 99.
14) M. Pohlenz, 위의 책 I, 100.

계 통치에 대한 표현으로 받아들여졌다. 물론 섭리라는 개념이 신약 성서에서 아직 세계에 대한 하나님의 관계에 사용되고 있지는 않지만, 이미 클레멘스전서(24:5)에서 그 개념이 나온다. 그리고 2세기의 변증론에서 그 개념은 안디옥의 테오필루스(Theophilus von Antiochen)에 의해서 하나님 인식을 위한 근본적인 의미를 부여받았다.[15] 클레멘스와 오리게네스의 알렉산드리아 신학에서 섭리 사상은 기독교 교리의 체계적 서술에서 표준적인 중요성을 확보했다. 말하자면 섭리 사상은 구원사 이해를 위한 기본개념으로 받아들여졌다.[16] 클레멘스에 따르면 신적인 섭리에 대한 신앙 없이는 구원자에게서 실현된 하나님의 구원 계획에 대한 교회의 가르침이 한낱 우화로 보일 수밖에 없을 것이다.[17]

섭리론의 체계적인 형성은 이미 초기 스토아주의에서도 특히 숙명적으로 작용하는 필연성에 대한 생각(운명론 heimarmene)과 결합되면서 신정론(神正論)의 문제를 야기했다.[18] 신정론 문제는 에피쿠르스 학파의 비판자들과 플라톤-회의주의적 비판자들이 스

---

15) 하나님은 창조의 작품들로부터 인식된다는 바울의 주장(롬 1:20)이 테오필루스(ad Autol. I,5)에 의해서 신적인 섭리로 확장되었다. 또한 다음을 참고하라. Irenäus adv. Haer. III,25,1; Klemens Alex. Strom. V,1,6,2.

16) 이와 관련하여 오리게네스의 신학에 대한 인상적인 서술을 하고 있는 다음의 글을 보라. H. Koch, *Pronoia und Paideusis. Studien über Origenes und sein Verhältnis zum Platonismus*, 1932.

17) Klemens *Alex. Strom* I,11,52. 이때 클레멘스는 신적인 섭리가 "개별적 사건에 이르기까지" 펼쳐진다고 강조했다.(I,11,52,3) 다른 곳에서도 이르기를 철학도 신적인 섭리를 가르치기는 하지만 올바른 방식으로, 다시 말해서 예수 그리스도에게서 성취된 신적인 구원의 계획과 연관하여 가르치고 있지는 않다고 말한다.(VI,15,123,2; 참고, V,1,6,2)

18) M. Pohlenz, 위의 책 I,100 f. 운명론에 대해서는 101 ff.를 보라.

토아 철학자들에게 제기했던 문제였다. 그것은 만약 선한 신이 모든 개별적인 영역에서까지 세계의 운행을 지배한다면, 수많은 악의 현존이 이와 어떻게 합치될 수 있겠는가 하는 문제였다. 중기 스토아주의의 설립자인 로도스의 파나이티오스(Panaitios von Rhodos)는 이런 비판, 특히 카르네아데스(Karneades)가 인상적으로 제기한 비판에 대해서 인간 의지의 자립성을 강조함으로써 반응했다. 인간 의지가 도덕적 악에 대해 책임이 있다는 것이다.[19] 곧 이어 이런 문제들은 여러 다른 사람들 중에서도 키케로에 의해서, 그리고 알렉산드리아의 필로에 의해서 다뤄졌다.[20] 이런 입장을 기독교-알렉산드리아 신학은 수용했다. 그 신학은 숙명 신앙을 거부하고, 또한 악의 원인인 인간 의지의 자유가 도덕적 악과 그 결과들에 책임있다고 여겼기 때문이다.[21] 기독교 신학은 그런 논증에서 세계에 대한 하나님의 초월성에 대한 믿음으로 인해서, 세계에 부여되어 있지만 세계를 주관하는 로고스와 동일한 운명의 숙명적 능력을 상정하고 있는 스토아 철학보다 더 좋은 전제들을 제공했다.

---

19) 이에 대해서는 다음을 보라. M. Pohlenz, 위의 책 I, 197 f.

20) Cicero De fato 9-11. 이에 대해 다음을 참고하라. A. Weische, *Cicero und die Neue Akademie*, 1961, I, 1 48 f. 필로는 이 주제와 관련해서 직접 글(De providential)을 썼다. 이 글에서 그는 섭리론에 대한 이의(異議)들 및 그에 대한 재반박들을 다루었다.

21) Klemens *Alex. Strom* I, 17, 82-86, 특히 83, 5. 이 주제가 계속해서 오리게네스에게서, 닛사의 그레고리우스에게서, 그리고 아우구스티누스에게서 어떻게 전개되었는지에 대해서는 W. Pannenberg, *Systematische Theologie* 2, 1991, 192 ff.를 보라. 같은 책 196 ff.에는 라이프니쯔 이후 신정론 문제에 관한 근대의 논의에 대한 조망을 얻을 수 있다. 이 주제에 대한 하나의 표준적인 신학적 접근은 종말론에 가서야 제공될 수 있다.(W. Pannenberg, *Systematische Theologie* 3, 1993, 679 ff.)

(4) 스토아 인식론도 기독교 신학에 흔적을 남겼다. 특별히 신앙과 신앙적 확신의 관계에서 그랬다. 알렉산드리아의 클레멘스는 그리스인들이 신앙을 근거가 없고 야만적인 것이라고 여기기 때문에 신앙에 대해 제대로 말할 줄 모른다고 비난했다. 그렇지만 그는 신앙의 개념을 스토아 철학의 동의(synkatáthesis)에 대한 가르침에 근거하여 "자유로운 결정에 의해 수락하는 것(prolepsis), 하나님에 대한 경외를 동의하고 승인하는 것(synkatáthesis)"으로 규정하면서, 바실리데스(Basilides)가 신앙을 하나님의 선택에 근거한 자연적 사건이라는 의미에서 실체(히 11:1)라고 해석했던 것과 대립되는 입장을 취했다.[22] 이로써 클레멘스는 기독교 신학에서 나중에 표준으로 되었고, 이미 바울의 로마서 10:9에 연계되어 왔던 신앙에 대한 이해, 곧 신앙을 동의(assensus)로 파악하는 것의 기초를 놓았다.[23] 이때 그는 동일한 문장에서 신앙을 수락(prolepsis)으로, 미래적 구원의 선취적 수락으로 - 이것은 히 11:1에 의하면 바라는 것에 대한 낙관적인 신뢰와 결부되어 있다 - 규정했다. 하나님의 약속에 근거를 둔 이런 희망 안에서 신적인 로고스 자체가 우리의 스승이며, 클레멘스에 따르면 바로 거기에

---

22) Klemens Alex. Strom. II,2,8,4. 히 11:1에 연계한 바실리데스의 신앙에 대한 정의에 대해서 클레멘스(II,3,10,1 ff., 11,1)는 언급한다. 또한 다른 곳(Strom. V,1,3,2)에서도 클레멘스는 바실리데스가 신앙을 존재에 대한 규정으로 파악하면서 "자유 의지를 선물로 받은 영혼의 이성적 동의(synkatáthesis)로 파악하지 않았던" 것에 반대했다. 또한 다음을 참고하라. M. Pohlenz, 위의 책 I, 419.

23) 이에 대해서 다음을 보라. W. Pannenberg, *Systematische Theologie* 3, 1993, 163 ff.

신앙의 확신이 기인한다.[24] 클레멘스에게서 의지적 수락이 강조됨으로써 신앙의 동의는 자발적인 색체를 확보하는데, 이는 스토아의 동의에 대한 입장과 구별되는 것이었다. 스토아주의에서 동의의 확신은 개별적인 지각들과 판단들이 전체 경험에 편입되는 것에 의거하기 때문이다.[25] 하지만 신앙의 확신에 대한 기독교 교리의 역사에서, 존 헨리 뉴먼(John Henny Newman)이 확신의 성장에는 개별적 판단이 경험의 연관성 안으로 편입되는 것이 중요하다고 주장한 것은 확실히 스토아주의의 인식론에 실제적으로 근접해 있다.[26]

(5) 기독교 신학에 대해서 특별히 중요했던 것은 스토아 인식론의 한 세부적 질문이었다. 그것은 자연적 신인식에 관한 논의 혹은 파나이티오스(Panaitios)가 2세기에 국가 제의(祭儀)의 정치신학으로부터 구분했던 자연신학에 관한 논의였다. 자연신학이라는 개념은 무엇보다도 아우구스티누스에 의해 기독교 교리와 결합되었다.[27] 아우구스티누스가 이때 아직은 인간에게 자연적 본

---

24) Klemens Alex. Strom, II,2,9,4. 클레멘스의 신앙에 대한 이해에서 사용되고 있는 수락 (prolepsis)의 개념에 대해서는 다음을 참고하라. L. Kugelmann, *Antizipation. Eine begriffsgeschichtliche Untersuchung*, 1986, 121 ff. 에피쿠르스와 스토아의 예견(Antizipation) 개념에 대해서는 같은 책 110 f.를 참고하라.

25) M.Pohlenz, 위의 책 I,419 f.

26) J.H. Newman, *An Essay in Aid of a Grammar of Assent*,(1870), Neudruck 1973, 202, 221 ff. 이와 관련하여 다음을 참고하라. W. Pannenberg, *Systematische Theologie 3*, 1993, 189 ff.

27) 이에 대한 자세한 내용은 W. Pannenberg, *Systematische Theologie 1*, 1988, 87 ff.를, 특히 아우구스티누스에 대해서는 92 f.를 보라.

성으로 주어져 있는 - 경험을 통해서든, 경험 이전이든 간에 창조를 통해서 영혼에 심겨져 있기 때문에 - 신인식을 지칭하지는 않았다. 후대에 형성된 이러한 자연적 신인식에 대한 가교 역할을 했던 것은 모든 인간에게 공통된 기본 개념들(koinai ennoiai)에 관한 스토아의 이론이었다. 이것을 키케로는 본유(本有) 개념들로 해석했다.[28] 이 공통된 기본 개념들에는 도덕적 삶의 영위의 기본 개념들 외에 신적 존재의 실존에 관한 지식 그리고 신적 존재에 대한 숭배의 의무에 관한 지식도 포함되었다.

공통적 기본 개념들, 한 로고스의 작용을 통해서 모든 인간에게 비슷하게 형성된 기본 개념들에 관한 이론은 스토아의 자연법 이론의 기초이다. 스토아 철학에서는 자연법을 전체 인류에게 널리 퍼져 있는, 근본적인 법의 원리들에 대한 지식의 총체로 간주했다. 스토아주의의 제안들에서 출발하여 자연법 이론은 로마의 법률가들에 의해서, 특히 철학적으로는 키케로에 의해서 발전되었다.[29] 기독교 사상에 미친 자연법의 영향은, 이방인들도 "본성에 따라서 율법이 요구하는 것을 행하며,"(롬 2:14) 따라서 그들에게 율법의 요구가 가슴에 새겨져 있다(롬 2:15)는 것을 스스로 보여주고 있다는 바울의 말을 통해 중요성을 얻게 되었다. 특히 구

---

28) 다음을 참고하라. Cicero De nat. deorum 2,12, 1,44; De fin 5,59. 모든 인간에게 공통된 기본 개념들(koinai ennoiai)에 관한 이론의 시초에 대해서는 M. Pohlenz, 위의 책 I,56을 보라. 키케로에서 보이는 것처럼 그것을 "본유관념"의 의미로 해석한 것은 폴렌쯔에 따르면 플라톤적으로 재해석한 것으로 평가될 수 있다.(M. Pohlenz, 위의 책 I,355; II, 173)

29) M. Pohlenz, 위의 책 I,263 f. 스토아적 기초에 대해서는 133-135를 참고하라.

약 성서의 율법의 권위가 자연법적 핵심 요소로 축소되는 것을 통해서 그러했다. 이런 의미에서 이미 이레네우스가 율법의 "자연 계명"에 대해서 말했다. 자연 계명들은 예수가 해석하고 성취했던 것으로서, 예수의 오심을 통해서 폐기되었던 구약의 제사법이나 소송법과 다르다.[30] 자연법은 기독교 신학에서 로마 법률가들의 경우와 마찬가지로 사회적 공동생활 규칙의 기초로 이해되었다. 모든 사람들이 가지고 있던, 원천적으로 평등한 자유가 소유의 불평등과 국가적 법질서의 불평등을 내포하고 있는 사회적 상황을 통해서 사라지게 되었는데, 이것은 죄의 타락이 낳은 결과라고 이해되었다. 이런 식으로 기독교적 변형이 가해진 자연법 이해는 에른스트 트룈치에 따르면 "교회의 고유한 문화적 교리"이다.[31]

(6) 양심에 대한 스토아의 해석은 자연법과 밀접하게 연관되어 있다. 양심은 자신의 행동에 대한 내적인 증인의 일종으로 삶의 영위에 동반되는 공동적 앎이라는 것을 스토아 철학이 처음으로 발견했던 것은 물론 아니다. 이 발견은 아마도 그리스 비극 작가들에게로 소급된다. 하지만 중기 스토아가 원초적 경고 혹은 고발하는 양심의 소리를, 모든 경험에 선행하여 도덕적 태도의 기본 규칙들에 대해 의식하는 것으로 고양시켰다.[32] 그리고

---

30) Irenäus adv. Haer. IV,13,1, 4, 또한 16,1.

31) E. Troeltsch, *Die Soziallehren der christlichen Kirchen und Gruppen*, 1912, 173.

32) 그리스인들에게서 양심 개념의 발전에 대해서 W. Pannenberg, *Anthropologie in theolo-*

이런 의미에서 기독교 신학자들이 양심에 관한 신약 성서의 진술들, 롬 2:15; 13:5, 고후 4:2, 딤전 1:5,19; 3:9 등을 해석했다. 이때 양심의 소리는 스토아의 공통된 기본 개념들(koinai ennoiai)이라는 의미에서 모든 인간에게 공통된 윤리적 규범에 대한 의식의 표현으로 이해되었다. 그리고 이런 견해가 근대까지 견고하게 유지되었으며, 양심적 판단의 역사적 상대성의 문제는 오랫동안 의식되지 못했다.

(7) 기독교 신학이 스토아의 철학적 입장과 밀접하게 접촉했던 마지막 영역으로 윤리학이 거론되어야 한다. 모든 인간에게 있는 도덕적 기본 개념들에 대한 지식의 전제 위에 로도스의 파나이티오스(Panaitios von Rhodos)가 주전 2세기에 의무론적 윤리학을 제시했다. 그것에 입각하여 키케로는 케사르가 사망하던 해(주전 44년)에 『의무론』(De officiis)이라는 책을 썼다. 하지만 그는 의무 개념을 이미 몇 년 전에 대화록 『최고 선악론』(De finibus bonorum et malorum)에서 논했다. 이 두 글은 기독교 신학에서 윤리학을 체계적으로 다루던 초기에 특히 기독교 서방세계에서 중요했다. 밀라노의 암브로시우스가 윤리학을 처음으로 자립적으로 다루었던 것은 키케로와 밀접하게 관련되어 있었다. 스토아주의자들과 키케로는 의무(kathékonta) 개념에 매우 포괄적인 범위를 부여했다.

---

gischer Perspektive, 1983, 286 ff.를 보고, 양심 현상의 스토아적 해석에 대해서는 같은 책 288 f.를 보라. 또한 그곳에 이어서 나오는 현대의 토론 상황에 대한 자세한 설명도 참고하라.

거기에는 인간에게 자연적 본성에 따라서 "귀속되는" 모든 행동들이 포함되었는데, 따라서 이미 자기 보존, 번식, 자녀에 대한 부모의 사랑 등이 포함되었다. 이성에 합당한 행동들(kathorthóma-ta)은 의무들의 전체 범위에서 다소 좁은 영역이었다. 말하자면 이성을 통해서 감정적 흥분을 지배하는 것에 속하는 행동 방식들의 영역이 - 전통적인 덕 개념들로 파악되었던 것 - 여기에 해당한다. 암브로시우스는 이제 의무 개념의 범위를 이와 같이 좁은 의미에서의 도덕적 의무들로 좁혔다. 그는 키케로에게서 이를 위한 결정적인 개념인 명예(honestum)라는 개념을 미래의 삶에서 행복에 도달하기 위한 조건으로 만들었다. 이로써 암브로시우스는 의무 개념에 전적으로 스토아주의적이지 않은 변화를 이끌어 냈다.[33]

이처럼 기독교 신학은 많은 세부적 사안에서 물론 다소간의 변형들이 있기는 해도 스토아주의의 견해를 따랐다. 물론 스토아의 세계 숭배나 스토아의 신(神) 이해에 담긴 내재주의(內在主義)는 기독교 정신에 이질적인 것이었다. 전체적 이해에서 나타나는 깊은 대립에도 불구하고 개별적인 사안에서 스토아주의의 통찰들을 기독교가 수용한 규모는 더욱 주목할 만하다. 하지만 라틴의 학문적 저자들을 통해서 중세에도 보존되어 있던 스토아 사상에 대한 지식은, 기독교로부터 문화적 의식이 단절될 때에 새로운

---

33) Ambrosius De officiis ministrorum I,9,28 (*MPL* 16,32).

방식으로 영향을 미칠 수 있었다. 그것은 근대 초기에 일어났다.

3. 근대의 탈(脫)기독교화에 미친 스토아의 영향

르네상스와 인문주의는 스토아의 자연 개념에 새로운 관심을
가졌다. 특히 인간의 자연적 본성과 우주의 자연적 본성이 상호
부합한다는 스토아의 견해 때문이었다. 스토아의 윤리 그리고
'자연을 따르라'는 스토아의 구호는 고전적인 저술가들을 통해
서 - 그들은 스토아주의자들(세네카처럼)이거나 스토아 이론들에
대해서 보도했던 자들(키케로처럼)이었다 - 인문주의자들에게 선
호되었다. 이때 아직 기독교로부터의 분리가 의도되었던 것은 아
니다. 오히려 기독교적 모티브들과 고대의 - 그 중에서도 스토아
주의의 - 모티브들을 새롭게 융합시키려고 했다.[34]

종교개혁가들 중에는 특히 쯔빙글리와 칼뱅이 그들의 섭리론
에서 스토아 사상의 영향을 받았다.[35] 하지만 루터도 라우렌티
우스 발라(Laurentius Valla)가 예정론과 스토아의 결정론을 결부시
켜 놓았던 것에 친밀한 입장을 취했다. 반면에 멜란히톤은 몇 년

---

34) 이에 대한 전체적 조망은 다음을 보라. W. Dilthey, "Auffassung und Analyse des Men-
schen im 15. und 16. Jahrhundert" (1891) in: *Gesammelte Schriften II*, 1914, 1-89, 특히
23 ff., 34 (마키아벨리), 36 ff. (몽테뉴).

35) 섭리에 대한 쯔빙글리의 스토아적 모티브들은 W. Dilthey, "Das natürliche System der
Geisteswissenschaften im 17. Jahrhundert" in: *Gesammelte Schriften* II, 90-245, 특히
155 ff.에서 다뤄졌다. 칼뱅에 대해서는 동일한 논문의 229 ff.를 보라. 또한 다음을 참고
라. M. Pohlenz, *Die Stoa* II, 1949, 228 (zu I, 467 f.).

후 의지의 자유를 옹호했던 키케로의 입장에 서서, 그런 스토아주의적 논의들에 대해서 반대했다.[36]

비록 멜란히톤이 키케로와 더불어 스토아주의의 운명론을 반대하고 또 신학에 대한 그 영향을 반대했지만, 그도 키케로의 중재를 통해서 스토아의 다른 이론들은 수용했다. 특히 이성의 "자연적 빛"에 관한 이론이 그런 경우였다. 그 "자연적 빛"은 모든 인간에 퍼져 있고, 태어나면서부터 가지고 있는 관념들에서 - 무엇보다도 윤리의 영역에서 - 표출된다.[37] 이를 통해 딜타이의 판단에 따르면 자연신학과 자연도덕에 대한 이론이 "이후 18세기에 영국의 이신론자(理神論者)들과 독일의 합리론자들이 주장해왔던" 모습으로 발돋움할 수 있는 준비가 멜란히톤에게서 마련된 셈이다.[38] 이를 위해서는 원죄론이 배후로 물러서게 해야 했다. 그렇게 해야 인간들의 공통된 자연적 본성에 대한 호소가 인간들의 현재적인 공동의 삶을 위한 근간으로 당당히 요구될 수 있게 될 것이다.

17세기에 자연법 사상과 결부되어 있는 자연적 신인식과 도덕성의 적합성에 대한 확신은, 교파 간에 싸움거리가 되었던 기독교의 교리들로부터 근대적 사유가 자립하게 되는 출발점이 되었으며, 사회의 평화를 혼란에 빠뜨리는 교파의 대립들과 무관

---

36) 앞에 나오는 서론, 각주 21을 보라.
37) 이에 대해서는 W. Dilthey, 위의 책 174 ff.를 보라.
38) W. Dilthey 위의 책 186.

하게 사회를 새롭게 구축하는 기초가 되었다. 이러 과정의 핵심적 인물은 챠베리의 허버트(Herbert von Cherbury, 1583-1648)였다. 그는 『진리론』(De veritate, 1624)에서 인간들에게 보편적으로 퍼져 있는(키케로에 따르면 "타고난") 만민의 일치(consensus gentium)라는 의미에서 모든 민족에게서 나타나는 기본 개념들에 대한 스토아주의의 견해로부터 다섯 가지 종교적 근본 진리들에 관한 이론을 발전시켰다. 그 다섯 가지는 하나님의 실재성, 하나님 숭배의 의무, 하나님 숭배의 핵심으로서 덕과 경건성을 결합시키는 것, 사후의 심판을 통한 하나님의 보복이다. 허버트가 이 다섯 가지 종교의 기본 진리들을 참된 보편적인 교회의 토대로 선언했는데, 이로써 그는 나중에 출현하는 이신론과 합리론의 선구자가 되었다. 이런 식으로 스토아주의적 모티브의 도움으로 윤리가, 그러나 또한 종교도 그 근본에 있어서 일종의 역사적인 하나님의 계시에 대한 의존에서 벗어나서, 자연적 이성의 자율성에 그 토대를 세우게 되었다.

챠베리의 허버트는 또한 - 그보다 앞서서 이미 몽테뉴의 경우와 유사하게 - 자기 보존과 자기 전개라는 자연적 본능에 대한 스토아주의의 견해도 끌어들였다. 그런 견해는 무엇보다도 키케로(De fin. III,16 ff.)에 의해서 시대의 교양의식으로 받아들여졌다. 17세기 말경에 자기 보존의 사상은 스피노자의 윤리학을 통해서 모든 유한한 사물들에 대해서도 타당성을 가질 수 있는 형이상학적 근본 원리로 일반화되었다. 모든 각 사물은 자신의 존재를 고수하고자 최대한 추구한다.[39] 이로써 스피노자는 몇 세기 전부터 점점 강조되어 오던 이 사상을 최종적이고 포괄적인 형태로 정형화시켰다. 이미 토마스 홉스(1588~1679)의 인간론이 자기 보존 추구의 원리를 모든 인간적 행동에 대한 척도로 간주했다.(Leviathan I,14) 그리고 그는 그것을 또한 사회계약설의 토대로 삼았다. 즉, 개인들은 자기 생명의 유지를 위해 자기 삶에 대한 자유로운 처분을 포기하면서, 사회적 평화를 통해서 또한 각자의 자기 생존을 보장하는 정치적 지배 질서에 복종한다는 것이다. 기독교 중세의 자연법 이론들과 달리 이제부터는 모든 인간의 원초적 평등과 자유에 대한 (스토아주의의) 관념들이 다시금 관심의 중심으로 떠올랐다. 자연 상태의 평등한 자유는 죄의 타락을 통해서 숙명적으로 상실되어버린 것이 아니라, 개인들이 자신의 삶의 유지를 위해서 스스로 국가의 폭력에 양도한 것이다. 그리고 그 대신에 사회 상태의 틀 안에서 이 국가의 폭력이 보장하는 시민적 자유를 얻게 된다는 것이다. 근대의 사회이론과 윤리학이 종교적 전제들로부터 자립함에 있어서 자기 보존 원리의 도입이 가지는 포괄적인 의미는 아무리 강조되어도 모자랄 바가 없다.[40] 인간 실존의 자율성과 자기 충족성에 대한 근대적 입장

---

39) B. de Spinoza *Ethica* III prop. VI: *Unaquaeque res, quantum in se est, in suo esse perseverare contur*. 또한 이 책의 5장 각주 12를 참고하라.

40) 이와 관련하여 자립화의 관점을 물론 일방적으로 과도하게 강조하는 다음의 입장을 참고하라. H. Blumenberg, "Selbsterhaltung und Beharrung. Zur Konstitution der neuzeitlichen Rationalität", in: H. Ebeling (Hg.),*Subjektivität und Selbsterhaltung. Beiträge zur Diagnose der Moderne*, 1976, 144-207.

은 – 단순한 이성적 자율성을 넘어서고 있는데 – 바로 여기서 시작되었다.

근대에서 신학과 철학의 관계가 어떻게 전개되는지를 다루기 전에, 기독교에서 발원하여 나중에 이차적으로 철학적 반성의 주제가 되었던 일련의 주제들을 먼저 고찰하는 것이 필요하다. 이런 주제들에 대한 고려는 기독교 신학의 전통에 대한 근대 철학의 관계를 정확하게 판단하기 위해서 꼭 필요하다.

5장 철학의 주제 형성에 대한 기독교의 기여

기독교 신학은 철학적 사상들을 수용했다. 하지만 기독교도 역시 자신의 입장에서 철학적 의식에 변화를 일으켰다. 그것은 기독교 신앙이 현실에 대한 새로운 이해를 열어줌으로써 일어난 일이었다. 세계의 현실, 세계의 신적 기원의 현실과 더불어 인간의 현실에 대한 새로운 이해도 열렸다. 인간과 세계에 대한 새로운 이해의 특정 관점들은 기독교 신학뿐만 아니라 철학적 반성의 주제들이 되었다. 물론 이때 사람들은 그 주제들의 기독교적 기원을 항상 의식하고 있었던 것은 아니었다. 그 주제들은 보편적인 경험 의식의 단순한 구성요소가 되었다. 이런 주제들에 속하는 것으로는 세계와 그 부분들의 우연성, 인간의 개별성에 관한 일련의 관점들, 특히 인간의 인격적 존재에 대한 관심이 거론될 수 있다. 또 더 나아가서 불가역적이며 미래를 향해 개방된 과정으로서의 역사의 발견, 세계의 신적 기원의 존재 규정으로서의 무한성에 대한 긍정적인 평가가 있으며, 마지막으로 기독교의 성육신 신앙 자체뿐만 아니라 이 신앙이 특별히 인간 자유의 이해와 사랑 및 화해 개념들에 미친 일련의 영향들이 있다. 이런 모든 경우에 해당 주제들이 기독교와의 관계에서 단적으로 완전히 비매개적으로 새롭게 인간의 의식에 출현했던 것은 아니다. 그것은 이미 기독교 이전의 뿌리들로 소급되는 용어의 선행 역사에서 밝혀졌다. 하지만 이 주제들의 각각은 기독교의 정신을 통해서 자신의 결정적인 특징을 얻게 되었다.

1. 세계 및 모든 유한한 존재자의 우연성[1]

고대 그리스에서는 세계의 현존이 대개 시간적으로 무제한적인 것으로 간주되었다. 물론 사람들이 제우스를 신들 가운데 새로운 질서를 수립하고 세계를 세운 자로 여기기도 했다.(Hesiod Theogonie 73 f.) 하지만 헤라클레이토스에 의하면 우주는 이미 항상 존재했었고 또한 항상 존재할 것이다. "이런 세계 질서, 만물에게 동일한 이 세계 질서는 신들 중의 누군가 만들었던 것도 아니고 사람들이 만들었던 것도 아니다. 그것은 존재했고, 존재하며, 존재할 것이다. 영원히 살아있는 불, 그것은 질서에 따라 빛날 것이며, 질서에 따라 꺼질 것이다."(fg. 30) 이런 생각은 후에 헤라클레이토스의 뒤를 이어서 형성된 스토아주의의 이론, 곧 불이 세계를 그 시간적 경과 속에서 질서 있게 정돈하는 로고스이며, 주기적으로 일어나는 세계의 화재 후에 그때마다 우주가 새롭게 된다는 이론에서 표현되었다. 하지만 아리스토텔레스도 역시 우주는 비록 공간 안에 제한되어 있기는 하지만 이미 항상 존재한

---

1) 이 주제와 관련된 현재적 논의 상황에 대해서는 다음을 보라. W. H. Müller, *Die Wiederkehr des Zufalls. Kontingenz und Naturerfahrung bei Naturwissenschaftlern, Philosophen und Theologen*, 1977; W. Pannenberg, "Kontingenz und Naturgesetz", in: W. Pannenberg, A.M. Klaus Müller (Hrsg.), *Erwägungen zu einer Theologie der Natur*, 1970, 33-80. 우연성 개념에 대한 이런 상론들이 저자의 새로운 논문에서 심화되었다. W. Pannenberg, "Die Kontingenz der geschöpflichen Wirkllichkeit", *ThLZ* 119, 1994, 1049-1058."

178 신학과 철학 I

다고 여겼다. 플라톤만이 『티마이오스』에서 우주의 시작에 대해서 생각했다. 질료의 관점에서는 아니지만, 우주로서 지칭된 질서로 그 질료들이 형태를 띠게 되는 것의 관점에서 그는 우주의 시작에 관해 생각했다. 하지만 그것은 신화적 언어로 하는 사유였다. 그리고 이 물음에 관한 중기 플라톤 학파의 토론에서, 이때 다뤄지는 것은 비본래적이고 상상적인 언어방식이라는 의견이 정당하게 받아들여졌다.[2]

성서에 근거를 두고 있는 창조 신앙은 여기서 현실 이해의 근간에 대변혁을 가져왔다. 이런 대변혁의 전체적 규모가 어느 정도인지가 기독교 사상에서도 즉시 인지되지 않았다. 그 결과는 말하자면 세계가 그 전체로서, 그리고 그 모든 개별적 사건을 포함해서 창조주의 의지에 의존하고 있다는 것뿐만 아니라 각각의 개별 사건은 – 사건 발생의 질서에서 다른 사건들과 가지는 모든 연관성들에도 불구하고 – 일회적이라는 것이다. 아우구스티누스가 이런 점을 포착했다. 그는 창조의 일회성을 구원의 일회성과 함께 생각했기 때문이다. 세계의 시간적 시작에는 세계의 시간적 끝의 가능성뿐만 아니라 시작에서 끝에 이르는 일회적이고 불가역적인 길에서 이루어지는 모든 시간적 사건들의 일회성이 상응한다. 단 한 번에 그리스도는 죽었고, 그의 부활을 통해서 그는 죽음을 최종적으로 극복했다. 따라서 우리도 우리의 부활

---

2) 위의 제2장 각주 63를 보라.

후에 항상 주님 곁에 있을 것이며 다시는 이 죽을 생명으로 되돌아가지 않을 것이다.(De civ. Dei XII,13)

만물이 창조주의 전능성에 의존한다는 것이 이후의 기독교 신학에서 우연성(Kontingenz) 개념에 의해서 묘사되었다. 이를 위해서는 물론 아리스토텔레스에게 연원을 두고 있는 이 개념을 새롭게 각인할 필요가 있었다. 그 일은 라틴 중세의 신학에서, 그리고 무엇보다 13세기 말에 둔스 스코투스에게서 결정적으로 일어났다. 이런 변화의 폭을 가늠하기 위해서는 먼저 이 주제에 대한 아리스토텔레스의 설명들에 주목하는 것이 필요하다.

아리스토텔레스의 논리학 문헌들을 라틴어로 번역할 때 우연적(contingens)이라는 라틴어 단어는 가능적(endechómenon)이라는 그리스어 표현에 해당한다. 그 그리스어 단어는 수용하다, 가정하다 등과 같이 많은 의미를 가지고 있는 가능하다(endéchesthai)라는 동사의 분사형이다.[3] 여기서 다뤄지는 것은 한 사물 혹은 한 사태의 개념에 본질적으로 속하지 않지만, 한 사물 혹은 한 사태에 의해 "수용"될 수도 있고 안 될 수도 있는 규정성들이다. 따라서 이를 통해서 한 사물 혹은 한 사태의 자기동일성이 변화되지 않는다. 가능적(endechómenon)이라는 개념은, 따라서 우연적(symbebekós)이라는 개념에 가까이 있다. 하지만 아리스토텔레스

---

3) 다음을 참고하라. A. Becker-Freyseng, *Die Vorgeschichte des philosophischen Terminus „contingens"*, 1938; D. Frede, *Aristoteles und die "Seeschlacht". Das Problem der Contingentia Futura in De Interpretatione 9*, 1970.

는 그의 형이상학에서 항상 어떤 사실에 속하는 것에 반대되는 표현으로서 전자의 표현이 아니라 후자의 표현을 선택했다.[4] 그럼에도 불구하고 아리스토텔레스는 형이상학에서 가능적(ende-chómenon)이라는 개념과 우연성 개념 사이의 연관성을 구축했다. 말하자면 그는 형상에 대립되는 질료라는 것은 이런 혹은 저런 규정성을 "수용할" 수 있는 그 어떤 것(endechoméne)이며, 이로써 우연적인 것의 원인이 되는 그 어떤 것이다.(Met 327 a 13-15)

해석학에 관한 아리스토텔레스의 작은 글에서는 상황이 역전되어 있다. 여기서는 우연적(symbebekós)이라는 표현이 중심적 용어가 아니다.[5] 오히려 이 글에서는 가능적이라는 개념이 " ~ 일 수 있는"(endéchesthai einai) 어떤 것과 결합되며,(Herm 13,22 a 15) 그것도 먼저 필연적인 것과 대립을 이룬다.[6] 그렇다면 나중에 "우연적"이라고 불렸던 것은 가능적인 것과 동일할까? 이 물음에 답하기 위해서는 아리스토텔레스에게서는 현실적인 것이 가능적인 것보다 우위에 있기 때문에 어떤 실존하는 것에 대해서만 항상 근본적으로 가능성이 말해진다는 것을 기억해야 한다.(Met 1047 a 21 f.) 그러나 실존하고 있지만 또한 존재하지 않을 수도 있는 가능적인 것은 실제로 우연적인 것과 동일하다. 이에 반해서 우연

---

4) Arist. Met. 1025 a 14-34. 단락 마지막에는(1025 a 34) 그러나 endéchesthai라는 단어도 보다 일반적인 의미에서 출현한다.

5) Herm. 21 a 5-34.

6) Herm. 22 a 27; Anal. pr. 13, 32 a 18 ff; ib. 3, 25 a 37 ff.

적인 것은 단적으로 추상적으로 가능적인 것으로부터 구분된다. 존재하지 않을 수도 있지만 사실적으로 존재하는 것의 실존의 사실성을 통해서 그 구분이 이루어진다. 하지만 아리스토텔레스가 이런 구분을 실행하지 않았기 때문에 그에게는 우연성과 가능성의 개념이 겹쳐지게 받아들여졌다고 말할 수 있다.

기독교 중세는 아리스토텔레스가 우연적인 것을 질료의 개념에 그리고 그 가능적 존재에 귀속시킨 것을 넘어섰다. 그것은 의지의 자유라는 주제와의 연결을 통해서 가능했다. 의지가 대립적인 것을 선택함에 있어서 자유롭다면, 의지의 선택의 실제적인 결과는 우연적이다. 따라서 토마스 아퀴나스가 아리스토텔레스의 해석학에 대한 그의 주석에서 선택의 행위에서 생기는 것을 우연적인 것의 한 종류로 거명했다.[7] 하지만 그가 선택의 행위 그 자체를 우연적이라고 말하지 않았다. 따라서 그는 하나님의 의지가 우연적인 것과 필연적인 것 사이의 차이 그 너머에 있다고 생각했다.[8]

우연성 개념에 대한 신학적 재평가에 결정적인 진보를 이루었던 것은 둔스 스코투스였다. 그는 우연적으로 실존하는 것의 원인에 대해 물었다. 이에 대한 그의 대답은 오직 자유롭게 행동하는 원인들만이 우연적인 것을 산출할 수 있다는 것이었다. 왜냐

---

7) Thoma von Aquin In libros Peri Hermeneias Expositio, ed. Leon. I (1882), 190-192, lect. 13, 8-9.

8) Thomas von Aquin, 위의 책 lect. 14,22.

하면 자신의 본성의 필연성에서 작용하는 모든 것은 또한 필연적으로 자신의 결과를 산출한다. 그리고 그 결과는 실제적으로 또한 존재하지 않을 수 없다. 따라서 둔스 스코투스는 이렇게 주장했다. 우연적인 것이 존재한다는 사실은, 모든 사물의 첫 번째 원인이 자신의 본성의 필연성에 의해서 작용했던 것이 아니라 우연적으로 작용했고, 그것도 자유로운 원인으로서, 자신의 의지를 통해서 그렇게 했다는 것을 이미 입증하고 있다. 말하자면 첫 번째 원인이 자신의 본성의 필연성에 의해서 모든 것을 산출해내었다고 한다면, 세계에는 결코 우연적인 것이라고는 있을 수 없을 것이다.[9] 그러므로 아리스토텔레스에게서와 달리 사물들의 가능성은 하나님의 자유로운 결정에 근거하고 있는 사물들의 현존재보다 선행한다. 세계가 실제적으로 그렇게 되기 전에 세계가 그렇게 존재하는 것이 가능했다.[10]

우연성 개념에 대한 재평가는 다음과 같이 드러난다. 우연적으로 주어진 것은 이제 더 이상 질료의 비규정성에 근거해 있지 않고, 오히려 세계와 그 모든 부분들의 창조적 근거인 신적 의지의 자유에 근거해 있다는 것이다. 둔스 스코투스는 이 문제에 있어서 아리스토텔레스와 전적으로 대립적 관계에 있다는 것을 의식

---

9) Duns Scotus *Ordinatio* I d 2 p. 1, ed. Vat. II n. 79 (p. 176): Item, aliquid causatur contingenter; ergo prima causa contingenter causat, ergo volens causat.

10) 세계의 존재와 세계의 개념이 상호 모순되지 않는다: et sic fuit haec vera antequam mundus esset „mundus potest esse" (Lect. Prima d39, 위의 책 XVII, n. 49, p. 494).

했다.[11] 참되게 존재하는 것은 이제 더 이상 필연성이 아니라 자유라는 특징을 띤다. 그리고 하나님의 창조적 자유는 자연적 필연성의 강제성으로부터 벗어나는 인간의 자유의 근거와 조건이다. 인간들도 – 물론 단지 제한적이기는 하지만 – 우연적으로 행동할 수 있으며, 자기 의지의 창조적 자유를 통해서 우연적 작용들을 산출할 수 있다. 따라서 우연성 개념이 이제는 가능성 개념으로부터 분명하게 구분된다. 선택되는 것의 논리적 가능성은 의지의 선택의 전제이다. 그리고 의지의 결정은 그에 비하면 우연적이다. 왜냐하면 선택의 가능성들에 대한 앎으로부터 의지의 결정이 연역될 수 없기 때문이다. 자유를 통해 산출되는 것도 역시 우연적이다. 그렇게 산출된 것은 사실적으로 실존한다. 따라서 사실적인 것은 우연적이다. 그것은 또한 다르게도 될 수 있었을 것이고 혹은 존재하지 않을 수도 있었을 것이기 때문이다. 그러나 그것은 모든 피조물적인 현존재에만 해당한다. 따라서 모든 피조물적인 현실성은 우연적이며, 그 현존재는 하나님의 창조적 의지의 덕분이다.

모든 피조물적 현실성의 우연성에 대한 이런 사상이 근대 초기까지는 자명한 것으로 받아들여졌다. 하지만 이 사상이 17세기 이후 인간의 의식에서는 자연법칙을 통한 모든 사건의 통제라는 인상 뒤로 후퇴했다. 하지만 각 개별적 자연법칙뿐 아니라 전

---

11) Duns Scotus *Ord.* I d 2 p. 1 n. 83 (II, 177).

체적인 자연법칙 질서도, 그 적용을 위한 시작 및 경계 조건들이 (자연법칙에 비교한다면) 우연적으로 주어지는 것을 통해 제한받고 있다. 그런 우연적인 조건들을 그 뒤에 있는 절대자의 내적인 필연성의 표현으로 간주하는 사람은 스피노자와 의견을 같이 하여 다음과 같이 말할 수 있을지 모른다. 자연의 현실에는 우연이 없으며,[12) 도처에 있는 우연적인 것들의 인상은 단지 자연에 대한 우리의 제한된 지식의 표현에 불과하다. 하지만 20세기 자연과학에서 사건의 우연성에 대한 관점이 다시금 더욱 강하게 부각되었다. 말하자면 양자물리학의 개별사건에 대한 관점에서 뿐만 아니라 소란스럽고 혼란스러운 과정들에서 나타나는 불안전성의 경우에도 그렇다. 게다가 시간적 진행들의 불가역성 때문에 각 개별적 사건은 전형적인 특성들과 진행형식이 수없이 반복된다고 해도 그와 무관하게 궁극적으로 일회적이다. 이것이 의미하는 바는 다음과 같다. 자연법칙에 의해 통제되는 과정들의 시작 및 경계 조건들만이 우연적인 것이 아니다. 오히려 우연성이야말로 사건의 결과들에서 관찰되는 합법칙성들과 상관없이 모든 사건의 기초 지수(指數)이다. 이로써 법칙적인 규칙성들의 출현 자체가 우연적인 일이 된다. 마치 성서의 진술에 따르면(창 8:22) 자연질서의 신빙성은 하나님의 자유로운 지시에 근거해 있는 것처럼 말이다.

---

12) Brauch de Spinoza *Ethica* I, prop. 29: In rerum natura nullum datur contingens, sed omnia ex necessitate divinae naturae determinate sunt ad certo modo existendum et operandum.

2. 개별성에 대한 집중[13]

인간이 경험적으로 자신의 개별성을 의식하기 시작했던 것은
인간에게 고유한 자기의 이름이 부여되면서 부터이다. 하지만 개
별성이 처음부터 철학의 주제가 되지는 않았다. 인식은 개별적인
것을 단지 보편적인 것의 매체 안에서 파악했으며, 보편적인 개
념 혹은 법칙에 대한 하나의 경우로 파악했기 때문이다. 특별히
고전 그리스 철학은 플라톤주의 및 아리스토텔레스주의적 사유
에서 보편적인 것과 전형적인 것을 지향했다. 물론 아리스토텔레
스에 따르면 인식은 원래 구체적인 것이라는 개별적인 것을 목적
으로 삼기는 했어도 상황은 마찬가지였다.[14] 보편적인 것의 매
체 안에서 개별적인 것을 파악하는 것은 전형적인 것을 개별적인
것보다 상위에 두는 것으로 귀결되었다. 보편개념들을 세분하여
개별적인 것을 규정하는 플라톤의 방법은 - 찾으려고 하는 개별
자에게 속하는 하부의 유(類)가 발견될 때까지 계속되다가 - 더

---

13) 철학적 사유의 역사에서 단지 매우 점차적으로 출현했던, 비로소 둔스 스코투스와 오
    캄 이후로 결정적으로 이루어진 개별적인 것에 대한 관심, 그것도 개별적인 것을 존재
    론적으로 일차적인 것으로 보면서 관심을 기울임에 있어서 기독교의 중요성에 대해서
    는 다음을 참고하라. H. Heimsoeth, *Die sechs großen Themen der abendländischen
    Metaphysik und der Ausgang des Mittelalters*, 1922, 3. Aufl. 172-203.

14) 이에 대한 근거들에 대해서는 다음을 보라. Th. Kobusch Art. "Individium, Individual-
    ität" im *Hist. WB Philos*. 4, 1976, 300-304.

이상 나눌 수 없는 본질개념으로서의 종(種)개념에서 끝난다.[15] 동일한 종에 속하는 개별자들에 대해서는 각각 특별한 이데아들이 존재하지 않는다. 종개념 자체가 불가분해적(不可分解的 atomon)이며, 따라서 개별적(individuell, * 나눌 수 없는)이며, 부분으로 쪼갤 수 없다. 아리스토텔레스에게서도 종개념의 실재화인 개별적인 경우들은 질료의 - 그 질료에 형상(eidos)이 실재화되어 있음 - 상이한 부분들을 통해서만 구분된다.[16] 하지만 이런 생각은 오직 구체적으로 실존하는 것만이 본래적인 의미에서 실체라고 주장하는 자신의 견해와 명백하게 긴장을 유발한다.

이후의 헬레니즘에서는 여러 다양한 측면에서 개별자들의 특수성이 더욱 강조되었다. 중기 스토아, 중기 플라톤주의 그리고 아프로디시아스의 알렉산더(Alexander von Aphrodisias)에게서 그랬다. 하지만 한 종의 개별자들이 단지 그 질료에 따라서만 구분된다는 생각은 포르피리오스(Porphyrios)의 논제를 통해서 비로소 극복되었다. 그의 논제에 의하면, 각 개별자는 모든 다른 개별자들로부터 단지 자신에게만 고유한 속성의 결합을 통해 구별된다

---

15) J. Stenzel, *Studien zur Entwicklung der platonischen Dialektik von Sokrates zu Aristoteles*, 3. Aufl. 1961, 54-60.

16) Aristoteles Met. 1074 a 32-35. 형상으로는 하나이지만 단지 숫자상으로 상이한 것은 질료를 가진다. 하지만 그것은 물론 그 상이한 존재가 단지 질료에 근거를 가지고 있는 것을 의미한다. 아리스토텔레스는 그것을 명시적으로 인간의 개념에 대한 인간의 개별자들(예를 들어서 소크라테스)의 관계에 적용했다. 특히 중세의 아리스토텔레스주의에서 개별화의 원리에 대한 물음은 집중적으로 토론되는 주제였다(이 주제어에 대한 J. Hüllen의 글, *Hist. WB Philos.* 1976, 295-299를 참고하라). 기독교적 기반에 근거하여 개별적인 것을 높이 평가하려 할 때 이런 평가는 단지 물질적 상이성으로 개별성을 환원시키려는 것에 대해서는 만족할 수 없었다.

는 것이다.[17]

하지만 고전 그리스 철학에서 개별자에 대한 평가에 여전히 다른 장애물이 있었다. 특히 인간 개별자에 대한 관점에서 그러했다. 플라톤은 물론 그의 영혼불멸설을 통해서 인간들이 영원한 것에 참여하는 것에 대한 관점과 인간들이 지상에서 행한 행동은 현재의 삶을 넘어서 구원 혹은 불운으로 확장된다는 생각의 관점을 열어 놓았다. 하지만 플라톤의 영혼은 불특정하게 많은 환생과 결부되어 있기 때문에 출생과 죽음 사이에 있는 한 개별적인 신체적 현존재의 개별성과는 동일하지 않았다. 플라톤의 의미에서 개별 영혼들은 그들의 방식으로 개별적이기는 했다. 하지만 그들의 삶은 한 개별적인 지상적 현존재의 범위를 넘어서서 확장되었다. 그 현존재의 개별성은 플라톤의 시각에서 아리스토텔레스의 경우 만큼이나 사멸성에 예속되지 않았다.

기독교가 처음으로 – 포로기 이후 유대교의 종교적 개별주의를 통해서 준비된 상태에서(참고, 겔 18:4 ff., 20) – 인간의 일회적인 지상적 현존재의 개별성 안에서 인간에 대한 영원한 규정성을 주장하는 사상을 발전시켰다. 이에 대한 출발점은 예수 메시지의 모티브에 있었다. 즉, 영원한 사랑 안에 있는 하나님은 길을 잃어버린 각 개별 인간을 찾아내어, 하나님과의 사귐 안에 있는 영원

---

17) 포르피리오스(Porphyrios)는 아리스토텔레스의 범주론에 대한 자신의 글의 서론에서 그렇게 주장한다.(Isag. 7, 21-23)

한 생명으로 그를 구원하려고 한다.[18)](눅 15:4-32) 잃어버린 자에 대한 이런 방향 전환이 살아 계신 하나님과의 사귐 안에 있는 불멸의 삶으로의 구원(막 12:26 f.)에 대한 희망이라는 종말론적 관점에서 이해될 수 있다. 기독교 구원의 메시지는 인간의 일회적인 지상적 현존에게 영원한 생명에 대한 참여의 희망을 말한다. 그것도 몸과 영혼이 통일체를 이루고 있는 인간에게 그런 희망을 말한다. 따라서 초기 기독교 신학은 영혼을 몸과 영혼으로 창조된 인간의 구성요소로 파악했으며, 그렇게 규정된 영혼의 불멸성에 대한 사상을 몸의 부활에 대한 사상과 결합시켰다. 영원한 것에 대한 참여를 통해 불멸하게 된 영혼에 대한 플라톤의 생각은 이로써 개별화되었다. 다시 말해서 출생과 죽음 사이에 이루어지는 일회적인 지상적 현존재의 개별성과 연관지어졌다. 이제 이 현존재는 영원성에 참여해야 한다. 그것도 자신의 신체적 구체성 속에서 - 물론 썩지 않을 것으로 변화된 상태에서(고전 15:53) 이긴 하지만 - 그렇게 해야 한다.

이런 식으로 기독교는 인간의 개별적 지상적 현존재에 영원성의 의미를 부여했다. 각 개별적 인간의 영원한 구원 혹은 파멸에 대한 결정은 이 지상적 삶에서 결정된다는 견지에서 영원성의 의

---

18) 예수의 이 말씀은 저자가 쓴 다음의 글의 설명에서 중심이다. W. Pannenberg, "Die Bedeutung des Individuums in der christlichen Lehre vom Menschen", in: *Die Bestimmung des Menschen*, 1978, 7-22, 10f. 또한 다음을 참고하라. W. Pannenberg, "Die Theologie und die neue Frage nach der Subjektivität", in: *Stimmen der Zeit* 202 (1984), 805-816, 806.

미가 부여되었다. 개인들의 일회적 지상적 현존재에 영원한 하나님과의 연관성을 통해서 부여된 새로운 중요성은, 인간이기 때문에 인간에게 부여되는 존엄성에 대한 사상을 기독교적으로 심화시킨 것에서도 표현되었다. 키케로가 인간 존엄성(dignitas)을 인간이 동물과 구분되게 이성에 참여하고 있는 것에서 찾았던 반면에, 기독교의 가르침은 인간 존엄성을 각 개인이 하나님의 형상을 따라서 창조되었다는 것으로부터 정당화시켰다. 따라서 개별적 인간의 생명은 창세기 9:6에 의하면 다른 사람에 의해서 침해될 수 없다.[19] 이처럼 기독교가 유대교 신앙의 모티브를 발전시키면서, 하나님과의 친교에 있게 됨으로써 얻어지는 생명과 자유라는 관점에서 인간 존엄성을 개인의 불가침해 영역으로 생각했다.

이런 연관성에 인격(Person)이라는 개념이 또한 포함된다. 이 개념도 마찬가지로 기독교적 사유에서 처음으로 심화된 의미를 얻었다. 즉, 인격적 존재는 인간 개인의 존엄성의 진수가 되었다. 인격 개념의 시작은 그리스어와 마찬가지로 라틴어에서도 극장의 세계에 있다. 인격은 배우가 연기하는 역할이며, 배우가 쓰는 가면을 통해서 특징지어지는 역할이다. 이로부터 이 단어는 어떤 사람이 수행하는 사회적, 정치적 "역할들"로 전이되었다.[20] 여기

---

19) 이에 대해서는 다음을 보라. W. Pannenberg, "Christliche Wurzeln des Gedankens der Menschenwürde", in W. Kerber (Hg.): *Menschenrechte und kulturelle Identität*, 1991, 61-67, 특히 64 ff.

20) 이와 관련한 상세한 근거 제시는 다음을 보라. M. Fuhrmann, "Persona, ein römischer Rollenbegriff", in: O. Marquard/K.H. Stierle, *Identität* (*Poetik und Hermeneutik VIII*), 1979, 83-106.

서는 언제나 그 단어가 바로 개인 그 자체를 지칭하는 것이 아니라 개인이 성취하는 사회적 기능 혹은 정치적 기능을 지칭한다. 로마의 법률 언어에서 비로소 인격이라는 단어가 "임의의 인간 개인들에 대한 일반적인 지칭"이 되었는데,[21] 그것도 완전히 추상적인 의미에서, 말하자면 어떤 역할이든 상관없이 그 역할의 소지자와 같은 의미로 사용되었다.

피상적으로 본다면, 이후의 시기에 표준적으로 받아들여진 정의를 내린 보에티우스(Boethius)에게서 동일하게 추상적으로 보편적인 인격 개념이 발견된다. 보에티우스는 인격을 "이성적인 개별 존재"로 특징지었다.[22] 보에티우스는 이런 정의를 기독론적 교리의 근본 진술을 - 예수 그리스도는 두 본성을 가지고 있지만 하나의 인격이다 - 해명하기 위해 수립하기를 원했다. 하지만 이와 더불어 즉시 그의 인격의 통일성 안에서 그의 인성이 신성에 대해 가지는 관계에 대한 물음이 제기되었다. 비잔틴의 레온티스(Leontis von Byzanz)가 이 관계를 명시적으로 주제화시켰으며, 그리스도의 인간적 본성이 로고스의 인격에 참여하고 있는 것으로 이 관계를 묘사했다.[23] 그러나 로고스의 인격이 자신의 측면에서 본다면 삼위일체신학적 관계성으로 규정되어 있기 때문에,

---

21) M. Fuhrmann, 위의 책 96.

22) Boethius De duabus naturis 3: rationalis naturae individual substantia. (MPL 64, 1343 C)

23) Leontis von Byzanz, *Contra Nestorianos et Entychianos*, MPG 86/1, 1273 ff. 이에 대해 다음을 참고하라. W. Pannenberg, *Grundzüge der Christologie*, 1964, 349-353.

다시 말해서 로고스의 인격은 아버지 하나님에 대한 아들 됨의 원초적인 관계를 통해서 성립되기 때문에, 예수의 인성이 로고스의 인격 안에 있다는 "엔휘포스타시아"(Enhypostasie)는 아버지에 대한 아들로서의 그의 관계성에 대한 참여로 이해될 수 있다. 두 본성 안에서의 한 인격에 대한 기독론 교리는 삼위일체적 인격 개념을 거꾸로 지시하고 있기 때문에, 그리스도의 "엔휘포스타시아"적 인격 존재뿐만 아니라 그의 규정성에 따라서 "이성적 개별 존재"인 인간의 인격 존재를, 피조물 인간의 현존재에 대해서 구성적인 하나님에 대한 관계로부터 이해할 것이 제안되었다. 바로 이렇게 한 것은 둔스 스코투스였다. 그는 쌍 빅토르의 리카르트(Richard von St. Victor)가 실존 개념을 "타자로부터 시작되는 존재"(Von-einem-andern-her-Sein)로[24] 해석한 것의 영향을 받아서 인간의 인격성에 관한 그의 가르침에서 그렇게 했다.[25] 이를 통해서 삼위일체적 인격 개념이 인격으로서의 인간 이해에 대해서 가지는 중요성이 입증되었다.

삼위일체론이 처음으로 인격적 존재는 다른 인격들에 대한 관계성을 통해서 구성된다고 규정했다. 그렇기 때문에 아버지와 아들은 그들의 상호관계성들을 통해서 상호 인격들로 규정된다. 물론 그들이 맺는 상호관계성을 통해서 서로 구분되기도 한다.

---

24) Richard von St. Victor *De trin.* 4, 11 ff., MPL 196, 937 ff.

25) 이에 대해서 다음을 보라. H. Mühlen, *Sein und Person nach Johannes Duns Scotus. Beitrag zur Grundlegung einer Metaphysik der Person*, 1954, 특히 100 ff., 110 f.

아버지는 아들에 대한 그의 관계 안에서 오로지 아버지이다. 마찬가지로 그 역으로 아들은 아버지에 대한 그의 관계 안에서 오로지 아들이다.[26] 인간론적으로 바꾸어 말한다면 다음과 같다. '나'는 '너'에 대한 관계 안에서만 '나'다. 그리고 '나'는 신적 존재로서의 '너'에 대한 관계로부터 일차적으로 피조물로서의 특성 안에 있기도 하지만, 동시에 동료 인간인 '너'에 대한 관계성 안에서 실존하고 있다.

따라서 삼위일체론에서 이른바 "대화적 인격주의"의 원천이 발견될 수 있다.[27] 대화적 인격주의는 20세기에 무엇보다도 마틴 부버(Martin Buber)와 페르디난트 에브너(Ferdinand Ebner)에 의해 마련되었으며, 근대 철학사에서는 루드비히 포이어바흐(Ludwig Feuerbach)를 거쳐서 요한 고트립 피히테(Johann Gottlieb Fichte)에게로 소급된다. 대화적 인격주의의 입장은 당연히 다음과 같은 비판에 직면한다. '너'로부터 '나'를 구성한다는 논제는 '너'를 단지 하나의 다른 '나'로 생각하고 있으며, 그리하여 타율주의로 전락

---

26) 푸어만(M. Fuhrmann)은 고대 로마의 인격 이해(역할로서의 인격)를 삼위일체적 인격 개념에 대한 해석에 적용하자고 제안했는데(Art. Person in *Hist. WB Philos.* 7, 1989, 278), 이때 그는 중요한 것은 각 인격의 존재라는 점을 간과하고 있다. 역할은 역할을 맡고 있는 사람의 존재와 다르다. 역할을 맡은 사람은 상이한 역할들을 수행할 수 있다. 그런 식으로 사벨리우스가 삼위일체적 인격들의 삼중성(Dreiheit)을 파악했다. 교회의 가르침에서는 그런 생각이 거부되었다. 그리고 인격 개념은 망설임 속에서, 그리고 서방 신학에서 출발하여 실체(hypostasis) 개념과 동등성을 갖는 새로운 의미에서 한 분 하나님 안에서 아버지, 아들, 영의 삼중성에 대한 지칭으로 관철되었다. 삼위일체론에 따르면 세 삼위일체적 실체들 혹은 인격들은 그들이 상호 간에 갖는 관계성들과 동일한데, 이것은 고대의 역할 개념과는 구분된다.

27) 이에 대한 자세한 내용은 다음을 보라. W. Pannenberg, *Anthropologie in theologischer Perspektive*, 1983, 173 ff.

하고 만다는 것이다.[28] 하지만 만약 인간들 사이에서의 '너'관계가 인간의 피조성에 부여되어 있는 창조자의 신적 '너'에 대한 연관성의 빛에서 생각되고, 또한 신적 '너'에 대한 연관성 자체가 삼위일체적 인격들의 상호적인 구성의 의미에서 생각된다면, 대화적 인격주의는 저 비판으로부터 벗어날 수 있다.

  인격적 존재를 규정하는 상관성과 무관하게 인격성은 기독교 사상에서 항상 또한 자유의 개념과 연결되어 생각되어 왔다. 인격성은 타자에 대한 자유로운 상대자로서 그리고 또한 특히 자신의 인격적 존재의 신적인 근원에 대한 자유로운 상대자로서도 생각되어 왔다. 자유 사상과의 이런 결부는, 기독교 사상에서 이성적 존재가 다름 아니라 자유롭다고 생각될 수 있었다는 사실로 거슬러 올라간다. 왜냐하면 자유로운 행위를 통해서 세계를 창조했던 하나님의 형상으로서 인간도 자유를 위해 창조되었기 때문이다. 그래서 이미 이레네우스는 하나님이 "인간들을 자유 의지를 통해서 자신과 비슷하게" 만들었다고 말하고 있다.[29] 인격적 존재가 창조의 행위를 통해서 구성되어 있고, 따라서 하나님과의 관계를 통해서 구성되어 있다는 사실과 별개로, 인간은 자신의 자유 안에서 자신의 현존재를 구성하는 이런 사태에 대해 이런 태도 혹은 저런 태도를 취할 수 있는 능력을 가지고 있다.

---

28) 이런 비판은 토이니쎈이 그의 중요한 책에서 제기했다. M. Theunissen, *Der Andere. Studien zur Sozialontologie der Gegenwart*, 1965, 특히 361 ff.

29) Irenäus adv. Haer. IV, 38, 4.

이때 이레네우스는 이후의 아우구스티누스와 마찬가지로 인간의 자유가 인류사의 초창기에는 아직 연약하다고, 말하자면 하나님과의 교제에서는 아직 견고하지 않다고 판단했다. 하나님과의 교제를 이루도록 인간은 규정되어 있다. 인간은 아버지에 대한 예수의 아들 됨의 관계에 참여할 때 비로소 하나님과의 확고한 교제 안에 들어설 수 있다. 아버지에 대한 예수의 아들 됨의 관계를 통해서 처음에는 허약했던 의지의 자유가 선(善) 안에서 견고해지고 완성될 것이기 때문이다.

근대적 사유에서는 인간의 인격적인 자립성에 주관성이 속해 있다. 주관성을 통해서 인간들은 자신들의 환경에 대해서 생산적으로 행동한다고 여기기 때문이다. 인간에 대한 이런 견해는 스스로 맨 먼저 자신의 존재를 산출해내는 실존이라는 근대적 개념에서 극단적으로 표현되었다.[30] 우리는 이런 견해를 이미 고대 사상에서도 주저하지 않고 전제해서는 안 된다. 근대적 주관성 사상이라는 의미에서의 자아상(自我像)과 달리 고대는 다음과 같은 상황에 있었다. 즉, 위선에까지 이를 수 있는 본능적인 행동을 제외하면, 의지는 인식에 복속되어 있었다. 하지만 인식은 고전 그리스 철학에서 인간 주관성의 생산적 활동이 아니라 이미

---

30) 칼 뢰비트에 따르면 이런 근대적 실존 개념은 신적인 창조의 우연성을, 무에서 유의 창조라는 사상을 모범으로 삼고 있다.(Karl Löwith, *Wissen, Glauben und Skepsis*, 1956, 68 ff.: Schöpfung und Existenz)

주어져 있는 진리에 대한 수용으로 파악되었다.[31] 이런 상황으로부터의 예외는 소피스트들에게서 시작되었을 것이다. 하지만 플라톤의 조명론뿐만 아니라 오로지 수동적 이성만을 인간 영혼의 부분으로 간주했던 아리스토텔레스의 인식 과정에 대한 견해도 인식을 수용 과정으로 이해했던 사례들로 여겨질 수 있다. 인식 과정에 인간이 생산적으로 관여하는 것은 인식 내용에서 오류를 일으키는 원천으로서만 명백히 간주될 수 있었다. 물론 인식에서 중요했던 것은 가능한 한 순수하고 정확하게 그 자체적으로 참인 것을 지각하는 것이었다. 더욱이 아마도 인식 과정에서 인식하는 자의 능동성에 여지를 제공했을 것으로 보이는 스토아 인식론도 이런 능동성을 로고스의 진리에 대한 동의로 제한시킨다. 이 동의는 수용된 인상들에서 표출된다. 그리고 이 동의가 그 자체의 측면에서 본다면, 로고스도 인간 영혼 안에 있으면서 작용하고 있는 한에서 그 동일한 로고스의 작품이라고 말할 수 있다.

기독교적 사상에서도 인식 과정에서 인식하는 자의 생산성에 관한 생각을 향한 발걸음들이 - 다른 이유들에서 철학이론들에 대한 교정을 수행하면서 의도치 않게 생긴 부작용들이라기 보다는 - 옮겨졌다. 아우구스티누스는 플라톤의 상기론(想起論)에서 출생 이전의 실존에 대한 생각과 윤회설 관련 일체의 사상을 제

---

31) 이에 대해서는 다음을 보라. W. Pannenberg, "*Rezeptive Vernunft. Die antike Deutung der Erkenntnis als Hinnahme vorgegebener Wahrheit*", in H. Nagl - Docekal (Hg.): *Überlieferung und Aufgabe*, (Festschrift E. Heintel), 1982, Bd. 1, 265-301.

거해내기 위해서, 플라톤의 상기론을 자신의 정신(mens) 이론으로 변형시켰다. 정신은 모든 경험보다 선행하면서 영혼에 잠재적으로 놓여있는 지식들의 보물인데, 이 잠재적 지식들은 외적인 인상들의 자극을 통해서, 그리고 신적인 진리의 빛을 통해서 활성화된다. 본래적인 능동성은 여기서도 조명으로부터 출발한다. 아우구스티누스의 정신(mens) 이론은 인간 정신 안에 들어 있는 선험적 인식들에 대한 이후의 생각들의 선구자였다. 아울러서 아우구스티누스의 이론은 동일한 방향을 지시하고 있는 키케로의 본유관념(cognitions innatae)에 관한 견해를 강화했다. 더욱 큰 영향력을 미쳤던 것은 아리스토텔레스의 능동적 누스(Nus 이성)가 중세의 기독교적 아리스토텔레스주의에 의해서 인간 영혼에 고유한 이성의 힘으로 새롭게 해석된 것이었다. 이런 새로운 해석의 근거는 알베르트 대제가 가졌던 영혼불멸에 대한 관심이었다. 아리스토텔레스는 그의 이론에 따라서 인간 영혼에 속하지 않는 능동적 누스에게만 불멸성을 제한했다. 이제는 능동적 이성이 인간 영혼의 구성요소로 파악됨으로써 몸을 가지고 실존하는 인간의 개별적 영혼의 불멸성이 보장되었다. 하지만 이런 새로운 해석의 결과로 인식 과정에서 영혼의 능동성에 대한 새로운 시각이 생겼다. 오컴과 그의 학파의 인식론, 그리고 무엇보다도 니콜라우스 쿠자누스(Nikolaus von Kues)는 인식 행위에서 인간 정신이 수행하는 생산성에 관한 이런 관점을 계속해서 발전시켰다. 쿠자누스는 이것이 인간에게 있는 하나님의 형상으로 인해 인간이 하나님의

창조적 활동과 유사한 것을 할 수 있다는 점에서 가능하다고는
보았다.[32] 이로써 인식 과정에서 인간의 정신적 주관성이 차지
하는 입지에 관한 근대의 근본적인 입장이 확보되었다. 인간 경
험에 이미 주어져 있는 사물들의 진리에 대한 일치가 고대의 인
식론들에서는 먼저 주어져 있는 진리의 수용으로 인식을 해석하
는 것을 통해서 보장되었다. 하지만 이제는 진리에 대한 일치는
인간 정신이 바로 자신의 생산성에서 세계 및 (인간의 인식이 향하고
있는) 사물들의 신적인 근원에 대한 친족성을 통해서 정당화되었
다. 물론 만약 신학적 전제가 없어진다면, 어떻게 인간의 생산적
인 정신 활동이 인간에게 의존하지 않고 존재하는 사물들을 그
존재의 고유성에 따라서 파악하는 실재 적합성을 가질 수 있을
까 하는 문제는 다시금 수수께끼가 되고 말 것임에 틀림없다.

3. 세계에 대한 역사적 이해

인류의 보편사에 대한 생각은 빌헬름 딜타이 이후로 항상 다
시금 기독교적 혹은 성서적 (따라서 근원적으로는 유대교적) 정신의

---

32) 참고, M. De Gandillac, *Nicholaus von Cues. Studien zu seiner Philosophie und philos-
ophischen Weltanschauung*, (1942) deutsch 1953, 145 ff. 그런 식으로 쿠자누스는 그의
글(*De beryllo*, 1458)에서 인간 지성을 similitudo divini intellectus in creando (*Opera
VI*, 268)라고 특징짓고 있다. 그리고 De mente VII, 158에서는 이런 유사성이 다음과 같
이 설명된다. 인간 정신은 단지 생각만을 만들어낼 뿐이지, 하나님처럼 사물들 자체를 만
들어내지는 않는다.

산물로 파악되어 왔다. 딜타이에 따르면 이런 생각의 근원은, 그가 알렉산드리아의 클레멘스와 아우구스티누스에게서 발견했듯이 "인류의 역사에서 진보하는 양육의 내적인 연관성에 관한 기독교적 사상"에 있다.[33] 이때 바로 이런 논제는 다음과 같이 확장되어야 했다는 것이 드러났다. 기독교적 역사 이해의 근원은 구약 성서의 유대교적 역사신학에 있다는 것이다.[34] 이스라엘 민족사의 역사관이 전체 인류에게로 확장되었고, 아울러서 포로기 이후 시대에 종말론이 전개되던 흐름에 있던 유대교적 사상은 로마서 9장~11장에서 바울이 하나님의 선택 행위에 대해서 묘사했던 것에서 드러났던 것과 같은 모양의 기독교적 역사 이해보다 앞서 있으면서 또한 거기에 영향을 미쳤다. 딜타이의 논제에 대한 이런 수정에도 불구하고 인류의 보편사 사상의 기독교적 기원에 대한 딜타이의 논제는 20세기 중반 너머까지 영향을 끼치고 있었다. 따라서 미르체아 엘리아데(Mircea Eliade)에 따르면 유대인들이 "처음으로 역사의 의미를 하나님의 현현(Epiphanie)으로 파악했는데", 이런 생각은 우주적 순환에 대한 신비주의적 의식의 방향과는 다른 것이었다.[35] 유사한 생각을 칼 뢰비

---

33) W. Dilthey, *Einleitung in die Geisteswissenschaften*, (1883), Ges. Schriften I, 90, 참고 98.

34) 신앙의 이해에 대해 가지는 하나님의 행위의 역사의 근본적인 중요성은 라이트(E. Wright: *God Who Acts*, 1952)와 폰 라트(G.v. Rad, *Theologie des Atlen Testaments I*, 1957)에 의해 거의 표준적으로 밝혀졌다.

35) M. Eliade, *Der Mythos der ewigen Wiederkehr*, deutch 1953, 152, 참고, 161.

트(Karl Löwith)도 그의 유명한 책 『세계사와 구원사』(*Weltgeschichte und Heilsgeschichte*, 1953)에서 했다.[36) 그가 비록 유대교적 사상과 기독교적 사상이 "삶으로 끌어 들였던, 과도한 문제"에 대해서는 회의적으로 판단했지만, 유대인들과 기독교인들이 "의미와 무의미의 관점에서 역사 전체에 대해서 탐구했다"고 보았다.[37) 엘리아데와 유사하게 뢰비트는 유대교적, 기독교적 연원을 가진 역사관이 우주적 순환에 대한 정향과 대조적이라고 판단했다. 그의 견해에 의하면 우주적 순환에 대한 정향은 그리스 역사학자들의 역사관을 조성했다.[38) 고대의 이런 역사관과 달리 기독교적 역사관은 "원칙적으로 미래적"이다.[39) "종말(eschaton)은 역사의 흐름에 단지 끝을 가져오는 것이 아니다. 그것은 어떤 특정 목표를 통해서 역사의 흐름을 분절시키고 완성시킨다." 그리고 그 목표를 향한 길은 하나님에 의해서 규정되는데, 이때 "하나님은 인류사를 그 시작부터 마지막 목표로 향하도록 운행하심으로 인류사에 통일성을 부여한다."[40)

---

36) 영어 원본판은 1949년에 『역사의 의미』(*Meaning in History*)라는 제목으로 출판되었다. 독일어 판의 부제에는 뢰비트의 논증이 겨냥하고 있는 논제가 선언적으로 표현되어 있다. "역사철학의 신학적 전제들"(Die theologischen Vorraussetzungen der Geschichtsphilosophie).

37) K. Löwith 위의 책 13.

38) K. Löwith, 위의 책 16 ff. 따라서 헤르도트(Herdot)가 "시간 일반에 관한 그리스적 견해에 일치하게" 역사적 과정들의 경과를 "시대적인 순환"으로 생각했다. 그리고 "그 시대적 순환 내부에서 변화무쌍한 운명들의 오름과 내림이 오만(hybris)과 복수(nemesis)의 균형을 통해 통제된다"고 여겼다(16).

39) K. Löwith, 위의 책 15.

40) K. Löwith, 위의 책 26.

성서적 역사관에서 처음으로 시간을 직선적이고 불가역적으
로 미래적 완성을 지향하는 과정으로 이해하는 것이 도입되었으
며, 기독교 이전의 고대에서는 - 유대교를 제외하고 - 시간이 오
직 우주적 순환의 의미에서 이해되었고 사유되었다고 하는 주장
이 최근 몇십 년 사이에 다양한 측면에서 비판을 받았다.[41] 이때
다음과 같은 지적은 정당했다. 즉, 역사에 대한 사유가 처음으
로 이스라엘에서 생겨났던 것이 아니며 또한 이스라엘 바깥이라
고 해도 시간 경과에 대한 순환적 생각들의 마력에 사로잡혀 있
었던 것도 아니었다. 그리스인들과 로마인들의 고대 역사 서술에
서도 단연 역사적 진보에 대한 생각들이 있다는 것이다. 너무 지
나치게 무차별적으로 성서적 역사 이해와 성서 이외의 역사 이해
를 대립시키는 것은 - 고대 동양에서든 그리스-로마 문화권에서
든 - 그런 지적들을 통해서 정당하게 교정되었다. 현실을 이스라
엘의 하나님 경험으로 파악하는 역사적 견해가 그 어떤 매개도
없이 시작되었다고 주장하는 대신에, 에릭 푀겔린(Eric Voegelin)
의 주장에 따라서 역사적 의식의 기나긴 성장 과정에 대해서, 역
사의 기원(Historiogenesis)에 대해서 말하는 것이 합당하다.[42] 하

---

41) H. Cancik, "Die Rechtfertigung Gottes durch den „Fortschritt der Zeiten". Zur Dif-
    ferenz jüdisch-christlicher und hellenisch-römischer Zeit- und Geschichtsvorstel-
    lungen", in: A. Peisl/A. Mohler, *Die Zeit*, 1983, 257-288: H. Cancik: *Mystische und
    historische Wahrheit. Interpretationen zu Texten der hethitischen, biblischen und
    griechischen Historiographie*, 1970.

42) E. Voegenlin, *Order and History* IV, 1974, 59-113. 푀겔린은 이로써 1956년에 출판
    된 그의 작품 1권에서 고대 이스라엘의 역사 의식과 그 문화적 환경과의 관계에 대해 자
    신이 이전에 서술했던 것을 수정했다. 다음의 설명을 참고하라. W. Pannenberg: „Das

지만 그럼에도 불구하고, 엘리아데가 서술했던 것처럼 유대인들에게서 처음으로 "하나님의 현현으로서 역사가 가지는 의미"(앞에 나오는 각주 35를 보라)가 출현했다는 것은 참된 주장으로 남아 있다. 이때 유대인들에게 역사는 일차적으로 인간 행동의 결과가 아니라 하나님 행동의 총체, "야웨가 행한 모든 일"이었다.[43] 하나님의 활동은 그의 피조물들의 그리고 또한 인간들의 행위를 포괄하며 또한 그 행위를 뚫고 들어간다. 인간의 행위와 피조물의 행위는 하나님의 손에 있는 도구들이다. 그리고 성서의 역사 개념은 인간들의 행위 외에 인간들에게 경험되는 일들까지도 포괄한다. 따라서 하나님에 대한 이스라엘의 이해는 이스라엘 백성이 현실을 역사로 경험하도록 하는 눈을 열어준다. 즉, 현실은 항상 다시금 새롭게 일어나는 사건들의 결과이지만, 그 새로운 사건들은 하나님에게 기원을 두는 발생의 연관성을 가지고 있다. 이런 경험은 이 장의 첫 부분에서 다루었던 것, 모든 사건 발생과 우연성을 사건들에서 일어나는 하나님의 작용의 표현으로 파악하는 것과 밀접히 연관되어 있다. 하지만 거기에 이제는 최종적으로는 하나님의 선택에, 그의 언약들에 그리고 그의 신실성에 근거를 가지는 하나님의 행위의 연관성에 대한 관점이 더해진다.

Werden der Geschichtlichekti" in: *Anthropologie in theologischer Perspektive*, 1983, 478 ff.; 동저자, *Systematische Theologie* 1, 1988, 252 f.

43) 이런 역사 개념(수 24:31 등)에 대해서 W. Pannenberg, *Systematische Theologie* 1, 1988, 252 f.를 보라.

이스라엘의 역사 경험은 이전에 아마도 히타이트의 역사 의식이 그랬듯이 하나님의 선택 사상의 영향을 받았다.[44] 하지만 이스라엘에서 하나님의 선택이 왕조의 미래에만 관여했던 것이 아니라 민족 전체에게 그리고 이 민족을 통해서 전체 인류에게도 관여했다. 이스라엘의 창조 신앙은, 전체 인류가 하나님의 역사적 행위의 대상이며, 이스라엘은 그의 하나님에 의해 하나님의 정의로운 의지에 대한 증인으로 민족들 가운데서 선택받았다는 사상(사 42:1; 51:5-7)의 출발점이 되었다.

기독교의 역사 의식도 하나님의 선택 행위에 대한 믿음으로부터 발전되었다. 바울에 따르면 아브라함의 선택은 유대 민족을 거쳐서 여러 민족들의 세계를 목표로 하고 있으며, 이 민족들의 세계는 예수 그리스도를 통해 하나님의 백성에게 주어졌던 언약들에 참여하는 기회를 얻게 된다.(갈 3:15-29) 심지어 복음을 받아들인 다수에 속하지 않음으로 일어난 이스라엘의 일시적인 버림받음조차도 이방인들을 참여시키려는 하나님의 역사적 계획의 수단으로 간주된다.(롬 11:11f., 25) 바울은 예수의 부활에서 나타난 "두 번째" 인간에 관해 상세하게 기술하고 있다. 아담의 형상, "첫 번째" 인간의 형상에 따라서 모든 인간들이 지어졌던 것처럼, 모든 인간은 그 두 번째 인간의 "형상"을 입어야 한다.(고전 15:47-49) 그리고 그는 "많은 사람들"이 하나님과 화해를 이루도록 자

---

44) 참고, W. Pannenberg, *Systematische Theologie* 3, 1993, 526; H. Canick, *Mystische und historische Wahrheit*, 1970.

신의 생명을 희생했다.(롬 5:18 f., 참고, 5:10) 바울의 이런 설명은 더 나아가서 하나님의 화해의 행위가 예수 그리스도 안에서 인류사적 관점에서 전개되게 하는 동기를 부여했다.[45] 이렇게 해서 이레네우스는 하나님의 형상으로서의 예수 그리스도에 관한 바울의 진술들(고후 4:4)을 예수 그리스도 안에서 하나님의 형상에 "따라서" 창조된 인간에 대한 규정이 성취되었다는 의미로 해석하여, 인류사를 그리스도 안에서 시작된 완성을 향해 겨냥된 역사로 파악했다.[46] 또한 이미 바울(갈 4:1-4)에게서 시사된, 그리스도에 이르도록 하나님이 인간을 양육한다는 사상이 이레네우스에 의해 계속해서 전개되었다.[47] 딜타이가 하나님에 의한 인간양육에 대한 사상을 인간 보편사의 이념의 근원으로 간주했으며, 또 그 사상은 알렉산드리아의 클레멘스와 아우구스티누스의 역사신학에 원천을 두고 있다고 생각했듯이,(앞의 각주 33을 보라) 하나님에 의한 인간양육에 대한 사상은 기독교 사상에 더 오래된 뿌리를 두고 있다.

프랑스 계몽주의에 그 시초를 두고 있는 근대 역사철학은 역사에 대한 기독교 신학을 세속화시킨 것에 연원을 두고 있다고

---

45) 인간의 역사성에 대한 기독교적 생각들에 대한 판넨베르크의 서술에서 이에 대한 자세한 내용들을 보라. W. Pannenberg, *Anthropologie in theologischer Perspektive*, 1983, 482 ff.

46) Ireanäus adv. Haer. V, 16, 2.

47) Irenäus adv. Haer. IV, 11, 1 f.; IV, 28, 1-4.

처음으로 주장한 사람은 뢰비트가 아니라 딜타이였다.[48] 이제는 더 이상 하나님이 아니라 인간이 이 역사의 주체로 간주되었다. 그리고 그것도 인간이 역사의 대상(지시 주체 Referenzsubjekt)이라는 점에서 뿐만 아니라 역사를 통해서 자기 자신을 실현시키는 행위 주체로서 간주되었다.[49]

역사의 통일성에 대한 근거가 되는 하나님에 대한 사상과 하나님의 행위에 대한 생각을 해체하려는 시도가 항상 이루어진다. 하지만 어쨌든 간에 확실한 것은, 인류의 보편사라는 주제는 철학적 사유에 그리고 역사 서술에도 기독교를 통해서 매개되었다. 그것은 기독교 신앙이 눈을 뜨게 해주었던, 세계와 인간의 현실에 대한 새로운 시각의 결과였다. 이런 새로운 시각으로부터 출현한 다른 주제들과 마찬가지로, 이 전체 인류를 포괄하는 역사에 대한 사상에 대해서도 다음과 같은 점은 타당하다. 그것의 기독교적 원천이 망각되어버린 곳에서조차도 그런 사상의 명증성은 여전히 계속해서 영향을 끼쳤다는 것이다.

---

48) W. Dilthey, *Einleitung in die Geisteswissenscaften* (1883), Ges. Schriften I, 99.

49) 이런 견해는 코젤렉이 묘사했던 "집합단수"(Kollektivsingular)의 역사의 출현에 표현되었다. R. Koselleck, "Historia Magistra Vitae", in: *Natur und Geschichte* (Festschrift K. Löwith) 1967, 203 ff. 이때 단수로서의 역사에 대한 언급은 새로운 것이 아니다. 그것은 이미 아우구스티누스에게서 발견된다(*De doctr. christina* II, 28, 44). 지시 주체 (Referenzsubjekt)와 행위 주체(Handlungssubjekt)의 구분에 대해서는 다음을 참고하라. W. Pannenberg, *Anthropologie in theologischer Perspektive*, 1983, 493 ff. 또한 하버마스와의 논쟁도 참고하라. „Erfordert die Einheit der Geschichte ein Subjekt?", in: R. Koselleck/W.-D. Stempel, *Geschichte – Ereignis und Erzählung* (Poetik und Hermeneutik V) 1973, 478-490.

4. 무한자에 대한 긍정적 평가

아리스토텔레스에 따르면 무한자는 규정되지 않았다는 의미에서 질료의 속성이다.(Phys 207 b 35) 사모스의 멜리소스(Melisso aus Samos)가 생각했듯이, 그것은 모든 것을 포함하는 전체가 (그리고 따라서 신적인 것이) 아니라, 양적인 크기를 가진 어떤 것의 완성을 위한 재료에 불과하며, 현실태에서가 아니라 가능태에서의 전체이다.(207 a 21 f.) 플라톤은 아직 질료라는 용어를 사용하지는 않았지만, 그도 비슷하게 존재자의 변화는, 규정되어 있지 않음에 대한 한계를 설정하는 척도에 의존한다고 여겼다.(Philebos 26 d 9 f.) 무한자는 더 많음 혹은 더 적음이 아직 결정되지 않은 이중성으로서,(24 b 5) 더 적음으로부터 더 많음을 분리하는 경계로서 규정된 척도의 통일성과는 다르다. 그러나 척도의 설정, 그리고 이와 함께 존재자의 산출은 플라톤에 따르면 이성에 의해 수행되며, 그래서 그는 이성을 하늘과 땅의 왕이라고 불렀다.(28 c 7 f.) 플라톤의 『티마이오스』에서 나오는 데미우르고스의 세계 형성의 행동에 대한 묘사도 이런 생각에 따른다. 제한을 짓는 원리로서 신성도 역시 무한자와 달리 피규정성과 경계의 특징을 갖는다.

소크라테스 이전의 사람들은 이에 대해서 다르게 생각했다. 아낙시만드로스는 우주의 아르케(arche)를 경계가 없고 규정되지 않는 것으로 특징지었다.(fg. 1) 이것은 무진장의 비축물이라는 의미로서, 이로부터 만물이 발생하며,[50] 또한 여기로 만물이 다시 분해되어 돌아가서 다른 공간을 만들어준다는 것이다. 아낙시만드로스에게서 누스(Nus)는 질서를 잡아주는 원리로서 경계가 없는 다양한 재료와는 대조를 이루고 있는 것은 사실이지만, 그는 여전히 신적인 누스를 "경계를 통해서 규정되지 않는 것"으로 생각했다.(fg. 12) 이에 반해서 신적 근원이 규정되어 있으며 경계 지워져 있다고 하는 주장은, 존재는 "사방으로 경계 지워져 있다"(Parm fg. 8, 31-33)고 말했던 파르메니데스에게로 소급된다. 이후의 시기에는 신적인 누스는 플라톤의 의미에서 자기 스스로 규정되어 있으며, 또한 자기 스스로 인식될 수 있는 것으로 여겨졌다. 아리스토텔레스가 가르쳤던 것처럼,(Anal. Post. 72 b 10) 경계가 지워져 있지 않으면 인식이 완료될 수 없기 때문이다. 따라서 신적인 자기 인식을 위해서 오리게네스는 여전히 하나님이 그리고 하나님의 능력이 경계 지워져 있다고 주장했다.[51]

닛사의 그레고리우스(Gregor von Nyssa)에게 와서야 비로소 하나님에 대한 사유와 관련해서 무한자에 대한 근본적인 재평가가 이루어졌다.[52] 이런 재평가가 이미 알렉산드리아의 필로와 플로티노스에 의해서 얼마만큼 준비되고 시작되었는지에 대해서는

---

50) W. Jaeger, *Die Theologie der frühen griechischen Denker*, 1953, 35.

51) Origenes De princ. II, 9, 1.

52) 이에 대한 자세한 내용은 E. Mühlenberg, *Die Unendlichkeit Gottes bei Gregor von Nyssa*, 1966, 특히 118 ff.를 참고하라.

논란이 일어났다.[53] 하지만 어쨌든 닛사의 그레고리우스를 통해서 신적 존재의 무한성에 대한 논제가 (기독교적) 신론의 근본적인 진술이 되었다. 신적 존재의 무한성에 근거하여, 우리 인간의 인식이 하나님의 인식에 대해서는 종결에 이를 수 없으며, 하나님의 본질은 우리에게 포착되지 않은 채 남아있다는 주장이 정당화된다. 그레고리우스는 이를 통해서 무엇보다도 아리우스주의의 논증, 곧 하나님은 제1의 원인으로서 스스로 다른 원인에 근거해 있지 않지만, 아들은 아버지로부터 태어났으며, 따라서 원인을 가지고 있기에 완전한 의미에서 아버지와 동일한 신적 본질을 가질 수 없다고 하는 주장에 대항했다. 하지만 하나님의 무한성은 하나님의 본질을 포착할 수 없게 된다는 것을 정당화했을 뿐만 아니라, 이제부터는 하나님의 제한 없는 완전성과[54] 유일성도 두드러지게 했다. 각 다수의 일원들이 상호 간에 제한을 가하기 때문에 오직 하나의 실제적인 무한자 그 이상이 존재할 수 없다.

근대 초기에 하나님의 무한성에 대한 사상은 세계로 전이되었다.[55] 그리고 게오르그 칸토(Georg Cantor)의 집합론을 통해서 실

---

53) 이에 대해서는 다음을 보라. J.E. Hennessy, *The Background, Sources, and Meaning of Divine Infinity in St. Gregory of Nyssa*, Diss. Fordham 1963.

54) Augustin De civ. *Dei XII*, 17 f.

55) 이에 대해서, 그리고 이런 논제로부터의 근대 물리학의 출발에 대해서는 다음을 보라. C.F. von Weizsäcker: Die Unendlichkeit der Welt", in: *Zum Weltbild der Physik*, „Aufl. 1954, 118-157; A. Koyré, *Von der geschlossenen Welt zum unendlichen Universum*, (1957), deutsch 1969.

제적인 무한 혹은 초한(初限)의 개념이 수학에 도입되었다.[56) 그러나 다른 한편으로 유일하게 실제적인 무한자로서의 하나님에 대한 사상은 철학적 신학이 새롭게 정비된 이후에 데카르트를 통해서 철학적 토론의 대상으로 남았다. 특히 헤겔도 참된 무한자의 개념에 대한 사유를 명료화시켰는데, 참된 무한자는 대립자가 없는 것으로, 따라서 유한자에 대한 자기 자신의 대립마저도 포괄하는 것으로 간주되게 했다.

5. 기독교 성육신 사상의 영향들

아우구스티누스는 플라톤의 철학들이 기독교 교리들에 가깝게 있다고 생각했지만 단 한 가지의 제한을 두었다. 그것은 플라톤의 철학들에서는 하나님의 인간되심이 알려지지 않은 채 남아 있다는 것이다.(De civ. Dei X, 29) 이것은 물론 기독교 이전의 고대 철학들의 모든 다른 형태들에 대해서도 옳은 지적이다. 기독교 중세에도 성육신은 기독교의 초자연적 계시론으로서 신학에 유보되어 있었고, 따라서 철학적 주제가 될 수 없었던 주제들 중 하나였다. 이런 상황은 근대 초기에 철학적 이성이 종교적 전승의 권위로부터 해방되는 전조가 보임에도 불구하고 그대로 남아

---

56) 이에 대해 다음을 참고하라. W. Pannenberg, *Systematische Theologie* 2, 1991, 179f.

있었다. 18세기에 와서 기독교 자체가 철학적 반성과 해석의 대상이 된 후에 비로소 이런 상황은 바뀌었다. 특히 헤겔의 종교철학에서 계시, 성육신, 화해와 같은 기독교의 근본 개념들이 철학의 주제들이 되었다.

헤겔에서 성육신 혹은 인간으로 됨의 사상은 체계적인 기능을 수행했다. 하나님이 인간으로 됨은 실재 안에서의 참된 무한자라는 하나님의 이념을 드러내어 주기 때문이다. 하나님은 단지 자기 안에서 무한하며, 모든 유한자에 대한 대립적 관계에 있는 것이 아니라, 하나님이 유한자의 영역을 통해서 제한받지 않고 오히려 그 영역 안에서도 현존한다는 점을 통해서 비로소 참으로 무한하다. 하나님이 한 인간에게서 성육신하고, 이로써 또한 인류 자체에게서 성육신한다는 점에서 참된 무한자의 사상은 단지 하나의 논리적인 이념이 아니다는 것이 드러난다. 역으로 기독교의 성육신 신앙은 참된 무한자에 대한 철학적 사상에 대한 종교적 기반을 조성한다. 참된 무한자에 대한 철학적 사상은 기독교의 성육신 신앙에 내포되어 있는 진리를 단지 개념화시키는 것이기 때문이다.

성육신 사상은 이미 하나님과 세계의 화해에 대한 사상을 포함하고 있다. 화해론은 화해 사상을 그리스도 죽음에 대한 해석을 통해서 보다 정확하게 설명한다. 여기서 중요한 것은 단지 헤겔이 이런 연관성을 그렇게 생각했다는 것이 아니라, 그의 사유를 통해서 화해가 철학적 주제로서 시야에 들어오게 되었던 방식이었다. 이때 그 화해는 단지 인간들 사이의 화해만이 아니라 절대자와 인간의 화해이며, 이것이 인간들 상호 간의 진정한 화해의 기반을 이룬다. 헤겔은 인간이 절대자와 화해되어 있지 않은 상태를 묘사했으며 또한 그 결과로 생긴 세계의 분열을 바로 근대의 계몽주의 시대의 표징으로 묘사했다. 이런 진단이 다른 측면으로부터도 확인되었다. 예를 들어서 막스 호르크하이머(Max Horkhiemer)와 테오도르 아도르노(Theodor W. Adorno)가 『계몽의 변증법』(Dialektik der Aufklärung, 1944)에서 서술한 것에서도 확인되었다. 만약 이런 진단이 맞다면 근대 문화세계의 현실에는 화해의 객관적인 필요성이 존재한다. 이런 필요성이 인간에 의해 주관적으로 그런 필요가 느껴지든 아니든 상관없다. 그 이유는 유한한 것을 절대화시킨 결과로 생긴 갈등들에서, 곧 절대적인 것 자체와의 관계에서 뿐만 아니라 절대화된 유한한 권위들 사이에서 일어나는 갈등들에서 찾을 수 있다. 이렇게 정당화된 화해의 필요성은 - 화해는 기독교라는 종교의 내용을 구성하고 있는데 - 헤겔의 시간 분석에 따르면 구체적으로 "철학의 필요성"[57]으로, 다시 말해서 이성적인 보편성의 매개체에서 저 분열과 갈등들을 극복하는 철학에 대한 필요성으로 출현한다. 이후의 시대는 헤겔이 제시했던 길과 다른 길을 갔다. 그러나 그럴 때에도 헤겔에 의

---

57) G.W.F. Hegel. *Differenz der Fichte'schen und Schelling'schen Systems der Philosophie*, 1801, (PhB 62 a, 12 f.f). 종교철학강의들은 "종교철학의 필요성뿐만 아니라 철학 일반의 필연성"을 명백하게 화해라는 주제와 연관시키고 있다.(Begriff der Religion, hg. G. Lasson, *PhB* 59, 22 f.)

해 분석되었던 분열의 현상이 항상 거듭해서 새로운 형태를 취하면서 근대 세계의 근본적인 상황으로, 다시 말해서 자신의 종교적 기원으로부터 해방된 근대적 문화세계의 근본적인 상황으로 드러났다.

화해 없이는 진정한 자유도 없다. 자신을 스스로 절대화시킨 유한자의 자유는 참된 자유가 아니다. 왜냐하면 그런 자유는 그 어떤 형태를 취한다고 해도 실패하도록 되어 있기 때문이다. 다시 말해 유한자의 그런 절대화가 만들어낸 갈등들로 인해서 실패하기 마련이기 때문이다. 그것은 정치적 자유주의에 대한 가혹하지만 결코 지나칠 수 없는 헤겔의 비판이기도 하다. 그렇게 이해된 자유의 실패는 단지 이데올로기적으로만 감춰진다. 참된 자유는 절대자와의 화해에 의존한다. 절대자와의 화해는 자신의 유한성을 수용하며 아울러서 그 귀결들을 인정할 수 있도록 해주기 때문이다. 그리하여 유한자가 자신의 유한한 현존재의 절대성에 대한 망상과 자신의 자의에 의해서 자기 실현을 이루려는 노력들의 망상 속에서 절대자와의 화해에 거역하지 않게 해준다.

참된 자유는 하나님과의 화해로부터 생긴다는 것은 결코 헤겔의 고유한 사상이 아니었다. 무엇보다도 세계사에 관한 그의 철학에 따르면 이런 의미에서 이해되는 인간의 자유는 기독교의 산물이며 세계사적 의미를 형성한다. 그것은 복음 자체의 사상이다. "그러므로 아들이 너희를 자유롭게 하면 너희가 참으로 자유로우리라."(요 8:36) "주의 영이 계신 곳에는 자유가 있느니라."(고후 3:17) 기독교 신학은 이런 자유 사상을 선택의 자유 사상과 연결시켰다. 이때 기독교 신학은 선택의 자유를 초보적인 그리고 아직 견고하지 않은 형태의 자유로 파악했다. 즉, 한 인간이 아직 참된 선에 대해서 - 그것은 또한 자신에게 선한 것이기도 하다 - 반대되는 결정을 내릴 수 있다고 한다면, 그는 아직 참된 의미에서 자유롭지가 않다. 의지가 관여하는 선택 자체가 부자유의 표현일 수 있다. 선과 합일된 의지만이 참으로 자유롭다. 이런 견해에 그리스도인의 자유에 대한 루터의 가르침이 일치한다. 그리스도인의 자유는 그리스도 안에, 말하자면 그리스도와의 신앙적 결합에 그리고 그리스도를 통해서 하나님과의 신앙적 결합에 근거를 두고 있다. 그런 신앙은 단지 인간적일 따름인 모든 권위로부터 자유롭게 만들며, 동시에 또한 신적인 규정의 빛 안에서 동료 인간에 대한 섬김을 위해서 자유롭게 만든다. 헤겔은 기독교적 자유에 관한 이런 종교개혁적 가르침을 근대적 자유 이념의 원천과 근거로 정당하게 간주했다. 그런 관점은 여전히 타당성을 가질 수 있는데, 근대의 발전에서 개인의 자유에 대한 자연법적 정당화들이 신앙 안에서 열린 자유에 대한 종교개혁적 사상들을 밀쳐내고 그보다 앞서 나아갔다는 것을 간파한다면 그런 사실을 알 수 있다. 오늘날에 이르기까지 근대에서 자유 사상과 결합되어 있는 열정은 여전히 그 종교적 원천 때문에 생기를 가지고 있다. 그 열정은 자연법적 자유 이념 자체만으로는 전혀 이해될 수 없다. 자연법적 자유 이념이 근대 자유 사상의 기독교적 원천을 뒤로 밀쳐 내어버렸다는 사실이 근대 문화 의식이 기독교와 단절되어가는 과정 중에 하나였다. 기독교의 세속화라는 이름 아래 토론되었던 이런 과정이 다음 장에서 자세히 논의되어야 할 것이다. 왜냐하면 그것에 대한 이해는 근대에 철학과 신학이 맺은 관계의 발전에 대해 적절한 판단을 내리기 위한 전제들 중의 하나가 되기 때문이다. 근대 문화의 공적(公的) 의식이 기독교적 뿌리들로부터 떨어져 나가고 있음에도 불구하고 여전히 기독교적 뿌리들에 대한 연관성은 남아있다는 이 사실에 대한 사례가 자유라는 주제에서 — 자유 사상의 열정이 입증해주는 바와 같이 — 드러난다.

6장

기독교로부터 근대 문화의 해방

어떤 사람들은 첫 번째 근대 사상가는 니콜라우스 쿠자누스 (Nikolaus von Kues, ~1464)라고 생각하는가 하면, 또 어떤 사람들은 족히 1세기 이후의 사람인 조르다노 브루노(Giordano Bruno)라고 여기기도 한다. 근대 개념은 어쨌든 15세기로 거슬러 올라간다. 이미 1435년에 마테오 팔미에리(Matteo Palmieri, ~1475)는 "새로운 시대"에 관해서 글을 썼는데, 그는 이 새로운 시대가 지오토(Giotto), 단테(Dante), 페트라르카(Petrarca), 레오나르도 브루니(Leonardo Bruni)와 함께 시작했다고 주장했다. 브루니(~1444)가 직접 중세 개념을 만들었으며, 중세로부터 이 새로운 시대를 두드러지게 만들었다. 그는 중세를 로마 세계에 대한 야만인들의 침공의 결과로 고대가 끝나면서 시작되었던 시대로 규정했으며, 그것을 상징적으로 보여주는 것이 410년에 알라리크(Alarich)의 로마 침탈 사건이라고 여겼다.[1] 새로운 시대, 근대는 고대의 복구로서, 고대의 "르네상스"로서 비로소 출현했다. 고대를 규범적인 모범으로 여기고 거기로 되돌아가려는 그런 움직임이 서양에서 이미 15세기 이전에도 있었다. 그리고 그것도 다수의 흐름들 속에서 그러했다. 사람들은 카롤링 르네상스, 곧 12세기의 르네상스에 대해서 말한다. 14세기와 15세기의 르네상스는 우선 단지 예술들과 철학들에서 고대 원천들에 대한 그런 관심사의 흐

---

1) D. Hay, *Geschichte Italiens in der Renaissance*, (1961) dt 1962, 18 ff.

름을 보다 폭넓게 조성했다. 그리고 그 흐름은 강화되었는데, 여기에는 콘스탄티노플이 1453년에 함락되어 비잔틴 제국이 멸망하면서 기독교 서방의 지식인들에게 촉발되었던 충격이 한몫했으며, 또한 이 사건을 전후해서 있어왔던 비잔틴 지식인들 및 망명자들과의 접촉도 한몫했다. "고대적인 것"에 대한 지향은 시간이 많이 흐른 후에 비로소 근대 문화에 대한 척도의 의미를 상실했다. 이에 대한 표징이 되었던 것은 17세기 초 프랑스의 '신구논쟁'(Querelle des anciens et des modernes)이었다.[2] 프랑스의 주도적인 근대 작가들이 중요한 관점들에서 그들의 고대적 모범들보다 우월하다고 하는 논제가 관철됨과 더불어, 이 세기 동안에 자연과학과 철학 그리고 예술의 발전에서 성취되었던 것들이 일반인들의 의식에서 인정받았다. 이제는 고대의 모범들을 넘어서서 완전히 새로운 어떤 것을 향하게 되었다. 이로써 새로운 시대(근대)라는 개념이 비로소 제대로 자신의 의미를 갖게 되었다.

15세기 르네상스에서 고대의 부흥은 아직 기독교와의 단절을 결코 의미하지 않았다. 르네상스는 기독교와의 단절이라는 식의 해석은 야콥 부르크하르트(Jacob Burckhard)에 의해 시작되었고, 무엇보다도 프리드리히 니체(Friedrich Nietzsche)에 의해 널리 유포되었지만, 이런 해석은 충분한 근거들에 의해서 반박되었다.[3] 기

---

2) 이에 대해서 다음을 보라. P. Hazard, *Die Krise des europäischen Geistes*, 1939, 56 ff.
3) 다음을 참고하라. D. Hay 위의 책 112.

독교 자체가 고대의 유산을 자신의 것으로 동화시켰으며, 또한 선교를 통해 그것을 북유럽의 민족들에게 전수했다. 따라서 고대로의 복귀, 고대의 부흥은 - 철학과 예술에서부터 교부들에게 이르기까지 - 기독교 자체의 내부에서 수행될 수 있었다. 플로렌스에 있는 브루넬레스키(Brunelleschi)의 건축물들은 그리스나 로마의 사원건축의 전통적인 양식들이 아니라 초기 기독교의 바실리카 스타일을 복원한 것이었다. 피사니(Pisani)로부터 시작된 조각품의 복원의 경우나 플로렌스 아카데미아에서의 플라톤주의 부흥의 경우에서도 상황은 역시 비슷했다.

근대 문화가 기독교와 단절되는 것에 대해서 상당히 큰 의미를 부여할 수 있는 것은 17세기였다.[4] 물론 여기서도 처음부터 기독교 자체와의 단절이 아니라 교파들 간의 교리적 대립들로부터 거리를 두는 것이었다. 교파들 간에 대립되는 교리들은 각각 자신들의 입장에서 초자연적 계시의 권위에 호소하고 있었다. 근대 사회의 발생에 이 시대가 가진 시대사적 의미를 이미 빌헬름 딜타이가 그의 글에서 강조했다. 그는 17세기에 국가철학, 법률, 윤리, 자연종교 등이 인간의 본성이라는 개념 위에서 새롭게 정당화되어 갔던 일을 다루었는데, 이때 이런 상황을 촉발시킨 것은 이 시대가 만들어낸 종교적 분열과 종교전쟁들의 경험이었다

---

4) 이에 대해서 다음을 보라. Th. K. Rabb, *The Struggle for Stability in Early Modern Europe*, 1975. 특히 이 책에서 17세기의 유럽사에 대한 새로운 연구 결과들에 대한 요약과 설명을 참고하라.

고 주장했다.[5]

그런 경험들의 배경 위에서 사람들이 흔히 요약적으로 세속화라고 특징지을 수 있는 과정들이 이해되어야 한다. 국가와 법률의 개념들의 근거를 인간의 본성 위에 새롭게 마련하는 것 자체가 이미 그런 세속화 과정의 하나다. 그래서 국가법학자 칼 슈미트(Carl Schmitt)는 이런 주장을 할 수 있었다. "근대 국가론의 모든 간명한 개념들은 세속화된 신학적 개념들이다."[6] 주권 개념에서 실제로 교황의 권력론과 정치적 절대주의의 근원들 사이에 연관성들이 인식될 수 있으며,[7] 또한 다른 한편으로 신자들의 보편적인 사제직 및 개신교 교회공동체 조직의 고유성에 대한 가르침과 근대 민주주의 헌법이념들의 시초들 사이에 연관성들이 인식될 수 있다. 따라서 존 밀턴(John Milton)은 크롬웰 시대에 민중의 정치적 자유와 자기통치의 시작을 모세 시대에 칠십 장로들에게 영이 부어졌던 성서의 역사(민 11:29)에서 찾았다. 그 시대에 영국에는 단지 칠십 장로들이 아니라 백성의 모든 구성원들이 자기통치의 능력을 부여하는 예언적인 영으로 충만해 있다고 주장한다.[8] 여기서 성령론을 통해서, 다시 말해서 그리스도인들의 마

---

5) W. Dilthey, *Das natürliche System der Geisteswissenschaften im 17. Jahrhundert*, in Ges. Schriften II, 1914, 90 ff., 특히 93 ff.

6) C. Schmitt, *Politische Theologie. Vier Kapitel zur Lehre von der Souveränität*, 1970, 61 ff.,

7) 이에 대해서 다음을 참고하라. P. Koslowski, *Gesellschaft und Staat. Ein unvermeidlicher Dualismus*, 1982, 131 ff.; H. Quaritsch, *Staat und Souveränität*, 1970, 61 ff.

8) J. Milton, "Areopagitica" (1644) in: *Selected Prose ed. C.A. Patrides*, (Penguin Books 1947) 238, 참고, 236 f.

음속에서 지배하고 있는 하나님의 영에 대한 생각을 통해서 신정정치와 민주정치가 의미심장하게 연결점을 발견한다. 하지만 이어지는 다음 시대에 하나님의 영을 통한 하나님의 직접적인 지배에 대한 생각은 뒤로 물러서게 되었고, 신정정치 대신에 국민주권 사상만이 남아있게 되었다. 그것이 의심의 여지없이 세속화의 한 경우다.

막스 베버는 세속화 과정의 유명한 사례들 중의 하나로 칼뱅주의의 윤리가 근대 자본주의의 시작에 끼친 영향을 들었다. 베버에 따르면 칼뱅주의의 예정론과 거기에 기반해서 도덕적인 영역과 특히 직업적 삶에서의 개인적인 확정을 통해서 자신이 선택받았다는 것을 확신하고 싶어하는 관심은 자본주의 경제 발전에 필요한 금욕적이고 합리적으로 조직된 삶의 영위를 조성했다.[9] 하지만 시간이 흐르면서 경제적 삶의 합리적인 조직 원리는 자립했다. 반면에 종교개혁적 직업윤리의 종교적 뿌리들은 말라 죽었다. 베버는 물론 거기서 자본주의 발전의 자율성의 결과와 또 그것이 개인들에게 미친 구속력의 결과에 주목했다. 하지만 이런 발전의 정치적, 문화적 조건들을 계속적으로 파고들어가지는 않았다. 만약 그렇게 했다면, 사람들은 여기서도 종교전쟁들과 그 전쟁들의 종결을 통해서 조건 지워진 17세기의 대변혁과 조우하게 되었을 것이다.

---

9) M. Weber, "Die protestantische Ethik und der Geist des Kapitalismus" (1905) in: *Die Protestantische Ethik I*, hg. J. Winckelmann 1969, 27-177, 특히 118 ff., 128 f., 131-140.

막스 베버의 자본주의 이론과 가장 차별되게 세속화 과정의 주장을 정당화했던 것은 칼 뢰비트(Karl Löwith)가 1949년에 출판한 『역사의 의미』(*Meaning in History*)에서 발견된다.[10] 이때 뢰비트는 이미 딜타이가 파악했던 상황을 전개했다. 곧 보편사에 대한 튀르고(Turgot)의 계획은 보편사에 대한 부세(Bousset)의 신학적 묘사를 역사 진행에 대한 순수 합리적인 서술로 대체하기를 꾀했는데, 딜타이의 말에 따르면 튀르고가 "역사철학을 세속화시켰다"는 것이다.[11] 뢰비트는 한걸음 더 나아가서 튀르고의 계획을, 볼테르를 거쳐서 부세와 콩트에 이르는 프랑스 역사철학의 발전에 포함시켰을 뿐만 아니라 그 뿌리를, 부세를 거쳐서 아우구스티누스에게로까지 거슬러 추적했다. 이로써 튀르고와 볼테르에게서 시작하여 헤겔에게서 정점을 찍은 근대의 역사철학은 신적 섭리가 역사의 흐름을 통제한다는 사상을 역사적 발전 과정 속에서 인류는 진보한다는 사상으로 대체시켰다는고 뢰비트는 그의 책에서 주장할 수 있었다. 이제 하나님을 대신해서 인간 혹은 인류가 역사의 주체가 된다. 하지만 진보에 대한 믿음의 확실성은 항상 여전히 "창조와 미래적 완성에 대한 기독교적 신앙에서 - 비록 이것이 무의미한 신화들로 간주된다고 해도 - "[12] 그 자양분

---

10) 이 책은 1953년에 독일어로 다음과 같은 제목으로 출판되었다. *Weltgeschichte und Heilsgeschehen. Die theologischen Voraussetzungen der Geschichtsphilosophie.*

11) W. Dilthey, *Einleitung in die Geisteswissenschaften*, (1883), Ges. Schriften I, 99.

12) K. Löwith 위의 책 183 f.

을 얻고 있다.

뢰비트의 논제는 1966년 한스 블루멘베르크가 그의 책『근대의 적법성』(Die Legimität der Neuzeit) 첫 번째 장에서 세속화에 대한 생각들을 비판할 때 주요 대상이 되었다. 이 책의 제목이, 블루멘베르크의 의견에 따르면 세속화 과정과 결합되어 있는 근대 문화 근원의 부적법성에 대한 부당한 주장을 반박하는 논제를 이미 시사하고 있다. 세속화가 법률적 개념으로서 교회재산의 몰수를 말하는 것이라면, 그 개념에 대한 이해가 근대의 문화역사적 과정들과 근원으로 전이되었을 때, 원래 타당성을 가질 수 없는 어떤 과정이 다뤄지는 것처럼 보인다.[13] 왜냐하면 근대가 비록 자기 이해 속에서는 기독교적 근원과 단절했고 자기 자신의 기초 위에 서있다고 주장하고 있지만, 자신의 실제적인 내용은 기독교적 모티브들과 내용들의 덕분이라고 생각할 것이기 때문이다. 블루멘베르크에 따르면 세속화 논제의 귀결은 "죄책에 대한 인정과 죄책에 대한 배상에 대해서 묻거나 그것을 요구하는 것"이다. 물론 그는 근대 역사철학의 경우에 이른바 '몰수된 교회의 재산'이 무엇인지가 규명될 수도 없다고 생각했다. 왜냐하면 (기독교적 역사사상의 근원인) 종말론은 진보에 대한 믿음과 상호 비교될 수 있는 것이 아니기 때문이라는 것이다. 또한 기독교는 역사 일반에 관한 주제와 관련해서 자신의 원천적 소유물에 대한 적법

13) H. Blumenberg, *Die Legimität der Neuzeit*, 1966, 73.,

성을 주장할 수 없다고 생각했다. 왜냐하면 신약성서에 나오는
임박한 종말에 대한 가까운 기대는 "역사에 대한 생각이나 설명
에 대한 무관심"을 정당화하고 있기 때문이라는 것이다.[14] 따라
서 그런 원천적 소유물의 "일방적인 몰수"에 대해서 말할 수 없
다는 것이다. 왜냐하면 근대의 진보 이념은 기독교적 종말론을
상속받았던 것이 아니라, 오히려 후자가 사람들에게 신빙성을 상
실하고 난 뒤에 전자가 후자의 자리를 대신해서 출현했기 때문
이라고 말한다.[15]

　뢰비트를 반박하는 블루멘베르크의 논증은, 당시에 널리 퍼져
있었지만 그 사이에 진부한 것으로 되어버렸던 전제, 다시 말해
서 역사와 종말론의 근본적인 대립이라는 가정에 의존하고 있다.
따라서 뢰비트도 이미 기독교 역사신학은 임박한 종말에 대한
가까운 기대가 점차 사라지고 난 뒤에 생긴 결과라고 파악했다.
역사신학과 종말론의 대립에 대한 가정은 종말론이 페르시아의
이원론에 뿌리를 두고 있다는 종교사학파의 가설로 거슬러 올라
갔다. 오늘날에는 이와 관련된 사실관계가 오히려 다음과 같이
드러난다. 기독교 이전의 유대교에서 종말론적 기대가 출현한 것
은 유대교의 역사신학과 바빌론 포로기 이후의 그 발전의 연관
성으로부터 이해되어야 한다는 것이다. 예수라는 인격 속에서 종

---

14) H. Blumenberg 위의 책 29.
15) H. Blumenberg 위의 책 33, 35f.

말이 선취적으로 시작되는 것에 대한 초기 기독교의 경험을 통해서 종말에 대한 이런 기대들이 변형되기는 했지만 구원사에 대한 기독교 신학의 변형된 형태들 안에서 계속해서 발전해갔다. 그런 관점에서 본다면 근대 역사철학은 기독교 역사신학에 근원을 두고 있다는 뢰비트의 논제에 대한 공략이 아직 결정적으로 이루어졌다고 말할 수 없다. 그렇다면 블루멘베르크의 논증들 중에서 여전히 남는 것은 오직 섭리 사상과 진보 이념은 상호 이질적이라는 것이다. 하지만 그것은 사실상 뢰비트에 대해 제기되는 반론이 결코 아니었다. 뢰비트가 블루멘베르크에게 한 대답에서, 그는 결코 진보 이념이 신학적 사상들의 "변형"(Metamorphose)이라고 주장했던 적이 없다고 지적했다.[16] 뢰비트는 기독교 종말론과 구원사는 미래지향성의 지평을 열어놓았다는 점을 정당하게 고수했다. 물론 그 미래지향성이 계몽주의에서는 다른 방식으로, 다시 말해서 블룸베르크에 따르면 경제 발전의 경험에서 나온 보편적인 진보 이념으로 규정되었다.[17] 여기서 뢰비트는 여전히 "세속화"의 사태를 보았다.[18] 이런 주장을 에른스트 트뢸치도 이미 했었다. 이때 트뢸치는 "보편적이고 전체 인류에 의해 도

---

16) 뢰비트가 가다머(H.G. Gadamer)와 함께 블루멘베르크의 책에 대한 공동의 서평에서 위와 같은 사실을 지적했다.(*Philosophischer Rundschau* 15, 1968, 195-209, 198) "변형"(Metamorphose)이라는 용어에 대해서 Blumenberg 위의 책 18을 참고하라. 블루멘베르크의 요청에 따라서 "끝까지 유지되는 실체"에 대해 이루어진 논의는 다시금 뢰비트의 서평 196f.을 보라.

17) H. Blumenberg 위의 책 24.

18) K. Löwith 위의 책 198f.

달 가능한 최종 목표"라는 관점에 주목했다. 그 최종 목표는 역
사철학적 진보 믿음에서의 "세속화"를 통해서 "기적과 초월성의
영역으로부터 자연적 설명과 내재성의 영역으로 옮겨져" 버렸다
고 한다.[19]

뢰비트나 막스 베버와 달리 블루멘베르크는 세속화 논제를 단
지 개별적인 사상 단위들에 - 개신교 직업윤리 혹은 역사철학과
같은 것에 - 연관짓지 않고, 근대 자체가 역사의 시대적 전환으
로서 그 앞선 기독교 중세와 가지는 관계에 대한 물음에 연관지
었다.[20] 세속화 논제를 그런 식으로 일반화한 것은 블루멘베르
크가 인용한 저자들 중에서는 맨 먼저 칼 프리드리히 폰 바이체
커(Carl Friedrich von Weizsäcker)에게서 발견된다. 바이체커는 실제
로 "근대 세계"가 "계속해서 기독교의 세속화의 결과로서 이해될
수 있다"고 주장했다.[21] 이 주장에서 그는 두 가지 사례를 들었
는데, 첫 번째는 "엄밀하고 보편적인 자연 법칙"에 대한 가정은
기독교 창조 신앙에 의존해 있다는 것이며,[22] 두 번째는 신론의
현실적인 무한자에 대한 표상이 세계 개념으로 전이되었다는 것
이다.[23] 물론 "근대 세계"는 "기독교 세속화의 결과"로 이해되어

---

19) E. Troeltsch, *Der Historismus und seine Probleme*, *Gesammelte Schriften III*, 1922, 57.
20) H. Blumenberg 위의 책 50.
21) C.F. v. Weizsäcker, *Die Tragweite der Wissenschaft I Schöpfung und Weltentstehung.*
    Die Geschichte zweier Begriffe, 1964, 178. 재인용, Blumenberg 위의 책 21.
22) C.F. v. Weizsäcker 위의 책 179, 참고, 110 f.
23) C.F. v. Weizsäcker 위의 책 180. 참고, 동저자, "Die Unendlichkeit der Welt. Eine Studie

야 한다는 논제는 그런 개별적 사례들을 넘어선다. 칼 프리드리
히 폰 바이체커는 이 논제를 프리드리히 고가르텐으로부터 넘겨
받았을 것이다. 고가르텐은 실제로 근대를 "세속화된 세계"라고
말했다.[24] 물론 이때 고가르텐은 기독교 신앙 자체가 한 분의
초월적 하나님에 대한 신앙을 통해서 세계를 탈신성화하는 방식
으로 세계를 이해하는 것에 영향을 끼치고, 인간이 세계에 대해
자유롭게 마주 대하고 있는 존재로서 스스로를 이해하게 하는
것에 영향을 끼친 것을 긍정적으로 평가하는 의미에서 그렇게 말
했다.[25]

블루멘베르크는 중세로부터 근대로의 시대적 전환을 기독교의
세속화로 묘사하는 것에 반대하면서, 근대와 그 "이념 소유물"
의 고유한 "적법성"을 다음과 같은 논제로 방어했다. 인간은 중
세 후기 신학의 "신학적 절대주의" 때문에 기독교의 하나님에 대
항하여 인간적인 자기 주장을 내세우는 행위를 하지 않을 수 없
도록 내몰렸다. 하나님의 절대적 권능에 대한 오컴주의 교리에서
전능 사상이 고조되고, 또한 예정론을 통해 개인들의 영원한 구

über das Symbolische in der Natrurwissenscahft", in: *Zum Weltbild der Physik*, (1943)
6. Aufl. 1954, 118-157. 이 후자의 책에서 근대의 세속화된 인간에게 세계는 "하나님에
대한 대체재"가 되었다고 말하고 있다.(153) "무한성"에 관한 사상에는 "순수 신학적인
것이라는 특징이 없다"고 주장한 블루멘베르크(위의 책 52)의 이의 제기는 이 책의 앞 4
장에서 논의되었던 내용, 즉 닛사의 그레고리우스에 의한 무한자 개념의 재평가와 변형
및 그것이 기독교 신론의 역사에서 가지는 의미를 고려하지 않았다.

24) F. Gogarten, *Verhängnis und Hoffnung der Neuzeit. Die Säkularisierung als theolo-
gisches Problem*, (1953) 2. Aufl. 1958, 9. 참고, 동저자, *Der Mensch zwischen Gott und
Welt*, 1952, 149 ff., 158 f.

25) F. Gogarten, *Verhängnis und Hoffnung der Neuzeit*, 1953. 103 등.,

원과 멸망을 자의적으로 좌우할 수 있는 권한이 하나님께 주어짐으로써, 인간은 유의미한 긍정 속에서 세계와의 관계에서 자리매김을 할 수 있는 모든 가능성을 빼앗긴다. 따라서 인간에게는 이런 하나님에 대한 항거라는 선택지만 남게 되었다.[26]

블루멘베르크의 이런 논제는 역사적 검증 앞에 견디지 못한다.[27] 아우구스티누스의 절대적 예정 사상에서는 개별적 인간의 선택 혹은 버림에 대한 - 인간에게는 감춰져 있는 - 신적인 결정은 자신을 제외하고는 그 어떤 것에 의해서도 조건 지워지지 않는 신적인 의지에만 달려있는데, 이런 아우구스티누스의 사상은 중세 후기가 이 주제에 대해 말한 모든 것보다 비교가 안 될 정도로 훨씬 "절대주의적"이었다. 아우구스티누스와 반대되게 중세의 예정론은 신적인 결정이 - 적어도 구원으로부터 배제된 사람들의 경우에는 - 인간의 태도를 하나님이 미리 알고 있다는 것에 의존하게 만들었다. 이것은 바로 둔스 스코투스의 경우에 해당하는 것이다. 블루멘베르크는 스코투스가 그의 가르침에서 말하고 있는 정확한 표현들과 상반되게 "부당하게 버림받았던 자들"의 실존에 대한 생각을 그의 탓으로 돌렸다.[28] 하나님의 절대적 권

---

26) H. Blumenberg 위의 책 132 ff., 165.

27) 블루멘베르크의 논제에 반대하는 생각들을 나는 이미 1968년 그의 작품에 대한 서평에서 타당하다고 간주했다. 그 서평은 이제 나의 다음 책에서 볼 수 있다. W. Pannenberg, *Gottesgedanke und menschliche Freiheit*, (1972), 2. Aufl. 1978, 114-128.

28) H. Blumenberg 위의 책 140. 이에 대해서 앞의 각주에서 언급한 나의 서평 123 f.을 둔스 스코투스의 예정론에 관한 나의 박사학위논문(1954)과 함께 보라.

능에 대한 교리는 하나님에 의해 실제적으로 결정된 구원의 질서 (potential ordinate)에 담긴 은혜의 특성에 대한 단순한 표식이었다. 아우구스티누스의 예정론의 엄격성은 단지 리미니의 그레고르 (Gregor von Rimini) 같은 주변부 인물들에 의해서, 그리고 나중에 는 칼뱅에 의해서 새롭게 제기되었다. 중세 후기의 신학적 주의 주의(主意主義)는 블루멘베르크가 중세 후기의 탓으로 돌렸던 반 (反)인간적 경향성과 상당히 거리가 멀다. 둔스 스코투스와 윌리 엄 오컴 같은 신학자들에게 중요했던 것은 아랍의 영감을 받은 아베로에스주의(Averrorismus)의 결정론적 세계관과 달리 하나님의 자유뿐만 아니라 인간의 자유를 보호하는 일이었다. 이외에도 블 루멘베르크는 기독교의 성육신 신앙과 그것이 – 인간 자유에 대 한 무한한 인정이라는 의미에서 – 인간의 자기 이해에 미치는 영 향력을 전적으로 무시했다. 하나님의 인간 되심에 관한 기독교의 중심적인 구원론이 담고 있는 이런 의미가 중세 후기의 신학에서 도 유지되고 있었다. 따라서 어떻게 해서 인간이 기독교 신학으 로 인해서 자신의 생존권과 자유와 관련해서, 기독교의 하나님에 게 대항하여 인간의 자기 주장을 위한 해방 투쟁으로 내몰렸다 고 말하는지가 이해되지 않는다.

또한 16세기부터 18세기 초까지 근대 초기의 문헌들도 블루멘 베르크의 주장과 상반된다. 볼테르 이전 시대의 주요 사상가들 에게서 기독교적 하나님 사상에 대한 반란과 같은 것은 거의 확 인되지 않는다. 볼테르조차도 복음의 하나님에 대항해서 싸웠다

고 하기 보다는 교권주의와 반지성주의와 싸웠다고 말해야 할
것이며, 교회와 평화로운 관계에서 죽었다. 스피노자는 거리를
좀 두고서 행동했지만, 데카르트로부터 로크와 라이프니츠에 이
르기까지의 많은 유력 사상가들은 기독교의 하나님 신앙을 해석
하고자 집중적으로 노력했다. 그들은 기독교의 하나님 신앙이 변
화된 세계상과 일치될 수 있게 만들려고 했다. 18세기 중반 이후
에 비로소 기독교에 대한 관계에서 문화적인 기류가 변했다.

18세기의 인간상은 기독교의 하나님에 대항하는 인간 자립의
표현으로 파악되었는데, 블루멘베르크에 의해 처음으로 이런 식
으로 파악되었던 것이 아니다. 19세기에 기독교 각성신학(覺醒神
學 Erweckungstheologie)이 계몽시대의 합리론에 대해 제기했던 비판
들, 그리고 20세기에 칼 바르트가 근대 신학사에 대한 서술에서
제기했던 유사한 논증은[29] 이 주제와 관련해서 전적으로 유사
한 견해를 발전시켰다. 물론 이때 17세기에 대해서가 아니라 18
세기 이후에 대해서였다. 바르트와 블루멘베르크의 서술들에는
상반된 평가가 들어 있기는 하지만 시대적 단절에 대한 분석은
공통적이다. 이 시대적 단절은 기독교의 하나님에 대한 속박으로
부터 인간의 해방이라는 특징을 가지고 있다. 18세기에 그런 식
의 단절이 발생했다는 것이 대체로 널리 퍼져있는 견해다.[30] 칼

---

29) K. Barth, *Die protestantische Theologie im 19. Jahrhundert. Ihre Vorgeschichte und ihre Geschichte*, (1947), 2. Aufl. 1952, 16 ff.
30) 이런 견해는 구아르디니(R. Guardini, *Das Ende der Neuzeit. Ein Versuch zur Orien-*

뢰비트도 과정의 해명에서는 블루멘베르크와 많은 차이점을 보임에도 불구하고 이 점에서는 일치했다. 말하자면 근대에 인간 주체성이 "절대적 주체로서의 하나님에 대한 신학적 이해"의 자리를 대신해서 출현했다는 것이다.[31] 하지만 그것은 당연히 18세기에 와서야 해당되는 것이지, 블루멘베르크가 주장하듯이 17세기에 해당되지 않는다.

방금 언급된 서술들의 공통점 중에는, 근대의 출발점이 되었던 그 시대적 단절을 순전히 정신사적인 단절로 묘사해야 한다는 견해가 전제되어 있다. 이런 견해는 세속화 모델에서 만이 아니라 블루멘베르크와 바르트의 견해들에서도 발견된다. 그러나 여기에 근대 초기로부터 근대에(* 근대 초기 frühe Neuzeit는 근세라고도 번역되며 흔히 15~16세기부터 17~18세기까지를 지칭하며, 근대 Moderne는 17~18세기부터 20세기 초까지를 지칭) 이를 때 일어나는 단절에[32] 대한 이 모든 서술들의 공통된 실수가 있다. 이런 서술들은 모두 이미 딜타이가 강조했던 사실을 소홀히 하고 있다. 즉, 어떤 순수하게 정신적인 충격이 아니라 종교개혁과 반(反)종교개혁에 의해서 일어난 파괴적인 전쟁들에 대한 경험이, 17세기 중반에 국

---

tierung, 2, Aufl. 1950)에게도 전제되어 있다.

31) 이런 식으로 뢰비트(K. Löwith)가 블루멘베르크에 관한 서평에서(*Philosophische Rundschau* 15, 1968, 199) 주장한다.

32) 블루멘베르크는 이런 식으로 구분하지 않고, 보다 일반적으로 근대에 대해서 말하며, 중세 후기의 "신학적 절대주의"에 대항하는 근대에 대해서 말한다. 이런 점은 그가 시대의 전환을 한 세기 빨리 설정하려 했던 것과 연관되어 있다.

가, 법률, 도덕과 같은 사회적 체계의 근본들을 교파적인 대립들이 관여하지 않는 기반 위에 새롭게 구축할 수밖에 없게 만들었다는 사실을 소홀히 여기고 있다. 그런 새로운 기반으로 인간의 일반적인 본성이 제시되었으며, 이 기반 위에 딜타이가 말했던 이른바 정신과학의 "자연적 체계"가 세워졌다. 즉, 이성적인 자연법, 자연법에 의해 정당화되는 국가론, 인간의 본성에 근거한 윤리, 마침내 심지어는 동일한 근거에 의존하는 종교론이 그런 것이다.

하지만 이때 결코 기독교의 하나님 신앙에 대한 반대 자체가 의도되었던 것은 아니다. 반대로 사람들은 자연종교와 자연도덕의 이론들은 예수 복음의 가르침들과 동일하다고 믿었다. 영국의 이신론(理神論)은 예수의 메시지를 심지어 이방의 미신과 유대교의 율법주의 속에서 쇠퇴해버렸던 자연종교를 복구시킨 것으로 해석했다. 프랑스 계몽주의에서 기독교 자체로부터 거리를 두는 것에는 이신론의 성서비평, 프랑스에서 아직 성공에 이르지 못한 자연종교와 자연도덕의 규범성이 제기하는 반(反)교권주의 그리고 다른 종교적 문화들, 특히 중국과 접촉하면서 하나님 없이도 세계를 학문적으로 해명하는 것이 성공적으로 진전을 이룰 수 있다는 자각이 전제되어 있었다. 하지만 이런 것은 17세기에 국가, 법률, 도덕의 새로운 기반이 되는 인간론으로 관심을 전향한 것과는 아직 상당히 거리가 멀다. 17세기의 이런 방향 전환은 다음과 같은 두 번째 국면에 대한 전제가 되었다. 두 번째 국면에서는 단지 교파 간에 논쟁을 벌이고 있는 교리들에 대한 기피가 아니라, 기독교 자체에 대한 기피가 일어났다. 왜냐하면 실제로 기독교의 대립적인 교파적 입장들이 가졌던 적대적 교리주의와 함께 교회의 기독교가 보편타당성에 대한 권리주장을 상실했기 때문이다.

이런 상황에서 매우 뜨겁게 논쟁이 되었던 세속화의 과정에 도달하게 되었다. 이에 대한 평가에서 다음의 두 가지 물음은 구분되어야 한다. 하나는 세속화라는 메타포를 통해서 적합하게 특징지어질 수 있는 과정들이 다뤄지는가 하는 것이고, 완전히 다른 하나의 물음은 이런 과정들 혹은 이런 과정들 전체가 역사적 시대로서의 근대의 발생을 해명하고 있는가 하는 것이다. 두 개의 질문 중에서 첫 번째에 대해서는 충분히 긍정적으로 대답될 수 있지만, 두 번째에 대해서는 부정적으로 대답될 수 밖에 없다. 그렇기 때문에 다음과 같은 막스 베버의 논제, 즉 초기 자본주의에서 중요한 금욕적인 노동윤리는 원래 칼뱅주의의 예정론과 이에 결부되어 있는 루터의 직업윤리의 기능적 변화로부터 촉발되었다는 주장은 언제나 동의를 받고 있다. 물론 이것으로 당연히 자본주의 발생에 대한 설명이 다 된 것도 아니며, 자본주의의 이후의 발전에서 종교적 동기의 중요성이 퇴색해버린 것에 대한 설명이 주어진 것도 아니다. 그럼에도 불구하고 계속적으로 작용하고 있는 금욕적 노동윤리는 근원적으로는 종교적인 동기가 세속화되어 영향을 계속 미치고 있는 것으로 평가될 수 있다.

또한 하나의 보편적인 목표, 전체 인류에 의해 도달되어야 할 인류 역사의 목표를 지향하고 있는 근대의 진보 사상이 기독교의 종말론적 희망의 세속화된 산물로 판단될 수 있다고 하는 것도 적절해 보인다. 왜냐하면 이때 다뤄지는 것은 기독교의 종말론적 기대의 내용적인 "역할 변경"이기 때문이다. 진보 사상이 처음에는 역사에 대한 모든 해석에 전적으로 의존하지 않고 발생했을 수 있고, 진보 사상의 시초에는 더구나 고대로 소급될 수 있을 것이다. 진보 사상이 "종교적 역사 해석을 대신하는 것"은[33] 근대의 진보 신념을 세속화의 산물로 판단함에 있어서 결정적이다. 이것이 다음과 같은 블루멘베르크의 주장에 의해서 반박되는 것이 아니다. 블루멘베르크는 "종말론이 역사로 침입해 들어오는, 그래서 역사 자체에 초월적이고 이질적인 사건에 대해서 말하고 있는 반면에, 진보 이념은 역사에 내재하며 각각의 현재에 함께 현존하는 구조로부터 미래를 추론한다"고 생각했다.[34] 이에 대해 뢰비트가 적절하게 말했다. - 세속화 - 라는 것이 원천적으로 초월적인 의미 연관성을 내재적인 의미 연관성으로 환속시키고 그리하여 자신의 원천적인 의미로부터 소외시키는 가능성이 아니라면 도대체 무엇을 의미해야 하겠는가? 진보 신념이나 기독교적 희망이 애당초 역사를 채울 목표를 행해서 살아간

---

33) H. Blumenberg 위의 책 36, 참고, 24.
34) H. Blumenberg 위의 책 23.

다는 점에서는 공통적이다.[35] 따라서 기독교적 희망의 내용들을 진보 사상으로 "배역 교체한 것"이 바로 기독교 종말론의 "세속화"의 한 계기이다. 그리고 이런 의미에서 프랑스 계몽주의의 역사철학도 기독교 역사신학의 "세속화"로 정당하게 판단되었다. 하지만 아직 다음과 같은 질문에 대한 대답이 주어지지 않았다. 도대체 어떻게 그런 세속화의 과정들에 도달할 수 있었는가? 세속화의 과정들에는 근대 초기(혹은 근세)로부터 근대로의 시대적 전환이 (중세로부터 근대 일반으로의 시대적 전환이 아니라) 표출되어 있다. 하지만 세속화 사상이 시대적 전환 자체를 "설명해" 주지는 않는다. 시대적 전환은 바로 순전히 정신사적으로 이해될 수 있는 것이 아니다. 그것은 16세기와 17세기의 교파 간 종교전쟁들, 그리고 전반적으로 보았을 때 그것으로부터 일어난 다양한 탈출 시도가 빚어낸 결과이다.

인간의 본성에 관한 가정들의 기반 위에 사회를 재구성하는 과정의 틀 안에서 역시 데카르트에 의한 철학의 갱신, 그리고 17세기와 18세기에 이루어진 철학의 계속된 발전이 기독교 신학에 대해서 가지는 관계가 이해되고 평가되어야 한다. 한편으로 기독교 계시론에 대한 철학의 자율성이, 다른 한편으로 철학적 신학을 새롭게 구축하려는 철학의 노력이 앞에서 말한 틀 안에서 이해되어야 한다. 이때 출발점이 되는 것은 인간의 자기 자신에 대한 반

---

35) K. Löwith in der *Philosophische Rundschau* 15, 1968, 199.

성이지, 하나님에 대한 사상의 객관적인 토대가 아니다. 하나님을 대신해서 인간을 문화의 토대로 만들고, 하나님에 대한 사상을 인간 정신활동의 산물로 설명하려는 경향성이 나중에 인식될 수 있기는 하다. 하지만 이런 경향성과 달리 처음에는 하나님을 인간 주체성과 세계 인식을 위한 최상위의 조건으로 이해하려고 했다.

7장 근대 초기를 규정한 새로운 철학의 착안과 기독교적 의미

오늘날 역사학자들은 대략 1500년경부터 프랑스 혁명까지의 시기를 "근대 초기"(혹은 근세 frühe Neuzeit)라고 부르면서, 그 뒤에 따라오는 "근대"(-Moderne)와 구분한다. 이런 시대 구분이 모든 견지에서 만족스러운지의 문제는 여기서 해결되지 않고 남아 있을 수 있다. 서방의 교회분열과 이로부터 발생했던 종교전쟁들의 시기는 중세의 종말로 간주될 수 있다는 것에 대해서는 여러 모로 긍정적으로 말해질 수 있다. 근래의 역사에서 가장 심각한 시대적 단절은 어쨌든 17세기에, 그것도 서방의 교회분열에서 시작되었던 종교전쟁들이 끝난 후인 17세기 중반에 있을 것이다.

이 시대의 철학의 새로운 착안들 중에서 오직 두 가지가 참으로 시대를 만들어낸 것으로 두각을 드러내고 있으며, 다른 입장들은 그 둘 안으로 포함될 수 있다. 이 두 입장은 데카르트(Descartes)에 의한 형이상학의 갱신 그리고 존 로크(John Locke)가 확립했던 철학적 경험론이다. 영향사에서 두각을 나타내고 있는 이 두 착안들에 대한 강조로 인해 결과적으로 근대 초기 철학의 다른 중요한 입장들이 여기서는 상대적으로 거의 무시될 수 있었다. 토마스 홉스(Thomas Hobbes)와 헨리 모어(Henry More) 외에 심지어 스피노자(Spinoza)나 라이프니츠(Leibniz)와 같이 아주 중요한 체계적 사상가들 그리고 데이비드 흄(David Hume)을 통한 경험론적 착안의 발전에 대해서도 그렇다. 이 책의 서술에서는 이런 사상가들이 데카르트와 로크와 같은 근대 철학의 근본적인 새로운 두 착안점 안으로 분류된 것이 인식될 수 있을 것이다.

1. 르네 데카르트(1569~1650)에 의한 철학적 신학의 갱신과 후속 문제들[1]

데카르트는 근대 철학의 시작에서 가장 중요한 인물이다. 먼저 그는 형이상학을 새롭게 구축하는 것을 완수했다. 그 이전에도 이미 다른 사람들이 - 그 중에는 니콜라우스 쿠자누스가 강조될 수 있을 것이다 - 이 일을 시도했지만, 그것을 완수했던 것은 데카르트였다. 이 뿐만 아니라 그가 철학의 토대를 구축한 것이 이후에 계속된 철학적 발전의 출발점이 되었다. 19세기 이후의 독일 철학사 서술의 관점에서 데카르트는 무엇보다도 칸트와 그의 인식론적 주관주의의 선구자로 나타난다. 수학적 자연 서술의 이상에 방향을 맞춘 데카르트의 자연철학은 막스 프리샤이젠-쾰러(Max Frischeisen-Köhler)와 윌리 무그(Willy Moog)에 따르면 "구성적 사유의 주권에 관한 의식에 의존하고 있다. 사유하는 주체는 스스로로부터 자유롭게, 그리고 자신의 부(富)를 가지고 새로운 문화 체계를 구축한다."[2] 이 글은 계속해서 이렇게 주장한다. 인간

---

1) 최근 프랑스의 데카르트 연구는 데카르트를 무엇보다도 그가 철학적 신학을 새롭게 구축한 것으로부터 이해하고 있는데, 이것은 Henri Gouhier, *La pensée métaphysique de Descartes*, 1962에서 시작했다. 이런 새로운 시각의 선구자와 제안자들에는 코이레(Alexandre Koyré, *Descartes und die Scholastik*, 1893, reprint 1991)가 속한다. 데카르트에 대한 현재의 문헌에 대해서는 마리온이 대표적이며, 데카르트에 관한 그의 논문은 특히 거론되어야 할 것이다. Jean-Luc Marion, *Sur le prisme métaphysique de Descartes. Constitution et limites de l'onto-théologie dans la pensée cartésienne*, Paris 1986.

2) F. Ueberwegs *Grundriß der Geschichte der Philosophie III*, (1913) 12. Aufl. 1924, 220 f.

은 "오직 자기 안에서 모든 현실과 진리의 흔들림 없는 중심점을 발견한다. 즉, 자아로부터 우리는 세계를 정복한다." 이런 해석은 적어도 역사철학에 관한 헤겔의 강의들로 소급될 수 있다. 거기서 데카르트에 관해 이렇게 말하고 있다. 그는 "피히테처럼 절대적 양심으로서의 자아라는 입지에서 시작한다."[3] 데카르트의 철학에 대한 이런 해석이 서양에서는 여전히 마틴 하이데거의 데카르트상(像)에서도 기초로 놓여있다. 하이데거는 형이상학의 역사에 대한 서술에서 데카르트가 모든 확실성을 "주관성" 위에 근거 지움으로써 존재 인식을 근대적으로 왜곡시킨 장본인이라고 서술했다.[4]

이런 식으로 데카르트를 해석하는 오류는 두 번째 『성찰』에서 소개된 '나는 생각한다, 그러므로 존재한다'(cogito sum)는 명제의 체계적인 기능이 잘못 평가되었던 데에 기인한다. 물론 데카르트 자신이 그의 『철학의 원리』에서(I,7) '나는 생각한다, 그러므로 존재한다'(ego cogito, ergo sum)는 명제가 "모든 인식 중에서 가장 첫 번째이자 가장 확실한 것"이라고 선언했다. 하지만 모든 다른 인식들의 기초가 다뤄진다는 결론이 나오는 것은 아니다. 1635년의 성찰들에서 저자에게 중요했던 것은 하나님 인식이 모든 다른 개념 형성의 토대이며, 따라서 또한 모든 다른 인식의 토대라

---

3) G.W.F. Hegel, *Werke in 20 Bänden Bd*. 20, Frankfurt 1971, 130 f.

4) M. Heidegger, *Holzwege*, 1950.

는 것을 입증하는 일이었다. 세 번째 성찰에서 우리가 우리 안에
서 발견한 무한자의 이념이 모든 각기 유한한 내용 및 자신의 자
아 파악을 위한 가능성을 형성한다고 말하고 있다면, 이때 두 번
째 성찰의 논제, 곧 그 근거 지움의 기능과 관련하여 사유하는
자아의 자기 확신에 관한 논제는 보다 높은 인식의 근거로 고양
된다.[5] 볼프강 휘프너(Wofgang Hübner)가 최근 프랑스의 데카르
트 연구, 특히 앙리 구이에(Henri Gouhier)에 의존하여 데카르트에
관해 올바르게 말했다. "모든 학문의 확실성과 진리는 참된 하나
님에 대한 인식에 유일하게 의존한다는 그의 논제를 단순한 핑
계나 세계관적 위장(僞裝)으로 간주하는 사람은 그를 인간중심적
인 입장의 철저한 첫 번째 대변자로 강조할 수 있을 것이다." 성
찰들은 "신중심적인 형이상학 논저들로서 … . 이미 그 제목에서
도 하나님의 현존과 영혼의 불멸성을 우선적으로 다루려고 하
고 있다."[6] 마리온(Jean-Luc Marion)도 강조했던 것처럼, 두 번째
성찰에서 유명한 '나는 생각한다, 그러므로 나는 존재한다'는 것
은 무한자에 대한 직관으로부터 하나님에 대한 사유를 구축하
는 첫걸음을 제시한 것이며, 그 무한자에 대한 직관은 세 번째 성
찰에 따르면 (칸트의 의미에서) 자아의 초월론적 근거이다.[7] 아우구

---

5) Descartes *Med*. III,24: manifeste intelligo plus realitatis esse in substantia infinita quam
in finita, ac proinde priorem quodammodo in me esse perceptionem infiniti quam finiti,
hoc est Dei, quam mei ipsius.

6) W. Hübner, Art. "Descartes" *TRE* 8, 1981, 503.

7) J.-L. Marion 위의 책 1986, 258.

스티누스를 연상시키면서, 사유하는 자아의 자기 확실성을 도입하는 것은 하나님에 대한 사유에 접근할 수 있는 통로를 열어준다. 하지만 이 통로는 실제로 자아의 자기 파악을 위해서나 세계 사물들의 인식을 위해서도 기초가 된다. 자신의 자아를 포함하여 모든 유한자들은 단지 무한자의 제한으로만 생각될 수 있다. 그 위에서 데카르트는 무한자를 완전자의 개념으로 특징짓는 일을 쌓아갔다. 왜냐하면 제한되어 있는 모든 것은 실재의 함량을 "더 많이"(plus realitatis) 포함하고 있는 것보다 덜 완전하기 때문이다.(Med. III24) 그러나 무한자를 완전자와 결부시킨 것은 데카르트로 하여금 모든 다른 인식을 가능하게 만드는 무한자에 대한 직관을, 모든 다른 사물들의 근거가 되는 하나님에 대한 의식과 동일시하도록 만들었다.

이것이 아마도 성찰 일반의 핵심 사상일 것이다. 반면에 '나는 생각한다, 그러므로 존재한다'(cogito sum)는 것은 축약 형태로서 이미 아우구스티누스에 의해 고대의 회의주의에 반대해서 타당성이 인정받았던 논증을 요약하고 있다. 만약 내가 속고 있다면(회의론자들이 주장하듯이), 나는 존재하고 있다.[8] 지도적인 얀센주의자들 중의 한 명으로 데카르트에 대한 비판가인 안토니 아르노(Antonie Arnaud)가 이미 두 번째 성찰의 '나는 존재한다'에 대해서, 이 사상은 아우구스티누스로부터 유래한다고 표명했다. 그

---

8) R. Descartes. Ego etiam sum, si m fallit (Med. II,3). 참고, Augustin De lib. Arb. II,3; De civ. Dei XI,26: si enim fallor, sum.

리고 그는 이후의 해석자들과 비슷하게 생각했기 때문에 다음과 같은 사실에 대해서 놀랐다. 데카르트는 이 논제를 매우 강조하면서 이것을 "그의 철학 전체의 토대"로 선언했다.[9] 그러나 그 사상의 아우구스티누스적 근원은 데카르트나 그의 시대의 식자들에게 알려져 있었다.[10] 그리고 그것에 대한 앎은 아마도 그 시대의 일반적인 교양의식에 속했다. 토마스 캄파넬라(Tommaso Campanella)가 1634년에 로마에서 파리로 도망쳐 온 후에 데카르트처럼 메르센(Mersenne)파에 속해 있었는데, 특히 그는 이미 그 사상의 아우구스티누스적 근원을 강조했고, 그것을 모든 지식의 토대라고 간주했다.[11] 따라서 데카르트는 아르노에 대한 회답에서 그에게 아주 간단하게, 그러나 역설적으로 감사한 마음을 표현했다. 아르노가 데카르트를 "거룩한 아우구스티누스의 권위로" 보호해 주었다는 것이다.[12] 마리온에 따르면, 데카르트가 '나는 존재한다'는 것의 권위와 원천으로서 아우구스티누스를 끌어들였던 것은, 그가 그 사상의 다른 용도, 다시 말해 영혼의 실체성에 대한 주장의 근거를 만들어냈기 때문이 아니었다.[13]

---

9) 이런 식으로 아르노는 데카르트의 성찰들에 대한 네 번째 이의 제기에서 밝히고 있다. *ThB* 27, 274에서 재인용.

10) 참고, J.-L. Marion 위의 책 138 f. 이 주제에 대한 기초를 다음의 연구가 제공하고 있다. H. Gouhier, *Cartésianisme et augustinisme au XVIIe siècle*, Paris 1978.

11) 이에 대해서는 다음 책의 제2장을 참고하라. L. Blnachet, *Les antécedents historiques du „Je pense, donc je suis"*, Paris 1920.

12) 이렇게 데카르트는 네 번째 회답에서 밝히고 있다. (*PhB* 27, 199)

13) J.-L. Marion 위의 책 140 f. 그리고 메르센에게 보낸 1637년 5월 25일자의 데카르트 편지(AT 1, 376,20 f., 참고, III, 247,4~248,1)를 참고하라.

어쨌든 데카르트 자신이 매우 의식했던 그의 독창성이 '나는 생각한다, 그러므로 나는 존재한다'에 있는 것이 아니다. 그는 오히려 이 사상을 그의 확실성의 추구를 위한 출발점으로 만들었으며, 그래서 그것을 "모든 인식 중에서 가장 첫째 되고 가장 확실한 것"으로 특징지을 수 있었다.(Princ. I,7)

데카르트의 철학적 착안의 새로운 점은 무한자에 대한 직관이 자신의 자아를 포함하여 유한한 것에 대한 모든 인식의 조건이라는 논제이며, 또한 이 논제와의 연관성 속에서 자아의 확실성에 대한 아우구스티누스적 사상으로부터 시작하여 새롭게 하나님의 현존을 논증한 것이다. 데카르트는 하나님의 현존에 대한 그의 유명한 증명을 직접적으로 자아의 확실성 위에서 정당화하지 않았고, 오히려 자아의 의식에 전제되어 있는 무한자에 대한 이념 위에서 정당화했다. 하지만 자아의 확실성이 이를 위한 출발점이 되었다. 하나님의 현존에 대한 논증은 유한한 내용들에 대한 모든 파악의 조건으로서 무한자가 가지는 초월론적 우선성으로 인해서 오로지 무한자(infinitum)를 완전자(perfectum)와 동일시하는 길을 통해서만 전개될 수 있었다.[14] 이런 논증 과정에서 데카르트는 스콜라주의의 신존재증명(神存在證明) 전통의 발전으로부터 자신이 이탈하고 있음을 명백하게 의식했다. 그는 철학적 신론을 무한자에 대한 초월론적 직관 위에 근거 지우는 그의

---

14) 이에 대해서 다음을 참고하라. D. Henrich, *Der ontologische Gottesbeweis. Sein Problem und seine Geschichte in der Neuzeit*, 1960, 10 ff.

방식이 토마스 아퀴나스 이래로 선호되어 왔던 증명들, 곧 하나님의 현존을 세계로부터 증명하는 방식들에 - 말하자면 하나님을 사물들의 현존과 운동을 근거 짓는 원인들의 연쇄에서 첫 번째 요인으로 증명하는 것에 - 대한 대안이라고 완전히 의식적으로 특징지었다. 토마스주의자 카테루스(Caterus)의 비판에 대한 데카르트의 대답에는 이렇게 기록되어 있다. 그는 자신의 증명을 의도적으로 "감각 세계의 가시적인 질서 혹은 작용하는 원인들의 연속으로부터" 수행하지 않았는데, 이는 그가 하나님의 현존의 명증성은 그 어떤 감각적 사물들의 명증성보다 더 큰 것이라고 간주하기 때문이다. 원인과 결과들의 무제한적인 연쇄고리를 파악할 수 없기 때문에 "그 어떤 것이 첫 번째의 것임에 틀림없다"는 결론을 내릴 수 없을 것이기 때문이라는 것이다.[15] 이것은 데카르트가 다음과 같은 아리스토텔스주의 및 토마스주의의 주장을 거부했다는 것을 의미한다. 원인들의 일련에서 첫 번째 원인이 있을 수밖에 없는데, 이는 이 일련에서 무제한적으로 소급해갈 수는 없을 것이기 때문이라는 것이다. 그렇지 않으면 현존하는 사물들의 실존이 가능하지 않을 것이기 때문이라는 것이다. 거룩한 토마스의 다섯 가지 증명의 길(S. th I,2,3)에 근본적으로 놓여 있는 이런 전제에 대한 의심은 이미 윌리암 오컴 이래로 표출되어 왔다. 오컴은 원인들의 연속에서 무제한적 소급의 불가능성

---

15) 이렇게 데카르트는 첫 번째 회답들에서 말하고 있다. *PhB* 27,96.

을 오로지, 원인들의 작용의 산출을 넘어서 그 유지를 위해서도 꼭 필요한 그런 원인들에 대해서만 타당한 것으로 간주하기를 원했다.[16] 오컴은 유지되고 있는 원인들의 경우에 무제한적인 소급의 불가능성을 여전히 용인했고, 이런 의미에서 세계 사물들의 현존으로부터 하나님을 증명하는 것의 신빙성을 긍정했지만, 데카르트는 원인들의 일련에서 무제한적인 소급의 불가능성에 의한 논증이 - 위의 인용에서 보는 것처럼 - 결코 허용될 수 없는 것이라고 판단했다. 따라서 그는 인용되었던 그의 글에서 계속해서 이렇게 말한다. "그러므로 나는 나의 증명 과정의 출발점으로 나 자신의 현존을 삼으려고 했다. 나 자신의 현존은 원인들의 사슬에 의존하지 않으며, 그것은 그 어떤 것도 더 알려질 수 없을 정도로 내게 알려져 있기 때문이다." 따라서 데카르트는 세계로부터 출발하는 전통적인 신증명들은, 원인들에서 무제한적인 소급이 가능하지 않다는 가정에 의존해 있기 때문에 지탱될 수 없다는 것을 알았다. 이미 오컴으로부터 제약을 받았던 이 가정은 데카르트가 정확하게 보았듯이, 관성의 법칙과 연결되어 있는 운동에 대한 근대의 자연과학적 이해의 기반 위에서 전적으로 무너졌다.

데카르트는 세 번째 성찰에서 우리 정신에 있는 무한자에 대한 관념에서 하나님을 증명하는 것을 다음과 같은 물음을 통해서

---

16) W. Ockham *Ordinatio* I d 2 q 10 (*Opera* IV, 1970, 354, 17 ff.). 이에 대해서 다음을 참고하라. W. Pannenberg, *Systematische Theologie* 1, 1988, 99 f.

시작했다. 우리가 우리의 정신에서 발견하는 다른 관념들과 마찬가지로 이 관념(Idee, * 무한자에 대한 관념)에서 우리 자신에 의해 산출되지 않은 관념을 다룰 수 있을까 하는 물음이었다. 이 물음에 대한 부정의 대답으로 인해 다음과 같은 주장에 도달했다. 즉, 우리가 우리의 정신에 주어져 있는 무한자에 대한 관념을 통해서 인식하는 하나님은 또한 우리 바깥에서 실제로 현존한다는 것이다. 우리 의식의 초월론적 근거로서의 무한자에 대한 관념이, 여기서 인과적 추론에 의해 도달한 그 개시자와 연관될 때 비로소 신증명이 된다. 특별하게 설득력이 있지 않은 이런 인과 논증이 다섯 번째 성찰에 와서야 비로소 존재론적 증명을 통해서 보충된다. 존재론적 증명은 우리의 하나님 관념의 내용으로부터 무한성과 결합되어 있는 완전성의 길을 거쳐서 그렇게 생각된 하나님의 현존에 대해 직접적으로 결론을 내린다.(Med. V,7 ff.) 이때 고려해야 할 것은 현존이 최고 완전성의 내포로서 생각되고 있지, 어떤 확장되거나 부가적인 완전성으로 생각되고 있는 것이 아니라는 것이다.[17] 따라서 가장 완전한 존재는 그 존재에 따라서 '필연적으로 있음'(ens necessarium)이라는 것이다.[18] 최고로 완전한 존재에 관한 이런 사상은 세 번째 성찰(Med. III,24)에 따르면 모든

---

17) 첫 번째 이의들에 대한 데카르트의 대답, *PhB* 27, 105 ff., 참고, *Med*. III,27. 이에 대해서 다음을 보라. D. Henrich, *Der ontologische Gottesbeweis*, 1960, 14 ff.,

18) D. Henrich 위의 책 14. 하지만 이런 의심을 제시한 첫 번째 이의들에 대한 대답에서 최고 전능한 존재라는 개념에 의해 제시한 논증이 지속될 지는 의문이다.(참고, Henrich 위의 책 15 ff.)

유한자에 대한 인식의 조건이 되는 무한자에 대한 직관에서 나온 것이다. 무한자에 대한 직관으로부터 최고 완전자로의 이런 이행은 물론 데카르트주의의 논쟁에서 문제점이 될 것이다. 만약 유한한 내용들에 대한 모든 파악의 가능적 조건이 되는 무한자에 대한 직관으로부터 가장 완전한 존재에 관한 사상으로의 이행이 이론의 여지가 없다고 한다면, 바로 그때에만 데카르트는 가장 완전한 자에 대한 사상이 우리의 불완전성에 대한 반대의 상(像)으로서 우리 자신으로부터 만들어낸 것이라는 의심을 모면할 수 있을 것이다. 무한자에 대한 직관에서는 데카르트가 이런 의심을 배제할 수 있었다. 이 직관은 그 자체의 입장에서 보자면 유한한 것에 대한 모든 경험의 조건이기 때문이다. 하지만 가장 완전한 것에 관한 사상에서는 그렇지 않다. 우리는 충분히 유한한 것을 제한된 완전성에서 생각해 볼 수 있다. 이때 그 조건으로서 가장 완전한 것이 반드시 전제되어야 하는 것은 아니다. 따라서 만약 가장 완전한 것에 대한 가정이 모든 인식에 대해서 구성적인 무한자에 대한 직관으로부터 무한자에 대한 세부적 규정으로서 귀결된다고 한다면, 바로 그때에만 가장 완전한 것에 관한 사상은 모든 유한자의 불완전성에 대한 반대의 상으로서 우리 정신의 산물이라는 의심을 피할 수 있을 것이다. 하지만 가장 완전한 것에 대한 사상은 그 자체로서는 이런 의심을 피할 수 없다. 데카르트에게서 무한자에 대한 직관으로부터 가장 완전한 것으로의 이행은 확실하지가 않다. 무한자에 대한 직관 그 자체가 완전히 규정되어 있지 않기 때문이다. 따라서 그렇게 생각된 무한자가, 우리가 저 무한자의 제한성으로 생각하고 있는 모든 유한자에 비해서 더 많은 실재성(plus realitatis)을 가지고 있음에 틀림없다는 것도(Med. III,24) 분명하지가 않다. 더구나 무한자에 대한 직관은 물론이고 무한자 자체에 대한 사상도 현존하고 있음과 존재하지 않음의 차이를 여전히 넘어서 있다.

이 후에 가장 완전한 것의 개념에 대한 의구심들이 항상 계속해서 제기되었다. 그 개념의 형성은 투사의 결과일 수 있으며, 우리 정신의 자의적인 산물이며, 모든 정신적 활동에서 필수적인 전제가 아니라는 것이다. 따라서 나중에, 특히 라이프니츠에게서 완전한 것에 관한 사상으로부터의 존재론적 신증명은, 가장 완전한 존재라는 개념의 적용가능성을 위한 실제적인 기반을 제공하는 우주론적 증명의 한 형태에 의해 보충되었다. 이때 라이프니츠는 우주론적 논증을 다음과 같이 정리했다. 우주론적 논증은 세계의 우연성으로부터 우연적이지 않은, 따라서 스스로 실존하는 존재를 직접적으로 추론하는데, 이때 원인들의 연속에서 무제한적으로 소급해가는 그 문제성이 많은 논증을 참고하지 않는다.[19] 라이프니츠에게서 이 논증은 '충분한 근거의 원리'에 바탕

---

19) 라이프니츠는 그의 『모나드론』(1714년에 저술되었으나, 1720년에 하인리히 쾰러 Heinrich Köhler에 의해 출판되었다.) 37쪽 이하에서 무한 개별자들의 우연성으로부터 (현존의 관점에서) 최종적인 근거를 추론하는데, 이때 그것은 "개별적인 우연적 사물들의 연속 바깥에서" 찾아져야 하며, "이 연속은 또한 무제한적일 수 있다"는 점을 고려해야 한다고 주장한다.(37) 이로부터 하나님은 "절대적으로 완전하다"는 결론이 나온다고 말한다.(41)

을 두고 있으며, 이 원리의 적용은 무한해야 할 뿐만 아니라 완전해야 할 첫 번째 원인의 가정에 필연적으로 도달한다. 하지만 충분한 근거의 원리가 그 자체의 입장에서는 최고로 완전한 것에 관한 사상과 연관되어 있다. 왜냐하면 충분한 근거에 대한 재질문은 출발점의 불완전성을 전제하고 있기 때문이다. 따라서 라이프니츠에게서 최고의 완전성에 관한 사상은 다시 한 번 철학적 신론의 중심으로 옮겨진다.[20]

신학자들이 17세기에 데카르트가 철학적 신론을 새롭게 구축한 것에 대해서 별로 많은 갈채를 보내지 않았다. 신학자들은 로마서 1:20을 통해서 창조의 작품들로부터 하나님의 현존을 인식하는 것을 고수하는 것이 필요하다고 보았다. 그러나 그것은 아마도 아리스토텔레스주의와 결별할 준비가 되어 있지 않아서 내세우는 핑계에 불과했을 것이다. 사람들은 회의(懷疑)를 통해 확실성을 추구하는 데카르트적 방법의 출발점이 은밀한 형태의 무신론이라는 의심을 했다. 다른 한편으로 데카르트 철학의 추종자들이 곧장 그의 기계론적 자연철학을 성서의 해석에도 적용하려고 결심했고, 새로운 자연과학과 모순되는 성서의 진술들은 영감의 과정에서 성서 저자들의 시대제한적인 세계 인식에 성령이 적응한 것의 표출이라고 해석했다.[21] 이런 것들이 새로운 철학

---

20) 나의 이 통찰은 클레이튼(Ph. Clayton)이 곧 출판할『데카르트로부터 슐라이어마허까지의 철학적 신학의 역사』에서 라이프니츠에 관한 설명에 빛을 지고 있다.

21) 구(舊) 개신교주의 성서영감설의 내적인 약화의 과정에서 적응설의 의미에 대해서는

적 방향성에 대해서 불신하는 추가적인 이유들이 되었는데, 적어도 성서 영감에 관한 이런 견해를 받아들이고 싶어하지 않은 신학자들에게는 확실히 그랬다.

17세기와 18세기 초에 데카르트는 인간중심주의적 철학, 다시 말해서 코기토(나는 생각한다) 위에 세워진 철학의 창시자로 간주되었던 것이 아니라, 우리 의식의 모든 다른 내용들의 최상의 조건인 무한자에 대한 직관이라는 새로운 착안점을 통해서 철학적 신론을 갱신한 사람으로 간주되었다. 이런 식으로 17세기에 많은 사람들은 데카르트를 이해했다. 데카르트의 공간에 관한 철학을 통해 뉴톤을 자극했던 헨리 모어(Henry More)를 비롯해서 말브랑슈(Malebranche), 스피노자 그리고 라이프니츠도 그랬다. 그들은 모두 비록 서로 다른 강조점들을 두고 있었지만 데카르트의 새로운 착안점을 따랐다. 피조물의 영역에는 두 가지 종류의 실체들이, 다시 말해서 사유적 실체(* res cogitans 정신)와 연장적 실체(* res extensa 물체)가 있다는 데카르트의 논제와 관련해서, 그들은 상호 간에 그리고 데카르트와도 다른 해결책에 도달했다. 하지만 이 문제로 들어가기 전에, 데카르트의 하나님에 관한 생각들의 개별적인 요소들에 대해서, 그리고 하나님과 세계의 관계에 대한 그의 견해에 대해서 말해져야 한다.

W. Pannenberg, *Systematische Theologie* 1, 1988, 44를 보라.

1. 데카르트는 이미 윌리엄 오컴이 했던 것과 비슷하게, 무한하고 완전한 하나님에 관한 사상과 하나님의 전능성에 관한 생각을 결합시켰다. 데카르트를 얼마만큼 오컴의 작품에 정통한지는 물론 아직 해명되지 않았다. 이때 데카르트가 오컴과 결부시키고 있는 것은, 하나님의 무제한적인 전능에 관한 생각뿐만 아니라, 다른 주장, 말하자면 하나님의 존재의 단순성에는 의지와 지성 사이에 차이가 없다는 논제도 있다.[22] 하나님의 정신에 관한 중세의 심리학에 관한 이런 논쟁은 스피노자에게서 인격적 하나님에 관한 생각에 대한 비판의 계기가 되었다.[23]

2. 데카르트에게서 하나님의 완전성에는 하나님의 불변성에 관한 생각이 밀접하게 결부되어 있다. 하나님의 불변성에 관한 이 생각은 하나님의 무제한적 전능에 관한 생각과 더불어 데카르트의 자연철학에서 근본적인 의미를 가진다. 그것은 1644년에 출판된 『철학의 원리』에 또한 무엇보다 30년 전쟁의 초반에 생겼지만 데카르트의 사후에 출간된 『세계』(Le Monde)에 실려 있다.

데카르트의 견해에 따르면 한편으로 모든 창조물은 현존을 위해서나 현존 안에서의 지속을 위해서 창조주의 전능에 의존해 있다. 그것도 피조물의 현존의 매 순간에서 그렇다. 이런 견해에 데카르트의 원자론적 시간 이해, 즉 시간을 순간들의 연속으로 보

---

22) 참고. W. Hübner, "*Descartes*", in: *TRE* 8, 1981, 506.

23) B. de Spinoza Ethica (1677) I, Schol. zu prop. XVII, 참고, prop. XXXII corr. 2.

는 것이 일치한다. 그러나 다른 한편으로 하나님은 그의 불변성으로 인해, 그가 창조했던 그대로 정확하게 만물을 유지한다. 그것은 하나님이 세계의 시작 상태를 보존한다는 것을 의미하는 것이 아니다. 그것은 - 하나님께 달려 있는 한에서 - 변화들이 생기지 않는다는 것을 의미한다. 즉, 자연에서의 모든 변화들은 피조된 사물들과 그들 상호 간의 영향들로 소급된다. 그렇다면 하나님에 의한 사물들의 유지는 단지, 사물들이 그들의 그때그때의 상태에서 하나님에 의해 유지되고 있다는 것을 의미한다. 그리고 바로 거기에 데카르트의 운동 원리가 의존해 있다. 그의 운동 원리에 의하면 사물들도 그들의 입장에서, 다른 방해를 받지 않는 한 그들의 그때그때의 상태를 고수한다. 그것이 운동의 상태가 되었든, 정지의 상태가 되었든 간에 말이다.(Princ. II,37) 모든 변화는 사물들 상호 간의 영향들로 인해 생긴다. 사물들은 하나님에 의해 운동하도록 창조되었다. 그리고 사물이 충돌한다면 사물들은 그들의 운동 충동들을 상호 간에 전이하거나 혹은 멈춘다.

이런 방식으로 데카르트에게서 기계론적 힘들에 의해 움직이는 자연에 관한 상(像)이 생겼다. 이것을 그는 이미 1633년에 자신의 『세계』에서 묘사했다. 갈릴레이에 대한 종교재판이 진행되는 중이었기에 데카르트가 그의 생애 동안에는 그 책을 출판하지 않았다. 그 책은 1644년에 가서야 비로소 출간되었다. 이 서술에 따르면 하나님은 처음에 질서가 정해져 있는 상태의 우주가 아니라 혼돈(Chaos)을 창조했다. 혼돈으로부터 스스로 하나의 질서가 발전하는데, 그것은 우주 물질들의 소용돌이 운동으로부터 출발한다. 데카르트에 따르면 우주 물질들의 소용돌이 운동으로부터 천체들과 태양계가 순수 기계적인 법칙에 따라서 발생했다. 하나님은 그의 불변성으로 인해서 이런 과정에 개입하지 않는다. 물론 이때 하나님은 바로 자신의 불변성을 통해서 매 순간에 각 사물들을 유지하는데, 그것도 각 사물이 현 순간에 있는 그 상태로 유지한다.

　이런 데카르트적 세계상에 아이작 뉴턴(Isaac Newton)은 거부감을 느꼈다. 왜냐하면 그 세계상은 자연 현상의 운동 과정들에 대한 하나님의 모든 개입을 배제했기 때문이다.[24] 뉴턴은 이미 이전에 헨리 모어가 그랬듯이, 이런 세계상은 무신론으로 귀결될 수 있다는 위험을 보았다. 그래서 뉴턴은 1687년 그의 『자연철학의 수학적 원리』에서 이런 세계상과 상반된 대안적인 개념을 설정했다. 물론 그 대안적인 개념은 뉴턴의 의도와는 완전히 반대로 수세기 동안 순수 기계론적 자연 묘사의 토대로 받아들여졌다. 이와 달리 뉴턴 자신은 비(非)기계적으로 작용하는 힘들, 예를 들어 중력과 같은 것을 모든 운동력들의 최종적인 근거로 ('가해진 힘' vis impressa의 종류로) 서술하기를 원했었고, 그래서 그는 그런 비(非)기계적으로 작용하는 힘들이 바로 하나님이 피조된 세

---

24) 이것을 코이레가 인상적으로 묘사했다. A. Koyré, *Newtonian Studies*, 1965, 93 f.

계를 어떻게 움직이는지를 보여주는 표현이라고 간주했다. 마치 우리의 이성적 혼이 우리의 육체를 움직이는 방식과 유사하게 말이다. 이때 하나님은 공간을 통해서 그의 피조물들의 각각에게 현존해 있다. 이런 의미에서 뉴턴은 1706년 그의 『광학』에서 공간을 '하나님의 감각기관'(seonsorium Dei)이라고 일컬었다.

따라서 하나님과 자연의 관계에 대한 뉴턴의 생각은 정신과 물체의 상호작용에 관한 물음에 대한 대답이기도 했다. 그것은 데카르트의 자연철학이 후대 세계에 남겨 놓았던 주요 문제였다. 데카르트는 말하자면 하나님, 곧 엄격한 의미에서 유일한, 홀로 전적으로 자립적인 실체(Princ. I,51) 외에 두 가지의 피조적 실체들을 구분했는데, 그것은 물체(substantia corporea)와 정신 혹은 사유적 실체(mens, sive substantia cogitans)이다.(I,52) 전자의 고유성은 연장(延長 extensio)이고, 후자의 그것은 연장이 없는 사유(cogitatio)이다.(I,53) 그것들이 인간 안에서 육체와 영혼으로 결합되어 있는 것은 데카르트에 따르면 단지 외적인 결합의 특징을 가질 뿐이다.[25] 실체로서 영혼이 가지는 그런 자립성이 여섯 번째 성찰에서, 그 자체로는 다뤄지지 않았지만, 더 이상 쪼개어지지 않는 영혼의 단순성으로부터 귀결되는 영혼의 불멸의 주제를 위한 기초였다.

그러나 연장적 실체(* 물체 혹은 신체)와 사유적 실체(* 정신 혹은 영

---

25) Descartes Princ. IV, 189, 참고, *Les Passions de l'âme*, 1649.

혼)라는 두 실체들에 의한 이원론은 이제, 사람들이 그 두 실체의 협업을 어떻게 생각해야 하는지에 대한 문제를 불가피하게 만들었다. 비록 한편으로는 "영혼에 귀속된 신체 안에서의 단순한 신체적 운동들은 우리의 영혼이 특정의 생각들에 이르도록 몰고 가도록 우리의 영혼이 설정되어 있다."(Princ. IV,197) 하지만 상호 간의 직접적인 작용은 데카르트에 따르면 상상하기 어렵다. 신체와 영혼의 상호작용의 문제에서 데카르트의 영향을 받은 이후의 사상가들은 상이한 해결책들을 내어 놓았다. 니콜라스 말브랑슈(Nicholas de Malebranche, 1638~1715년 사망)는 몸과 영혼의 공통된 창시자로서의 하나님 안에 다음과 같은 일에 대한 근거를 가정했다. 신체의 측면에 변화가 일어날 때 영혼도 그에 상응하는 변화들을 겪게 되고 또 그 역도 마찬가지로 가능하게 한다. 따라서 한 실체의 변화들은 다른 측에서 상응하는 변화들을 촉발한다. 하지만 이때 양자 간에 상호 대립적인 작용은 발생하지 않는다. 그래서 사람들은 이런 생각을 기회원인론(機會原因論 Okkasionalismus)이라고 불렀다. 말브랑슈는 이런 논제를 이미 1674년에 진리에 관한 그의 연구에서 밝혔다.[26]

문제에 대한 다른 해결책은 그 보다 몇 년 전에 바뤼흐 스피노자(Baruch de Spinoza 1632~1677)에 의해 그의 실체의 통일성에 관한

---

26) N. de Malebranche, *Recherches de la verité*, 1674.

이론과 함께 전개되었다.[27] 데카르트에 의해 가정된 두 실체들, 곧 사유적 실체와 연장적 실체의 대립 그리고 그 실체들의 상호 작용의 어려움에 관한 문제는 스피노자에 의해 다음과 같은 방식으로 제거되었다. 즉, 그는 그 둘을 한 유일한 실체, 곧 하나님의 속성으로 간주했다. 이런 견해를 통해 스피노자는 사람들이 생각하는 만큼 데카르트와 멀리 떨어져 있지 않다. 이로써 그는 아마도 원래부터 철두철미하게 데카르트주의자라고 간주될 수 있었다. 왜냐하면 데카르트 자신이 그의 『자연철학의 수학적 원리』에서 이렇게 기록했기 때문이다. 만약 사람들이 실체 개념을 엄격하게 "자신의 현존을 위해서 다른 사물을 필요로 하지 않는" 사물의 개념으로 받아들인다면, 사람들은 실체를 "오로지 하나의 유일한 실체로, 즉 하나님과 동일시되는 것으로 생각할 수 있을 것이다. 그러나 우리가 알고 있듯이 다른 모든 것들은 오직 하나님의 도움으로 현존할 수 있다. 따라서 실체라는 이름은 하나님에게 합당하며, 나머지 사물들에게 그 이름은 동일한 의미로 사용될 수 없다 … ."(Princ. I,51) 데카르트는 사유와 연장을 속성으로 파악했다. 그리고 그 속성들로부터 이에 상응하는 실재 (Realitaet) 혹은 "실체"(Substanz)를 – 그 실체가 하나님께 의존해 있다고 하더라도 – 추론하게 한다.(I,52)

---

27) B. de Spinoza, *Renati des Cartes Principiorum Philosophiae Pars I et II*, 1663. 스피노자의 주요 저작, 『윤리학』(참고 I, prop. XIV)의 중심부를 이루는 것이 바로 이 논이 데, 이 책은 스피노자가 사망한 해인 1677년 사후 작품으로 출간되었다.

반면에 스피노자는 이 두 속성을 한 유일한 실체, 즉 하나님의 속성들로 간주했다. 이로부터 사유뿐만 아니라 연장에 수반되는 무한성이 이해되며, 또한 사유와 연장의 공속성(共屬性)이 이해된다. 왜냐하면 육체와 영혼에서 바로 단지 한 동일한 사물의 두 측면이 다뤄지고 있기 때문이다. 이때 스피노자는 유한한 현상들을 단지 무한한 하나님과 동일시하지 않았다. 오히려 그는 그것들을 하나의 무한한 실체의 유한한 "양상들"(Modi)로 간주했다. 그럼에도 불구하고 그의 철학은 범신론 혹은 무신론의 의혹을 받으며 비판받았다. 하지만 그의 철학은 나중에 헤겔이 옳게 말했듯이 원래 무우주론(* 無宇宙論 Akosmismus, 신만이 유일한 실체이고 나머지는 자립적으로 존재하지 않는다는 이론)으로 특징지어졌어야 마땅했다. 왜냐하면 스피노자가 싸웠던 것은 하나님의 존재가 아니라, 오히려 하나님 외에 세계 혹은 세계의 만물 자체의 자립적인 존재였기 때문이다. 물론 그런 견해는 성서의 창조 신앙과 일치하지는 않는다. 왜냐하면 성서의 창조 신앙은 피조물의 (비록 오직 제한 안에 있기는 하지만) 자립적인 현존을 창조 행위의 내적인 목표로 주장하기 때문이다. 이 점에서 또한 데카르트에 대한 스피노자의 가장 중요한 차이점이 있다. 데카르트는 하나님 외의 모든 현존을 하나님의 전능의 우연적 산물로 간주했기 때문이다. 반면에 스피노자는 조르다노 브루노(Giordano Bruno)의 범신론적 자연철학의 전통에 있었다. 이 전통은 이제 데카르트의 수학적-기계론적 자연 서술의 수단들에 의해 관철되었으며, 또한 스피노자가

1770년에 익명으로 출판한 『신학-정치론』에 나오는 스피노자의 유명한 성서비평의 기초를 이루었다.

고트프리드 빌헬름 라이프니츠(Gottfried Wilhelm Leibniz, 1646-1716)의 단자론(單子論)도 데카르트가 남긴 문제들에 대한 대답으로 이해될 수 있다. 특히 육체와 영혼의 관계, 그리고 육체와 영혼이 하나님께 가지는 관계에 관한 문제와 관련하여 그렇게 이해할 수 있다. 라이프니츠는 데카르트의 철학적 신론의 새로운 착안점을 항상 고수했다. 하지만 이때 그는 우리의 정신에 근본적으로 놓여있는 무한자에 대한 직관(그리고 무한자의 완전성에 대한 직관)으로부터 추론한 데카르트의 존재론적 신증명을, 모든 유한한 현존재의 우연성으로부터 자신 스스로 (그리고 그런 한에서 필연적으로) 현존하는 존재를 추론한다는 의미에서의 우주론적 증명의 새로운 해석과 결합시켰다. 라이프니츠는 자신의 고유한 길을 물체 세계와 정신적 존재 사이의 관계와 관련하여 추구했다. 여기서 그는 데카르트뿐만 아니라 스피노자나 말브랑슈로도 만족하지 못했다. 스피노자의 철학에는 유한하고 우연적으로 실존하는 사물들의 자립적인 현존을 위한 여지가 없으며, 따라서 그 사물들의 자유를 위한 여지도 없으며, 그 사물들을 창조적으로 만들어낼 때 하나님의 자유를 위한 여지도 없다고 여겼다. 라이프니츠는 말브랑슈의 견해도 거부했다. 왜냐하면 말브랑슈가 데카르트 및 스피노자와 마찬가지로, 자신의 창조에 지속적으로 개입해야 하는 하나님에 대한 생각이 창조주의 완전성과 - 이것이

데카르트에게서는 창조주의 불변성으로 표현되었다. - 양립될 수 없다고 판단했기 때문이다.

뉴턴의 입장을 방어하고 있는, 라이프니츠의 적수 사무엘 클라크(Samuel Clarke)와 반대되게 신적인 개입 없이 꾸려나가는 자연 세계의 상(像)이 라이프니츠의 머리에도 아른거렸다. 하지만 라이프니츠에 따르면 이런 자연세계는 데카르트의 외연적 실체(res ex- tensa) 개념에 의존할 수 없다. 데카르트와 달리 라이프니츠에 따르면 - 또한 그밖에 뉴턴에 따르면 - 물체 개념은 단지 연장(延 長)에 의해 정의될 수 없다.(참고, Descartes Princ. II,4) 처음으로 뉴턴에게서 물체는 체계적으로 질량 혹은 밀도(물질의 양 quantitas mate- riae)의 속성들을 통해서 규정되었다.[28] 게다가 뉴턴은 질량을 더욱 정확하게 물체 안에 내재하는 힘(vis insita)으로 정의 내렸는데, 그 힘은 물체의 관성(변화에 대한 저항으로서)에서 표현된다.[29] 아주 비슷하게 라이프니츠는 물체의 질량을 물체 안에 내재하는 힘의 표현으로 파악했다.[30] 그리고 이 해석이 자연적 전체들 혹은 단자들(單子 Monade)에 관한 그의 이론의 토대가 되었다. 그 단자들은 각기 자신들의 방식으로 신적, 근원적 단자(Urmonade)의 모사(模寫)들이다. 이때 라이프니츠는 물체들을 단자들의 현상 형식들

28) Max Jammer, *Der Begriff der Masse in der Physik*, (1960) dt. 1964, 66 ff.
29) I. Newton, *Philosophiae Naturalis Principia Mathematica*, (1687) I Def.3.
30) M. Jammer 위의 책 83 ff.

로 생각했다.[31] 그리고 그런 방식으로 그는 사유적 실체(res cogi-tans)와 연장적 실체(res extensa)의 데카르트적 이원론을 극복했다. 물론 상이한 실체들은 – 정의(定義) 그대로 상호 독립적이기 때문에 – 서로 직접적으로 영향을 미칠 수 없다는 데카르트의 어려움이 라이프니츠에게서는 다음과 같은 형식으로 재현된다. 즉, 단자들은 상호 간에 영향을 끼치지 않고,(Monad. §§ 63-70) 단지 신적, 근원적 단자(Urmonade)에 근거를 두고 있는 세계 질서를 반영할 뿐이다.(§ 56) 세계 질서는 물질 현상의 영역에서 물체들 간의 기계적 연관성을 통해 표현된다.(§ 51f., 참고 § 61) 이것이 바로 라이프니츠가 말하는, 단자들의 질서와 물질 현상들의 기계적 질서 사이의 "예정 조화"(prästabilierte Harmonie)이다.(§ 79f.)

라이프니츠 철학의 신학적 적절성을 판단함에 있어서 중요한 것은 피조적 현실에 대한 그의 이해에서 신적인 의지에 대한 의존이, 우주의 질서를 신적인 지혜에 근거 지우는 것에 비하면 전적으로 배후로 밀려 나갔다는 것이다.(Monad. § 46) 그것이 바로 라이프니츠가 사건 발생의 과정에 신적인 개입을 거부함에 있어서 스피노자와 의견의 일치를 보았던 이유가 될 것이다. 그 결과 전통적 의미에서의 기적에 관한 생각이 – 기적은 자연질서에 반(反)하는 것이 아니라고 해도 자연질서 바깥에서 일어나는 사건들이라는 이해 – 배제되었다. 우리에게 기적으로 나타나는 것

---

31) G.W.F. Leibniz *Monadlogie* §§ 63-70.

은 실제로 - 그것이 사실인 한에서 - 하나님의 지혜에 근거를 두고 있는 우주의 질서 안에서 계획된 것이다. 심지어 죄와 악에 대해서도 마찬가지의 논리가 말해진다. 라이프니츠가 1710년에 그의 신정론(神正論)에서 설명했듯이,(I, 21) 죄와 악은 피조적인 존재, 따라서 유한한 존재의 불가피한 불완전성에 그 근거를 가지고 있다. 그럼에도 불구하고 라이프니츠는 상이한 가능성들 사이에서의 선택의 자유가 인간에게 있음을 주장했다.(I, 52) 그 선택의 자유는 그 자체로서 하나님에 의해 섭리되었으며, 그 결과들과 더불어 그 자체가 하나님의 지혜에 근거를 둔 우주 질서의 구성요소이다.

사유적 실체와 연장적 실체의 데카르트적 구분의 어려움들, 그리고 라이프니츠에 이르기까지 제시되었던 다양한 해결책들은 모두 독립적으로 실존하는 것으로서의 실체 개념, 따라서 다른 실체들에게 (하나님을 제외하고) 의존할 수 없는 실체의 개념에 기인한다. 거기에는 근본적으로 관계 개념에 대한 실체 개념의 관계에 대한 후속적인 해명이 여전히 결여되어 있었다는 사실이 놓여 있다. 관계들은 여전히 실체에 대한 우연적인 규정들로 파악되고 있었다. 하지만 역으로 실체 개념 자체가 관계의 표현으로서, 말하자면 우연성에 대한 대립 개념에 의존하는 것으로 통찰되었어야 했다. 이런 통찰은 처음으로 칸트에 의해 정형화되었다. 하지만 거기로 향하는 길에서 먼저 질적 차이들이 관계의 규정들로 소급되어야 했다. 그리고 그것은 존 로크에게서 일어났다.

앞에서 본 바와 같이, 신학이 이런 전체 전개 과정에 직접적으로 참여한 적이 없었다. 하지만 창조의 과정에 대한 신적인 개입과 신적 완전성의 양립 가능성에 관한 논쟁이나, 영혼에 관한 생각과 신체에 관한 영혼의 관계에 관한 생각은 신학적 관심사가 직접적으로 관계되는 것이었다. 그리고 실체와 관계에 대한 관계 규정의 변화는 하나님과 세계의 관계 규정의 변화를 불가피하게 결과적으로 초래했을 수밖에 없을 것이다. 신학이 고대교회나 중세처럼 더 이상 철학적 토론의 파트너가 되지 못했다는 것은 근대 초기(혹은 근세)에 기독교적 사유의 약점이 되었다. 그 대신에 물론 헤겔과 셸링에게 이르기까지 기독교-신학적 관심사들은 여전히 철학자들 자신들에 의해 대변되었다. 그것은 데카르트, 뉴턴, 말브랑슈, 라이프니츠에게 해당되며, 그리고 다른 방식으로 나중에 칸트와 그의 계승자들에게도 해당된다. 하지만 이런 견지에서 영국의 경험론은 어떤 상황이었을까?

2. 존 로크와 경험론

존 로크(John Locke)는 1632년에 법률가(법률 대리인)의 아들로 태어났다. 그의 아버지는 영국 내전 때 의회군의 장교였다. 그 아들은 런던의 웨스트민스터 학교를 다녔고, 1652년 스무 살에 옥스포드로 가서 크라이스트 처지 칼리지(Christ Church College)에서 공부하여 1658년에 석사학위를 땄다. 그 후에 그는 자연과학과 의학 공부에 매진했지만, 1667년에 런던의 애슐리 경(Lord Ashley)의 비서가 되었다. 애슐리 경은 후에 새프츠베리 백작(Earl of Shaftes-bury)이 되었으며, 찰스 2세 치하에서는 대법관이 되었던 인물이다. 새프츠베리의 비서였던 로크는 또한 왕가와의 갈등에 연루되었고, 그 결과 그는 1675년부터 4년간 프랑스로 물러가 있었다. 1679년부터 1683년까지 런던에 잠시 머문 후에 로크는 다시 한 번 망명길에 나섰는데, 이번에는 네덜란드로 갔다. 1688년에 비로소 그는 윌리엄(Willhelm von Oranien)과 함께 네덜란드에서 영국으로 돌아갔고 명예혁명의 지도적인 지성인이 되었다. 무엇보다도 그는 명예혁명과 관련해서 관용과 개인적 자유의 이념에 대해 권위 있는 해석자였다. 관용에 관한 그의 첫 번째 서한은 이미 네덜란드에서 작성되었으며 네덜란드 신학자 필립 림보르치(Philip Limborch)에게 헌정되었으며, 그의 『통치론』(Treatise on Government)도 마찬가지였다. 이 두 글이 처음에는 익명으로 출판되었다. 1690년에는 『인간지성론』(An Essay Concerning Human Understanding)이 출판되었는데, 이제는 로크 자신의 이름을 달았는데, 관용에 관한 두 번째 서한도 마찬가지였다. 관용에 관한 세 번째 서한은 1692년에 출판되었으며, 1695년에는 『기독교의 합리성』(The Rea-sonableness of Christianity as delivered in the Scriptures)이 나왔다. 이후에 로크는 1704년에 죽기까지 성서 주석 연구에 매진했다.

2-1) 인식론

로크는 옥스포드에서 공부할 때부터 이미 존 오웬(John Owen)[32]에 의해서 관용의 이념에 깊이 매료되어 있었다. 그리고 종교적, 도덕적 인식의 토대들에 대한 물음들은 새프츠베리의 초기부터, 다시 말해 인식 능력을 더욱 정확하게 연구하는 과제를 요청받아 그 과제를 다루었던 1670년 이후부터 로크를 사로잡았다. 친구들 그룹의 대화에 참여했던 로크는 그의 『인간지성론』의 앞 부분에 있는 「독자에게 드리는 서한」에서 다음과 같은 점이 분명해졌다고 쓰고 있다. "우리가 자연에 대한 연구를 시작하기 전에, 우리 자신의 능력들을 시험하고, 또한 우리의 지성들이 다루기에 적합한 혹은 적합하지 않은 대상들이 무엇인지를 알아보는 것이 필수적이다."[33]

로크는 옥스프드 학생 시절에 이미 데카르트의 영향을 받았다. 캄프벨 프레이저(Campbell Fraser)에 따르면 그 어떤 다른 철학자보다 데카르트가 그에게 큰 영향을 끼쳤으며, 그것도 자신을 관찰하는 방법을 통해서 큰 영향을 받았다.[34] 하지만 로크는 데카르트 철학의 근본적인 가정을 거부했다. 즉, 우리의 마음(mind)에

---

32) 존 오웬은 당시에 크라이스트 처치 칼리지의 학장이자 부총장이었다. (크롬웰이 총장이었다.)

33) 로크의 『인간지성론』은 캠프벨 프레이저 판(A. Campbell Fraser, 1894, repr. 1959)에 따라 인용된다. 위의 인용은 그 책의 Bd. I, 9에 있다.

34) 캄프벨 프레이저(A. Campbell Fraser)가 쓴 서론, *Essay I*, XX를 참조하라.

는 원래부터 자신의 것인 관념들, 곧 본유관념(innate ideas)이 있다는 생각(Essay I)을 거부했다. 물론 로크는 우리 안에서 발견되는 모든 사상들과 표상들을 지칭하는 것으로서의 관념이라는 개념을 데카르트로부터 수용했다. 하지만 그의 견해에 따르면 우리 의식의 이 모든 내용들은 감각적 지각들과 그 내용에 대한 반성들에 그 원천을 가지고 있다.[35] 이런 반성을 로크는 '우리 마음의 작용들'(II,1,4)이라고 불렀는데, 이 작용들은 수용된 감각의 인상들에 관여한다.(II,1,4: reflect on and consider) 그런 마음의 작용들에 속하는 것으로 그는 지각, 사고, 의심, 믿음, 추리, 앎, 의지를 거론한다.

로크에 따르면 우리의 마음이 감각을 통하여 인상들(특수 관념들 particular ideas)을 수용하기 전에는 비어 있는 공간(empty cabinet)이다. 이런 인상들에 우리의 마음은 이름을 부여한다. 그러면 우리의 마음은 다른 경우들에도 동일한 이름들을 적용하며, 그렇게 해서 추상적이고 보편적인 관념들에 도달한다.(I,1,15) 이런 관념들은 결코 타고난 것이 아니라 항상 획득된 것이다. 더구나 수(數)들이나 수학적 진리들(예를 들어 3 더하기 4는 7이다)에 대한 우리의 앎도 마찬가지다. 말하자면 각 아이들은 이런 진리들을 처음으로 배운다. 그리고 바로 이점에서 로크는 그런 것에 대한 앎은 타고난 것이 아니다는 것에 대한 입증을 본다.(I,1,16) 그의 견해에

---

35) J. Locke, *Essay II*,1,2 ff.

따르면 그런 종류의 진리들에 대한 모든 인간들의 보편적이고 지속적인 동의도 마찬가지다. 이런 진리들은 성인이 된, 이성적인 인간들에 의해 자명한 것으로 긍정된다. 따라서 그런 것들에 대한 앎은 타고난 것들이 아니다.(I,1,18; 참고, IV,2,1)

라이프니츠는 로크의 이런 논증을 자신의 한 작품에서 비판했다. 라이프니츠가 단락 단락마다 로크와 논쟁을 벌이고 있는 그 작품의 제목은 『신(新)인간지성론』(*Nouveaux Essais sur l'Entendement Humain*)이다.[36] 라이프니츠는 모든 필연적인 이성 진리들에 대한 앎은 타고난 것이라는 점을 고수한다. 특히 산술적 진리들과 기하학적 진리들에 대한 앎이 그렇고,(I,1,5) 아울러 논리적인 근본 규칙들, 예를 들어서 모순명제에 대한 앎,(같은 책, 18) 스토아주의 자들의 보편적인 근본 개념들(I,1,2)과 하나님에 대한 생각도 그렇다. 모든 인간들에게 공통적인 이런 지식들은 당연히 단지 잠재적인 방식으로 우리 안에 놓여 있다.(d'une manière virtuelle, 같은 곳) 따라서 라이프니츠는 이런 지식이 우리 안에 놓여 있기는 하지만 아이들은 이런 진리들을 먼저 학습해야 한다는 사실을 설명한다.(11) 그런 한에서 그런 것에 대한 우리의 지식은 우리 정신의 반성 덕분이다. 하지만 그것은 로크처럼 수용된 감각의 인상들에 대한 반성이 아니라 의식의 자기 자신에 대한 반성이다. 따라서 라이프니츠에 따르면 이성 진리들에 대한 잠재적 앎(25)이 있

---

36) 라이프니츠는 이 글을 1704년에 완성했다. 하지만 바로 그 해에 존 로크가 사망했기 때문에 그 책을 출판하지 않았다. 그러다가 그 책은 1765년 그의 사후에 출판되었다.

으며, 이것은 감각적 경험의 촉발을 통해서 우리에게 의식되기도 하고(20) 혹은 그 진리들에게 바쳐지는 주목을 통해서도 우리에게 의식되기도 한다.(I,2,1) 라이프니츠는 이런 방식으로 로크보다 쉽게 논리적, 수학적 기초 진리들에 대한 모든 성인(成人)들의 일치의 사실을 설명할 수 있었다. 하지만 로크는 어떤 모종의 방식으로 라이프니츠의 논제를 그가 스스로에게 제기하는 이의(異議)의 형태로 선제적으로 자신의 것으로 취했다. 그 이의에 따르면, 우리는 저 진리들에 대해서 명시적인 앎이 아니라 암시적인 앎을 가지고 있다는 것이다.(Essay I,1,22) 하지만 이에 대해 로크는 이렇게 생각했다. 방정식들에 대한 수학자들의 암시적 앎을 각 개별적 사람들에게 가정하는 것은 부조리하다. 사람들은 단지 그것들을 파악하는 이성의 능력에 대해서만 말할 수 있을 뿐이다. (마음은 이해할 능력을 가지고 있고, 그런 명제들에 대해서 확고하게 찬성할 능력을 가지고 있다.) 논쟁은 어떤 한 쪽에 유리하게 결론지어질 수 없다.

이후에 칸트가 양 쪽 견해들 사이의 중간 길을 추구했다. 이를 위해 그는 1781년 『순수이성비판』에서 타고난 지식들에 대해 더 이상 말하지 않았다. 대신에 그는 모든 경험보다 앞서면서 수용된 인상들을 가공하는 우리 오성의 기능들에 대해 말했다. 이를 통해 수학적, 논리적 진리들의 인식에서 우리 이성의 생산성이 강조되었다. 그 결과 로크에 의해 부조리하다는 비난을 받았던 가정, 곧 이 모든 진리들은 이미 모든 개별성에서 각 인간의 의식에 포함되어 있다는 가정이 탈락되었다. 그럼에도 불구하고 칸트는 수학적, 논리적 지식이 어떤 경험에도 의존해 있지 않다는 점을 고수했다. 이때 결정적인 것은 우리 이성의 생산성에 대한 강조였다. 그런 진리들에 대한 이해와 긍정의 능력이 우리 안에 이미 있다고 한 로크의 언급에서도 이미 그에 관한 착안점이 발견된다. 하지만 다른 한편으로 칸트도 모든 경험에 의존하지 않고 우리의 이성에 근거를 두고 있는 생산적 능력들을 로크와 비슷하게 엄격하게 감각의 인상들에 대한 가공에 연관지어야 했다. 다만 칸트와 비교할 때 로크는 우리의 반성을 통해 감각의 인상들을 가공하는 것에 대한 그의 진술과 관련해서 - 스스로 표현했듯이 - 아직 상당히 막연하게 남아 있다.

　로크는 『인간지성론』 제3권에서 단순 관념들과 복합 관념들을 구분했다. 감각 성질들이 단순 관념들이다. 예를 들어서 빛의 성질들, 색의 성질들(III,4,11)이 그런 것이다. 그러나 또한 우리 밖에 있는 구체적 사물들(substances)에 대한 관념들도 단순 관념들이다.(III,4,1 f.) 로크에 따르면 그런 단순 관념들은 항상 사물들이 우리 밖에서 현존하는 모습대로의 사물들의 실재의 표현이다.(II,30,2) 하지만 이때 일차적 성질들과 이차적 성질들의 구분에 주의해야 한다. 일차적 성질들은 사물들 자체에 수반되는 속성들로 크기, 양, 형태, 운동과 같은 것이다.(II,8,9) 반면에 색, 소리, 촉감은 우리의 감각을 통해서 제약되어 있다.(II,8,14 f., 참고, 12) 일차적 성질들과 이차적 성질들의 이런 구분에는 근대의 수학적 자연과학의 실재에 대한 이해가 표현되어 있었다. 하지만 이런 구분은 나중에, 우리의 모든 인상들이 우리의 주관성에 의해 제약되어 있으며, 따라서 그런 제약은 이차적 성질들의 파악에만 한정되지 않는다고 하는 비판을 받았다. 그래서 칸트도 크기, 양, 형태와 같은 일차적 성질들뿐만 아니라 대상들의 실체성에 관한 표상도, 감각의 인상들을 가공하는 오성의 기능들의 표현으로 파악했다. 알프레드 노스 화이트헤드(Alfred North Whitehead)는 일차적 성질과 이차적 성질을 로크가 구분한 것에 기인한다고 생각한 "자연의 분할"을 반대하면서 그것을 극복하려고 했다.[37] 화이트헤드는 그것을 넘어서, 그 뒤에 놓여 있는 데카르트의 정신과 물질의 이원론도 반대했다. 이 이원론을 로크가 넘겨받았다. 하지만 칸트도 여전히 이원론에 매여 있었는데, 이는 그가 우리 밖에 존재하는 모습 그대로의 물자체(物自體)에 대해서 우리 정신의 주관성을 대립시킨 것에서 드러난다고 여겼다. 화이트헤드는 이런 이원론으로부터의 출구를 찾아 나섰다. 이에 그는 이미 개별적 사건들의 상호 관계들에서의 물질적 과정들에 주관성을 귀속시켰고, 그 결과 우리가 수용하는 인상들에 대한 관계에서 우리 정신의 주관성은 보편적인 사태(모든 실재들의 주관성)의 단순한 특수 경우가 되었다. 반면에 그와 반대로 독일의 관념론은 물질적 관계들을 정신의 불완전한 현상 형식들로 파악했다.

일차적 성질들과 이차적 성질들의 구분을 포함하고 있는 단순

---

37) A.N. Whitehead, *The Concept of Nature*, (1919), Cambridge UP 1964, 43 ff., 참고, 27. 여기서 로크가 뚜렷하게 이 비판자의 대상자로서 거명되어 있다.

관념들에 대한 로크의 이론은 그의 철학 및 그에 의해 세워진 경험론적 전통이 가지고 있는 문제 중의 하나다. 하지만 그렇기는 해도 복합 관념들에 관한 그의 견해들과 우리의 인식에 대한 그 의미는 사람들이 추측하는 것보다 부담을 덜 받았다. 복합 관념들은 예를 들어 조각상에 관한 표상들 혹은 무지개에 관한 표상들이다. 이때 다뤄지는 것은 다수의 단순 관념들의 결합이다. 무지개의 경우에는 여러 색깔들의 결합이 다뤄진다.(III,4,12) 단순 관념들은 그 관념들이 붙인 이름들을 통해서(III,4,2) 추상적 관념들과 결합되어 있다. 이 추상적 관념들을 로크는 혼합 양태들(mixed modes)이라고도 불렀다.(III,5) 왜냐하면 이 혼합 양태들은 구체적으로 주어진 것과 관련을 맺기는 하지만 종과 유의 개념들로서, 따라서 추상적 관념들(abstract ideas)로서 관련을 맺기 때문이다.(III,5,1) 이 추상적 관념들은 이차적 감각 성질들처럼 주관적으로 제약을 받고 있을 뿐만 아니라 로크에 따르면 그것들은 우리 지성의 자의적 창작들이기도 하다.(III,5,2 f.)

이리하여 로크는 유명론자(唯名論者)로 드러난다. 그래서 라이프니츠는 자의적인 것이 "오로지 말들에서 발견되고, 결코 관념들에서는 발견되지 않는다"고 반론을 제기했다.(위의 책 III,4,17) 하지만 로크는 우리의 추상적 관념들의 형성에서의 자의성을 감수할 수 있었다. 왜냐하면 추상적 관념들이 그에게는 아직 우리 앞의 형태를 직접적으로 묘사해주고 있는 것이 아니기 때문이다. 우리가 어떤 것을 안다고 하는 것은, 오로지 우리 관념들이 일치하는지, 혹은 불일치하는지의 관점에서 우리 관념들의 관계들에 대해서만 어떤 것을 아는 것이다.(IV,2,1) 이때 로크는 직관적 지식과 - 예를 들어서, 흰 것은 검지 않다, 삼각형은 원이 아니다와 같은 것 - 논증적 지식을 구분한다. 후자의 경우에는 관념들 간의 관계가 직접적이지 않고 다른 관념들의 매개를 통해서 파악된다. 논증에 바탕을 두고 있는 지식은 확실성에 대한 로크의 판단에서 볼 때, 우리의 모든 지식의 확실성과 명증성이 의존하고 있는 직관적 지식보다 한참 뒤에 위치한다.(IV,1,2 ff.) 관념들의 결합을 통한 지식은 명제들, 판단들에서 표현된다.(IV,1,2, ff.) 그리고 판단들의 영역에서 비로소 - 아리스토텔레스가 이미 말했듯이 (Met. 1027 b 18 ff.; Herm. 17 a 2 f.) - 진리와 오류가 나타난다. 이때 로크에 따르면 실제적 진리(real truth)는 단지 관념들 사이의 관계에 관여하는 판단들이 아니라, 관념들과 대상들 혹은 실체들의 관계에 관여하는 판단들에서만 발견된다.(IV,5,8)

2-2) 하나님 인식과 자연 인식의 비교 그리고 기독교 계시의 신빙성

감각의 인상들과 그것들에 대한 반성으로부터 우리 의식의 모든 내용들을 도출해낸 로크의 과정에 대해 간단하게 다루었다. 이제는 이런 견해를 하나님에 대한 인식에 적용하는 것에 관해서 토론할 수 있다.

타고난 관념, 곧 본유관념에 대한 거부로 인해 데카르트와 달리 로크에게는 하나님에 대한 사상이 단순히 우리 정신의 본성을 통해서 근지지어질 수 없다. 더욱이 하나님에 대한 사상도 우리 의식의 다른 모든 내용들과 마찬가지로 경험에서 유래해야 한다. 이때 로크에게서 당연히 일차적으로 다뤄지는 것은 우리가 우리 자신에 대해서 가지는 근본적인 경험, 즉 우리 자신의 현존에 대한 인식이다.(IV,10,2 ff.) 말하자면 우리 자신에 대한 앎을 통해서, 로크에 따르면 직접적으로 하나님에 대해서도 알게 된다. 따라서 우리가 우리 밖에 있는 사물들의 현존에 대해서 오직 우리의 감각을 통해서 알게 되지만, 하나님의 실존에 대해서는 예외다. 하나님의 실존에 대해서는 우리가 우리 자신에 대한 우리의 지식을 통해서 확신하게 된다.(IV,17,2) 어떻게 그것이 가능할까? 우리는 우리 자신이 유한하다는 것을 직접적으로 의식하며, 우리 주변의 모든 다른 것들의 현존과 관련해서도 마찬가지다. 우리 자신의 유한성에 대한 이런 지식은 이제 이미 하나님에 대한 사상을 내포하고 있다. 왜냐하면 어떤 것은 영원으로부터 존재하고 있었음에 틀림없기 때문이다. 그렇지 않으면 무로부터 무만 나올 것이다.(IV,10,8: something must be from eternity, 참고, IV,10,3)

로크는 여기서 무한한 원상 복귀의 문제를 뛰어넘어 갔다. 그는 자기 자신으로부터 존재하는 어떤 것이 태초에 있어야 한다는 것을 가정했기 때문이다. 물론 이때 그는 이 전제를 전개하지는 않았다. 라이프니츠는 우연적으로 현존하는 것들로부터 즉자적(即者的)으로 (따라서 필연적으로) 현존하는 한 근원을 추론해감으로써 이런 이행을 훨씬 더 잘 정당화했다. 따라서 그는 로크 논증의 형식에 대해서, 말하자면 영원히 존재하는 어떤 것은 영원한 존재이어야 한다는 가정에 대해서 정당하게 비판적으로 표현할 수 있었다.(위의 책 IV,10,6) 만약 이런 견해를 인정한다면, 로크는 영원으로부터 현존하는 이 존재가 무엇인지에 대해서만 해명하면 된다. 이제 그에게는 (데카르트와 마찬가지로) 단지 가장 보편적인 두 종류의 존재자들이 있다. 말하자면 물질적 존재와 사유적 존재가 그것이다.(Essay IV,10,9) 그렇다면 로크는 영원으로부터 존재하는 것은 정신(cogitative being)임에 틀림없다는 결론에 도달한다. 왜냐하면 정신만이 우리와 같은 사유하는 존재를 만들어낼 수 있기 때문이다. 게다가 영원한 정신은 모든 다른 것들의 근원으로서 또한 전능해야 한다.

비슷한 방식으로 로크는 모든 다른 것들의 원천으로서 영원한, 따라서 스스로를 통해서 존재하는 정신적인 존재에 관한 표상들로부터, 전통적인 하나님 개념의 여타의 근본적인 속성들의 일련을 추론했다. 로크는 그런 식으로 획득된 하나님에 대한 지식의 확실성은 우리가 직접적으로 우리의 감각을 통해서 알지 못하는 것들 그 모두보다 더욱 크다고 생각했다. 더 나아가서 "나는 다음과 같이 말할 수 있을 것이라고 생각한다. 우리는 우리 없이 어떤 것이라도 존재한다는 것을 아는 것보다, 하나님이 계신다는 것을 더욱 확실히 안다."(IV,10,6) 따라서 하나님의 현존에 대한 추론이 의존하고 있는 우리 자신의 현존의 명증성만이,

로크에 따르면 하나님의 실존의 명증성보다 크다. 이 점에서 로크는 멈추어야 했다. 그는 하나님의 현존에 대한 지식이 우리의 다른 모든 지식과 마찬가지로 경험적으로 획득된 것이라고 간주했기 때문에 그는 데카르트처럼 다음과 같은 논제로 더 나아갈 수 없었다. 그것은 바로 하나님의 현존은 우리 자신의 현존보다 우리에게 더욱 확실한데, 그 이유는 하나님의 현존이 우리 자신에 대한 우리 의식의 조건이기 때문이라는 논제였다.

로크는 하나님 인식의 확실성을 매우 강조했지만, 자연 인식에 대한 인간의 능력들에 관해서는 매우 회의적으로 남아 있었다. 그리고 그것은 비록 그 자신이 자연에 대한 연구자였고, 그의 『인간지성론』 작업을 끝내기 두 해 전에 출판된 뉴턴의 『자연철학의 수학적 원리』를 보면서 감탄했고, 그것을 매우 크게 칭송했음에도 불구하고 그러했다. 로크에 따르면 보편적이고 확실한 진리들은 오직 추상적 관념들과 관련해서만 발견될 수 있다.(IV,12,7) 따라서 무엇보다도 수학에서만 발견될 수 있다. 로크는 도덕에 대해서 유사하게 정확한 지식을 기대했다.(IV,12,8; 참고, IV,12,11) 반면에 그의 의견에 따르면 실제적 대상들에 대한 우리의 지식은, 우리가 그 실제적인 존재에 대한 정확한 표상을 가지고 있지 않고, 그래서 실험에 의존하기 때문에 제한적으로 남아 있다.(IV,12,9) 따라서 자연과학은 결코 엄밀한 의미에서 학문이 될 수 없다. 즉, 자연철학은 과학으로 만들어질 수 없다.(IV,12,10) 그러므로 자연에 관한 우리의 지식은 한편으로 감각과 실험의 증언에 의존하고 있고, 다른 한편으로 가설들에 의존하고 있다.(IV,12,13) 인간은 이 전체 영역에서 실제적인 앎의 미천한 범위로 인해서 개연성의 판단들을 넘어서지 못한다.(IV,14,2) 그런 판단들의 수용은 직관적인 혹은 구체적인 앎의 확실성을 갖지 못한다. 대신에 그것은 개연성의 사안이며 믿음의 사안이다.(IV,15,3) 그리고 그것은 확실하게 알고 있었던 것과의 일치(conformity)의 정도(참고, IV,16,12: analogy)와 증인들의 신뢰성에 의존한다.(IV,15,4)

개연성의 판단들에 우리가 의존해 있는 규모에 경험적 학문들에서의 의견의 다수성이 비례한다. 따라서 다른 사람들의 의견들에 관용을 베푸는 필연성이 그만큼 요구된다.(IV,16,4) 하지만 그와 더불어서 우리에게 기적으로 나타나는 사건들의 가능성을 위한 여지가 주어져 있으며,(IV,16,13) 우리의 지식과 판단력들을 초월하는 신적인 계시의 전달을 위한 여지가 주어져 있다.(IV,16,14) 기적 개념에 대해서 로크는 1702년 그의 짧은 『기적론』(Discourse on Miracles, 1706년 출판)에서 다음과 같이 자신의 견해를 밝혔다. "기적은 관찰자의 파악 능력을 초월하는 사건이며, 자연의 흐름에 상응하지 않는 사건이다. 관찰자의 이해력을 넘어서 있으며, 그의 견해에서 자연의 정해진 과정과 상반되게 일어난 민감한 작용은 관찰자에 의해 신적인 것으로 간주된다." 따라서 로크는 자연의 평범한 흐름에 대한 대립을 - 이미 아우구스티누스가 했던 것과 마찬가지로, 그러나 스콜라주의 전통과는 달리 - 관찰자의 제한된 자연 인식으로 상대화했다. 그 결과 어떤 사건이 기적인 지에 대한 판단들은 유동적일 수 있다. 비록 그 사건 자체가 부정되지는 않는다고 해도 말이다. "다른 사람에게는 기적이 아닌 것이 어떤 사람에게는 기적이 될 것이다."[38] 따라서 로크에게 기적은 자연법칙을 깨뜨리는 사건이 아니다. 그리고 이와 동일한 견해가 라이프니츠와는 대조적으로 사무엘 클라크(Samuel Clarke)에 의해서도 대변되었다.

하나님에 대한 우리 지식의 확실성으로 인해서 계시에 대한 동의인 신앙은 원칙적으로 결코 비합리적이지 않으며 오히려 철저히 이성적이며, "최고의 이성에 바탕을 둔 동의"(IV,16,14)이다. 물론 그런 동의는 확실히 신적인 계시가 다뤄지고 있음을 우리가 확신하고 있다는 것을 전제하고 있다. 그렇지 않으면 우리는 오류나 광신의 위험에 떨어지고 말 것이다. 하지만 종교적 전승에 의해 주장된 어떤 신적인 계시가 바로 그 자체로서 인정될 수 있는지에 대한 결정적인 척도는 부정적인 형태를 취한다. 참으로 신적인 계시는 우리의 창조주가 우리에게 갖추어 놓은 이성과 결코 모순될 수 없다. 그렇지 않으면 하나님은 자기모순에 빠질 것임에 틀림없다. 따라서 신적인 계시가 결코 우리가 직관적으로 알고 있는 것과 대립할 수 없으며, 따라서 또한 자연 종교와 도덕의 규칙들과 대립할 수 없다.[39] 게다가 하나의 주장 혹은 한

---

38) J. Locke, *Works vol.* 9 (1823), repr. 1963, 256. Gj 아우구스티누스와 스콜라주의의의 기적 개념에 대해서는 W. Pannenberg, *Systematische Theologie* 2, 1991, 60 f.를 참고하라.

39) J. Locke *Essay* IV,18,5. " ⋯ 만약 어떤 명제가 우리의 명료한 직관적 지식과 모순된다면,

권의 책이 신적인 계시의 표현이라는 권위를 주장할 수 있는지의 여부는 신앙의 사안이 아니라 단지 이성적인 판단의 사안이다.[40] 다른 한편으로 우리의 개연적 지식의 광범위한 영역이, 참된 계시로서 인정받은 어떤 한 계시의 권위에 반대되게 발생하지는 않는다.(IV,18,8)

그러나 이제 계시가 우리의 이성과 모순 없이 일치되어야 한다는 요구를 넘어서, 계시에 대한 믿음의 긍정적인 척도들로 어떤 것이 있을까? 이에 대해 로크는 1695년에 더욱 자세하게 그의 책 『기독교의 합리성』(The Reasonableness of Christianity, as delivered in the Scriptues)에서 표명했다. 여기서 로크는 성서의 구원사, 특히 복음서들에 의거한 예수의 역사와 메시지를 요약했고, 예수를 그가 자신이 메시아라고 선포했던 대로 믿는 것을 기독교 교리의 중심으로 설명했다.(164)

이런 견해를 이미 토마스 홉스가 그의 『레비아탄』(Leviathan)에서 밝혔다.[41] 그런 것에 대한 믿음은 단지 역사적 믿음이지 칭의(稱義)의 믿음이 아니라는 반론에 대해서 로크는 다음과 같은 주장으로 자신의 입장을 방어했다. 즉, 바로 이런 역사적 믿음이

그것은 신적인 계시로 받아들여질 수 없으며 또한 신적인 계시로서 동의도 얻을 수 없다."

40) J. Locke 위의 책 IV,18,6. "어떤 명제나 어떤 책이 신적인 권위가 있는 것인지를 믿을 것인지 말 것인지는 결코 신앙의 문제가 아니라 이성의 문제이다."

41) Th. Hobbes, Leviathan or the original forme, matter, and power of a commonwealth ecclesiasticall and civil, (1651) III,41.

예수가 요구한 회개와 연결되어 구원하는 능력을 충분히 가진다.(165-167) 게다가 그것은 전체 인류 중에서 단지 이성의 빛, "자연의 빛"(231 f.)을 통해서 하나님의 구원의 자비를 희망하는 자들에게도 해당된다. 그리고 예수의 가르침은 그 도덕적 내용에 의해 입증되었으며,(241) 또한 예수의 가르침에 수반되는 기적들을 통해서 입증되었다.[42] 무엇보다도 예수의 부활과 승천이 그에 해당한다.(245) 이런 설명들로부터 알 수 있는 것은, 계시로 선포된 가르침의 도덕적 내용이 그 가르침을 신빙성 있게 만드는 기적들과 함께 로크에게 그 가르침을 계시로 받아들이게 하는 긍정적인 척도들로 간주되었다는 것이다. 그것은 그의 『기적론』에서도 명백하게 말해졌다. "기적이 승인되는 곳에서는 가르침이 거절될 수 없다." 그런 초자연적인 징표들은 로크에 따르면 주어진 해당 경우에 하나님으로부터 오는 계시가 담겨 있는지의 여부에 관한 질문의 관점에서 인간의 이성적인 판단을 만족시키는 하나님의 수단들이다.(기적은 이성적인 피조물인 인간이 하나님이 계시하는 것으로 여겨지는 어떤 것이 하나님 자신으로부터 온 것이라는 확신을 가질 때 만족스러울 수 있도록 하기 위해서 하나님이 염두에 두었던 유일한 수단들이다.(Works 9, 262)) 주목해야 할 것은 로크가 여기서 하나님은 그가 일으키는 기적들을 통해서 이성적 존재인 인간을 만족시킨다

---

42) J. Locke, *The Reasonableness of Christianity*, 242. "그는 하나님에 의해 보내졌다. 그의 기적이 그것을 보이고 있다. 그리고 그의 가르침에 있는 하나님의 권위는 의문의 여지가 없다."

고 명백히 말하고 있다는 점이다. 결코 이성에 반(反)해서 믿어져야 하는 어떤 것이 다뤄지고 있는 것이 아니다.

경험론적 착안을 전개함에 있어서 로크와 그의 위대한 계승자인 데이비드 흄(David Hume) 사이의 대립이 가장 크게 드러나는 곳은 기적들의 가능성에 대한 판단이다.[43] 인간의 지성에 관한 흄의 연구(『인간 지성에 관한 탐구』, 1748)의 유명한 장(章)인 '기적론'에서 기적의 수용은 '습관과 경험에 대해 가장 모순적인 것'으로 여겨지며 거부되었다.[44] 로크와 달리 흄은 기적을 자연법칙의 위배로 정의했다.[45] 따라서 기적들에 대한 모든 주장의 신빙성에 대해서 자연 사건의 규칙적인 진행은 반대되고 있다. "그리고 한결 같은 경험이 결국 증명하듯이, 여기에 기적의 현존에 반하는 직접적인 증거가 가득 있다."[46] 흄은 다음과 같이 명백히 강조했다. 여기서 다뤄지는 것은 증거들의 신빙성에 대한 물음이 아니다. 왜냐하면 보고된 사실이 이례적일수록 증거의 신빙성도 더욱 감소된다는 규칙이 타당하기 때문이다.[47] 이것은 우리 지식

---

43) 흄의 기적 비판의 기초는 사실들에 대한 우리의 표상들의 결합에서 가장 중요한 형식인 인과율에 대한 그의 분석에 놓여 있다.(*An Inquiry Concerning Human Understanding*, 1748, ed. Ch.W. Hendel 1955, 41 ff.) 사건들의 인과적인 결합은 흄에 따르면 작용들과 그 원인들 사이의 내적인 유사성과 – 그 내적인 유사성을 스콜라주의와 신(新)플라톤주의의 인과율에 대한 가르침이 주장해 왔었지만 – 전혀 상관이 없다. 오히려 그것은 오로지 "관습과 경험"에(위의 책 67), 말하자면 관습에 따라 사건들을 시간적으로 연속시키는 것에 존재한다. "관습은 이런 상응에 영향을 끼쳐왔던 원리이다"(67).

44) D. Hume 위의 책 141.

45) D. Hume 위의 책 122. "기적은 자연 법칙의 위반이다."

46) D. Hume 위의 책 123.

47) D. Hume 위의 책 120.

의 효력 범위의 제한성을 이성에 대한 이해에 포함시키고 있었던 로크의 합리주의와 상당히 거리가 먼 견해이다. 비록 흄이 일반적으로 회의론자(懷疑論者)로 간주되고, 경험적 의식에 대한 그의 회의적 분석이 칸트에게 깊은 인상을 주었음에도 불구하고, 그는 사건의 습관적인 진행에 로크보다 훨씬 큰 신뢰를 부여했다. 이것은 흄에게 습관이 모든 인과율적 결합의 원리로 간주되었다는 것으로부터 부분적으로 설명된다. 그러나 기적의 문제에서 드러난 영국 경험론의 위대한 두 인물 사이의 대립은 또한 다음과 같은 점으로부터도 설명된다. 로크에게서 하나님의 현존의 가정이 가지고 있었던 명증성이 흄의 경우에는 더 이상 존재하지 않았다는 점이다. 그렇기 때문에 로크와 달리, 경험론에 바탕을 둔 흄의 회의(懷疑)가 종교에게도 향했다. 반면에 현실성에 대한 로크의 견해에 따르면, 현실적인 것은 일반적으로 우리 이성의 파악 능력과 우리 지식의 가능성들을 넘어서며, 따라서 종교와 이성은 상호 연대적 관계에 있을 수 있으며, 그 결과 바로 이성이 종교적 전통의 계시 주장에 대한 척도가 된다.

기적들의 가능성에 관한 견해들이 로크와 다르게 독일 계몽주의에서도 형성되었다. 라이프니츠는 흄만큼 단호하게 기적들을 거부하지는 않았다. 하지만 그는 기적들의 수용에 대해서 상당히 유보적인 입장을 취했다. 왜냐하면 그는 데카르트의 의미에서 자연 사건과 그 법칙성의 질서에 하나님이 개입하는 것은 하나님의 완전성을 해치는 것이라고 여겼기 때문이다. 따라서 그는 성경에서 주장되고 있었던 대로 기적들의 초자연성을 강조했다. 그러나 그는 로크와 대조적으로 기적들의 수용과 이성 사이의 결합을 타당한 것으로 만들려고 하지 않았다.

2-3) 로크와 이신론

로크의 철학은 챠베리의 허버트(Herbrt von Cherbury, ~1648)에 따르면 1696년부터 1736년까지 40년 동안 전성기를 누렸던 영국 이신론(理神論)의 가장 중요한 출발점이었다.[48] 로크는 이신론자들에 의해서 그들의 선구자로 간주될 수 있었다. 그 이유는 로크가 이성을 종교적 전승들의 계시 주장을 판단하고 그 수용 가능성을 가늠하기 위한 기준으로 정당화했기 때문이다. 이런 논제의 기반 위에서 존 톨런드(John Toland)가 이미 자신의 『기독교는 신비적이지 않다』(*Christianity not mysterious*, 1696)에서 로크와 현저히 다른 귀결들에 도달했다. 그는 기독교에서 반(反)이성적인 것뿐만 아니라, 초(超)이성적인 것도 제거하려고 했다. 이로써 그는 로크가 전개했던 이성 개념과 대립적 태도를 취했다. 왜냐하면 로크에게서는 초이성적인 것, 다시 말해서 우리의 제한된 이성 인식의 한계를 넘어서는 것이 계시의 인식에서 비로소 문제되는 것이 아니라, 이성 자체의 본질에 속하기 때문이다. 로크와 달리 이

---

48) 이에 대해서 다음을 참고하라. Chr. Gestrich: Artikel "Deismus", *TRE* 8, 1981, 392-406; E. Hirsch, *Geschichte der neueren evangelischen Theologie I*, 1949, 292-359.

신론자의 실재에 대한 느낌에는, 인간의 한계들을 넘어서는 기적들에 대한 인간 지식의 제한성에 대한 의식이 결여되어 있었다.

계시의 권리 주장에 대한 이성적 검증이 이제는 성서 문서들에 대한 역사비평 연구와 결합되었다. 이것은 신학에서 이신론의 긍정적인 의미가 되었다. 하지만 역사적 비평이 여기서 또한 즉각 협소해진 현실 이해와의 결부를 통해서 어려움을 겪게 되었다. 그 시작을 한 것은 앤소니 콜린스(Anthony Collins)였는데, 그는 신약성서의 예언 증명들에 대해서 연구하면서, 초기 기독교의 해석이 구약성서의 해당 말씀이 가진 원래적 의미와 차이가 나는 것을 발견했다.[49] 더욱 결정으로 영향을 미쳤던 것은 토마스 울스톤(Thomas Woolston)의 성서의 기적 보도들에 대한 비판이었다.[50] 피터 아넷(Peter Annet)이 1744년 예수의 부활에 대한 그의 격렬한 부인을 책으로 출판했을 때, 영국의 이신론 운동은 정점에 이미 거의 도달했다.[51] 이 정점을 이루었던 것은 매튜 틴덜(Matthew Tindal)의 『창조만큼 오래된 기독교』(Christianity as Old as Creation)가 1730년에 출판되었을 때였다. 이 책에서 자연 종교와 자연 도덕으로 환원된 기독교는 이 책의 부제에서 말하는 것처럼 '자연 종교의 재출판'(a Republication of the Religion of Nature)으로 묘사되었다.

---

49) A. Collins, *A Discourse of the Grounds and Reasons of the Christian Religion*, 1724.

50) Th. Woolston, *Discourses on the Miracles of our Saviour*, 1727-1729.

51) P. Annet, *The Resurrection of Jesus considered*, 1744.

이신론의 물결은 무엇보다도 존 로크의 정신에 따라서 이신론의 기적 개념에 대한 근본적 비판에 맞섰던 한 권의 책으로 말미암아 깨어졌다. 그것은 1736년에 출간된 조셉 버틀러(Joseph Butler)의 『자연 종교와 계시 종교가 자연의 구성과 진행에 대해 가지는 유비(類比)』(The Analogy of Religion, Natural and Revealed, to the Constitution and Course of Nature)였다. 이 책은 버틀러가 스탠호프(Stanhope) 성직자로 있었던 시절 동안에(1725년 이후) 썼다. 그후 그는 1739년에 브리스톨(Bristol) 주교가 되었고, 1750년에는 더럼(Durham) 주교가 되었으며, 그곳에서 2년 후 예순 살에 죽었다. 버틀러는 이신론의 표면적인 합리주의에 반대하면서 다음과 같은 논제를 내세웠다. 그것은 자연이 성서적 계시보다 덜 신비적이지 않으며, 우리의 자연 인식은 매우 많은 부분에서 개연성의 판단들에 의존하고 있다는 것이었다. 이로써 버틀러는 이성과 자연 현실에 관한 로크의 견해로 되돌아갔다. 그는 "개연성이 바로 우리 삶의 지침이다"고 말했다. 사람들이 거짓된 이성 개념을 바탕으로 삼고 있는 한에서, 기독교 신앙은 비이성적인 것으로 보일 뿐이다. 버틀러에 따르면 사람들은 당연히 신앙의 역사적 질문들에서 수학적 증명을 요구할 수 없다. 우리는 보통 대부분 그것을 포기해야 한다. 우리는 우리의 가장 중요한 결정들을 개연적인 판단들의 기반 위에서 해야 한다. 예를 들어 결혼을 하려고 결정할 때 등이 그렇다. 버틀러가 지적하는 자연과 계시 사이의 가장 인상적인 유비(類比)들 중의 하나가 기독교 부활 신앙에 적용된다. 애벌레들이 다른 종류의 어떤 것들로 변신할 수 있다고 한다면 – 예를 들어서 나비의 경우처럼 – 죽은 자들의 부활 가능성을 믿는 것이 왜 그렇게 어려워야만 할까? 이런 인상적인 비유의 개연성은 약 250년 이후의 사정과 비교했을 때 그때 1736년에 확실히 더욱 컸다. 하지만 이 비유의 자연과학적 정확성보다 더욱 중요한 것은 그것으로 버틀러가 표현하고 있는 의도, 즉 자연 이해와 성서적 계시를 서로 쪼개어 나눠지게 하지 않는 것과 우리의 이성적 지식을 넘어서는 것에 대한 개방성을 보존하는 것이었다. 그것은, 흄의 기적 비판(1748년)이 아직 거의 알려지지 않았고, 그래서 미미한 인상만을 남기고 있었던 그 시절에 영국에서 버틀러가 이룬 큰 성공을 설명해주는 것이라고 할 수 있다.

2-4) 로크의 기타 영향들

로크가 18세기 영국의 신학사에 끼친 중요성과 영향은 여전히 현 세기까지 계속되고 있는데, 그 의의에 대해서 지금 언급했다. 철학사에서 로크는 영국 경험론의 창시자로 간주되었다. 그리고 그는 경험 의식에 대한 서술로 데카르트보다 더욱 오랜 시간 계속적으로 영향을 끼쳤다. 하지만 물론 데카르트의 직접적인 성공은 국제적으로 18세기에 이르기까지 더욱 컸다. 로크의 영향들은 현재 우리 세기의 언어분석철학에까지 미치고 있다. 물론 분석적 언어철학이 감각 자료들을 모든 경험의 원천으로 간주하는 것은 포기했다. 마치 감각 자료들이 모든 정신적인 가공 작업과 해석들보다 앞서 주어져 있는 것처럼 생각하는 것은 포기되었다. 하지만 로크도 물론 단순 관념들과 복합 관념들을 구별하는 것은 매우 어렵다고 강조했다. 왜냐하면 우리가 우리의 지각을 명명(命名)하기 위해 사용하는 단어들은 이미 항상 보편적인 성격을 가지고 있기 때문이다. 이런 점에서 로크는 헤겔이 1807년에 출판한 그의 『정신현상학』에서 감각적 의식에 대해서 비판한 것과 그렇게 거리가 멀지 않다. 또한 우리의 현재 세기에 실증주의의 진전을 깨뜨렸던, 모든 관찰 명제들의 "이론 의존성"(Theoriebeladenheit)에 대한 통찰과도 그렇게 거리가 멀지 않다.[52] 따라서 이미 로크에게, 특히 그의 『인간지성론』 제3권에는 언어 분석에 대한 착안점들이 있다.

반면에 감각의 인상들에 대한 처리에서 의식의 과정에 대한 정확한 분석을 로크는 거의 시도하지 않았다. 이 주제에서 데이비드 흄이 로크를 넘어서는 매우 중요한 진전을 우리 경험 의식에 대한 묘사에서 이뤘다. 무엇보다도 인과적 결합의 근거가 되는 유사성, 공간의 접촉, 시간의 전후와 같은 규칙들에 따른 개별적 관념들의 연상에 관한 그의 연구를 통해서 그러했다.[53] 또한 이

---

52) R. Rorty, *Der Spiegel der Natur. Eine Kritik der Philosophie*, (1979), dt. 1981, 1987, 158 ff. 따라서 영어권 철학의 언어분석철학적 국면의 관점에서도, 로크는 "영국 철학에서 플라톤에 필적한다."는 화이트헤드의 판단은 유효하다.(A.N. Whitehead, *Process and Reality. An Essay in Cosmology*, 1929, ed. Macmillan HT 94)

53) 화이트헤드가 로크와 흄의 관계에 대한 그의 논의(A.N. Whitehead 위의 책 198-217)에서 일반적으로 로크의 중요성을 훨씬 더 높게 평가했고 흄에 대해서는 매우 비판적으로

런 고찰 방식을 자아의식에, 다시 말해서 순간적이고, 기억에 보존되어 있는 지금의 순간들의 묶음으로서의 자아의식에 적용함으로써 흄은 로크와 완전히 다른 입장에 도달했다. 그가 주장하는 바와 같은 개별 지각들의 결합에서 작동하는 연상 기재들은 물론 현대의 감각 심리학의 비판 대상이 되었다. 왜냐하면 그 기재들은 전체적인 것에 대한 파악을 이차적인 것으로 보이게 만들기 때문이다. 하지만 지각들에서만 아니라 운동들에서도 실제로 그때그때의 전체성이 일차적인 것이며, 그것이 그것의 계기들로 쪼개어질 수는 있어도, 그 계기들로부터 조립되어 구성되지는 않는다.[54]

하지만 로크는 단지 근대 경험론의 창시자로서만 영향을 끼쳤던 것이 아니다. 그는 적어도 정치 사상가로서도 동일한 정도의 영향을 끼쳤다. 그가 쓴 『관용에 관한 서한』들(1689년 이후)을 통해서 그의 관용사상은 보편적인 인정을 받았다. 그의 관용사상은 그의 철학에서 확신에 찬 지식의 권리 주장들에 대한 비판에 바탕을 두고 있었다. 그리고 통치 체계에 대한 그의 두 편의 연구(『통치론』*Two Treatises of Civil Government*, 1690)를 통해서 그는 홉스와 대립되는 새로운 사회계약설을 전개했을 뿐만 아니라 이를

언급했다.(202 ff., 210 f.) 그러나 관념들의 결합에 관한 그의 묘사는 로크보다 뛰어나다고 인정했다.(212)

54) 운동의 형식들에 대해서는 다음의 고전 작품을 보라. F.J.J. Buytendijk, *Allegemeine Theorie der menschlichen Haltung und Bewegung*, 1948. 감각 지각에 대해서는 다음을 보라. Chr. v. Campenhausen, *Die Sinne des Menschen. Einführung in die Psychophysik der Wahrnehmung*, 1981, 2. Ausg. 1993.

통해서 그는 무엇보다 근대적 자유 개념의 창시자가 되었다. 시민 통치의 체계에 대한 두 편의 논문의 첫째 편에서 로크는 왕정 지배의 체계를 인간 본성에 의해 정당화하고 가부장적 가족질서로 회귀하려는 가르침들을 비판했다. 둘째 편에서 그는 모든 인간이 원초적으로만이 아니라 매 순간 자연적으로 처해 있는 "자연의 상태"에 대해서 언급했다. 이때 다뤄지는 것은 인간들이 "자연의 법칙의 테두리 안에서 적합하다고 생각하는 대로, 그들의 행위들에 질서를 부여하고, 그들의 소유와 인격들을 처분하는 완전한 자유의 상태"이다. 그리고 그 위에 인간들의 관계들에서 근원적인 평등과 상호성이 존재한다.(II,2,7) 로크는 전통적인 자연법적 자유 이념에 중요한 변화를 다음과 같은 점에서 일으켰다. 그는 이런 자연 상태를 인간 역사의 시초에 잃어버린 인간의 원상태로 간주하지 않았다. 대신에 그는 이렇게 주장했다. "모든 인간은 자연적으로 저 상태에 있으며, 여전히 그렇게 남아 있다. 그들 자신의 동의에 의해서 그들은 스스로 어떤 정치적 사회의 구성원이 된다."(II,2,15) 하지만 한 정치적 공동체로 들어간다고 해서 홉스가 생각했었던 것처럼 원초적 자유를 포기하고, 한 주권자의 지배 하에서 다른 사람의 공격으로부터 보호 받으려고 하는 것이 아니다. 대신에 개별적인 시민들의 자유와 소유를 보호하려는 바로 그 이유를 위해서 국가가 존재한다.(참고, II,4,22 f.; II,8,120)

계속해서 로크에게서 특징적인 것은 자유 개념을 소유 개념과 결합하는 것이다. 소유는 고대 자연법 사상에서 국가적 지배의 형식들과 마찬가지로 사회적 상태 내지 죄의 타락의 결과로서 간주되었다. 로크는 소유 개념을 정치적 자유의 사상과 결부시켜 그 개념을 세련되게 만들었다. 이때 소유에 대한 권리는 인간의 활동과 연관된다. 원초적인 소유는 인간 자신의 인격, 그의 신체이며, 이와 밀접히 연결되어 있는 "그의 손에 의한 작업"이다. 인간들은 그들이 항상 그들의 노동을 결부시키는 대상을 그들의 소유로 만든다.(II,5,27) 바로 자유와 소유의 결합을 통해서 로크는 자연 상태의 원초적 자유가 여전히 현재에도 존속하는 실재라고 주장할 수 있었다. 그리고 그는 시민들의 자유권을 보호하는 과제들에 의해서 국가를 정당화할 수 있었다. 이로써 스토아주의적 자연법의 잃어버린 황금기가 로크에게는 현재적인 실재가 되었다. 물론 여기에 아직 지상 낙원의 채색이 없고, 전제주의적이지 않은, 좋은 정치적 질서의 전제가 있기는 하다. 물론 로크에게서 그리고 그를 따르는 근대의 사상가들에서 이처럼 자연법적으로 정당화된 자유 개념은 물론 기독교로부터 광범위하게 이탈해 있다. 더 이상 고유한 기독교적 자유가 다뤄지지 않는다. 말하자면 밀턴에서 보였던 것처럼, 개인이 그리스도 안에서 하나님과 가지는 공동체성에 묶여있는, 그런 기독교적 자유가 다뤄지지 않는다. 마찬가지로 정치적 질서가 더 이상 하나님의 통치에 근거를 가지는 것으로 생각되지 않는다. 로크는 정치적 질서의 정당화보다는 국민주권사상으로 기울어 있었다. 자유에 관한 그의 생각은 여전히 권리에 결속되어 있었고, 따라서 권리와 법은 한계가 아니라 자유의 구성 조건으로 파악된다.[55] 법의 목적은 자유의 폐지나 제한이 아니라, 자유의 보호이며 자유의 확장이다. 따라서 자유는 자의(恣意)로 파악되지 않았으며, 오히려 인간의 이성과 일치하는 것으로 생각되었다. 이런 생각은 오늘날 합헌적인 질서의 정의가 개성의 자유로운 전개에 대한 개인들의 권리의 제한으로 파악되고 있는 현대적 상황과는 다르다.[56]

---

55) J. Locke, *Two Treatises of Civil Government*, 1690, II, 6,57. "법은 ⋯ 제한이라기보다는 자유롭고 지성적인 행위자가 자신의 적절한 관심사로 향하게 하는 지도(指導)이며, 법은 명령을 내린다기 보다는 그 법 아래에 있는 사람들의 공동의 선을 위한다."

56) 참고, 독일기본법 *GG* Art. 2,1.

INDEX

ㅅ

신학과 철학 I

-고대에서 근대(17c)까지-

초판 인쇄 2019년 6월 15일 | 초판 1쇄 출간 2019년 6월 17일 | 저자 볼프하르트 판넨베르크 | 옮긴이 오성현 | 펴낸이 임용호 | 펴낸곳 도서출판 종문화사 | 디자인·편집 디자인오감 | 인쇄·제본 한영문화사 | 출판등록 1997년 4월 1일 제22-392 | 주소 서울시 은평구 연서로34길 2 3층 | 전화 (02)735-6891 팩스 (02)735-6892 | E-mail jongmhs@hanmail.net | 값 20,000원 | ⓒ 2019, Jong Munhwasa printed in Korea | ISBN 979-11-87141-44-0 94160 | 세트번호 ISBN 979-11-87141-43-3 94160 잘못된 책은 바꾸어 드립니다.

이 연구는 2019년도 서울신학대학교 교내연구비 지원에 의한 연구임
This work was supported by the Seoul Theological University Research Fund of 2019